女性入所者の夫等の状況（複数回答）：一時

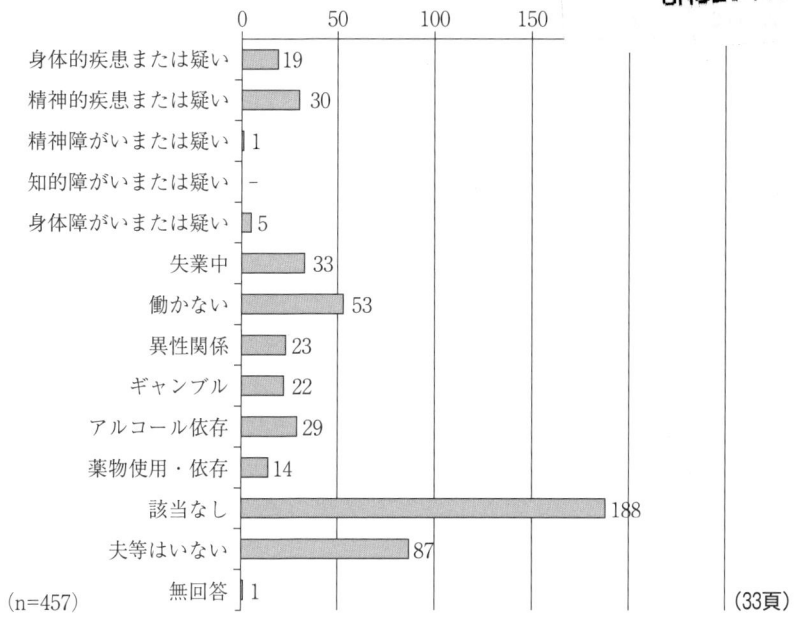

0
50
100
150
身体的疾患または疑い 19
精神的疾患または疑い 30
精神障がいまたは疑い 1
知的障がいまたは疑い -
身体障がいまたは疑い 5
失業中 33
働かない 53
異性関係 23
ギャンブル 22
アルコール依存 29
薬物使用・依存 14
該当なし 188
夫等はいない 87
無回答 1
(n=457)

（33頁）

子どもの状況（複数回答）：一時保護所調査

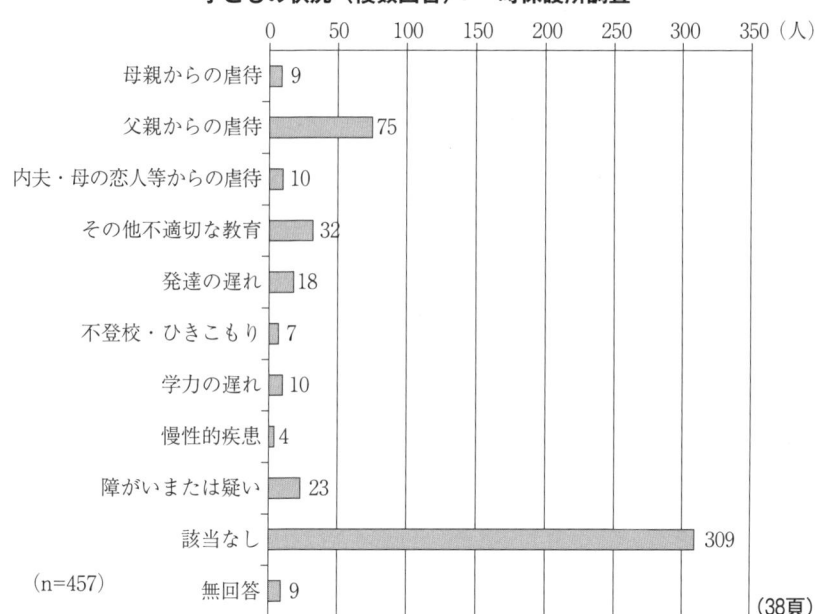

0
50
100
150
200
250
300
350（人）
母親からの虐待 9
父親からの虐待 75
内夫・母の恋人等からの虐待 10
その他不適切な教育 32
発達の遅れ 18
不登校・ひきこもり 7
学力の遅れ 10
慢性的疾患 4
障がいまたは疑い 23
該当なし 309
無回答 9
(n=457)

（38頁）

危機をのりこえる女たち

——DV法10年、支援の新地平へ——

戒能民江 編著

信山社

は　し　が　き

　2001年のDV法制定・施行から12年、「DV」概念の浸透によって、「我慢しなくてもよい」というメッセージが広まるようになった。現在では、年間8万件以上の相談が全国のDVセンターに寄せられている。DV法の正式名称「配偶者からの暴力の防止及び被害者の保護等に関する法律」からもわかるように、従来、夫婦げんかとして放置されてきた行為が、国家が責任をもって防止すべき「暴力」とみなされ、「どっちもどっち」、「殴られるほうにも悪いところがある」と言われ続けてきた女性たちは、国家によって「保護」されるべき「被害者」となった。その後の法改正により、「被害者」の「自立支援」を含めて行政の責務となり、国・自治体は「被害者の立場に立った切れ目のない支援」を担うこととなった。つまり、緊急時の安全確保から生活再建までのトータルな被害者支援を制度化したのが、DV法である。法の対象となる「被害者」は、ただ、「配偶者からの暴力を受けた者」というだけでよい。保護命令の対象となる暴力の範囲の狭さなど限界はあるものの、性別、国籍、障がいの有無を問わない。なお、2013年6月の改正により、同居の交際相手まで対象範囲が拡大した。このように、DV法は、DV被害を受けた人の求めに応じて「保護」と「自立支援」を行うことを行政の責務としたのである。

　同性関係など、男性の被害者への配慮も必要だが、「保護」と「自立支援」を求める「被害者」の圧倒的多数は女性である。DV被害を受けた女性が安心して相談できる窓口を用意し、危険だと思えば安全を確保する手段を講じるとともに、その後の生活再建をめざして「自立支援」を行う。立法者の意図はそこまでなかったかもしれないが、DV法は、図らずも「女性支援」制度へと道を拓くものとなった。そこにこそ、DV法の画期的意義がある。

　しかし、共同研究を行ってきた私たちは、調査研究を進めれば進めるほど違和感に包まれた。相談件数はうなぎのぼりに増えているにもかかわらず、なぜ一時保護件数が停滞しているのか、地域によってなぜこれほど支援の格差が生じるのか、一時保護所での支援内容が見えにくいこと、保護命令の審

尋や発令状況をどう読み解くかなど、疑問は膨らむばかりである。そこから見えてきたのは、DV法の被害者支援システムの「行き詰まり」であった。相変わらず、女性たちや子どもたちの心身の安全や生命が守られず、生活再建の見通しが立たない状況や暴力的日常に戻らざるを得ないという現実をどうするのか。解決のための処方箋は、思い切った発想の転換しかないというのが、私たちの結論である。つまり、DV法の部分的な改正だけではもはや対応できないということである。

そこで着目したのが、DV法上の被害者支援制度の基盤となっている売春防止法第4章の「婦人保護事業」である。そもそも、日本の法制度には「女性支援」という枠組みがない。母子福祉とともに、代替的にその役割を担ってきたのが「婦人保護事業」である。DV法においても、すべての都道府県に設置されている「婦人相談所」にDVセンターの看板を掲げ、DV被害を受けた人の「駆け込み寺」として「一時保護所」を活用することとなった。ところが、ひさしを貸した母屋の「婦人保護事業」は女性差別的本質を維持したままの、旧態依然としたものであり、女性の人権保障をめざしたはずのDV法とは相いれない。この「水と油」のいびつな併存構造は、DV被害者とそれ以外の被害を受けた女性、とくに売春する女性との間の分断と差別を再生産し、女性支援の階層化をもたらしかねない。そればかりか、複合的な困難を抱えた女性たちの状況をも見えにくくしているのではないか。

「危機」に直面した女性たちが「危機をのりこえる」ための支援のニーズは確実に高まっている。婦人保護事業の現場が切り拓いてきた「女性支援」の道をさらに実のあるものにし、女性たちの声を活かして、「女性支援」の新地平を開拓していくことが、今、求められている。

本書がそのための一助となれば幸いである。

2013年6月

編著者　戒能民江

目　次

はしがき

序　論　DV法10年：女性支援はどこまで進んだか………戒能民江…3

  1 DV法のインパクト(3)
  2 女性支援事業の現在(6)
  3 女性支援事業の再構築をめざして —— 本書の目的と構成(8)

第1部　女性たちの困難

第1章　日本社会に生きる：女性たちの現実 …………戒能民江…12

  1 2つの数字の衝撃(12)
  2 ジェンダー不平等な国・日本 —— 世界からみると(15)
  3 女性たちの「生活困難」(17)
  4 まとめ(21)
 【コラム1】　トータルな人身売買被害者支援を (22)
    [アジア女性センター：AWC]

第2章　シェルターに辿り着いた女性たち —— 一時保護所・民間シェルター利用者調査結果を中心に

    ……………………………………………………湯澤直美…23

  1 地域社会に必要とされるシェルター機能(23)
  2 シェルターの利用状況(25)
  3 シェルター利用に至る背景(29)
  4 暴力被害の態様と心身の状況(36)
  5 外国籍女性利用者・10代女性利用者の状況(39)
  6 女性の危機状況への社会的対応 —— シェルター利用者の実状か

目　次

　　　　　らの考察(41)

第3章　外国人女性たちのいま ……………………齋藤百合子…43

　　1　統計に見る日本に在住する外国人女性(43)
　　2　外国人女性の脆弱性(48)
　　【コラム2】　女性の家サーラーの20年(60)
　　　　　　［武藤かおり：女性の家サーラー代表］

第4章　制度からこぼれおちる女性たち
　　　　　………………………湯澤直美・戒能民江・堀千鶴子…61

　　1　女性支援をめぐる制度体系：制度の狭間と制度からの排除(61)
　　2　10代・20代の若い女性たち(68)
　　3　障がいのある女性(78)
　　4　性暴力被害を受けた女性たち(89)

第2部　女性支援のジレンマ

第1章　婦人保護事業の現在 ………………………堀千鶴子…100

　　1　混迷する婦人保護事業(100)
　　2　婦人相談所の現状(101)
　　3　婦人相談所一時保護所の現状(110)
　　4　婦人保護施設の現在(115)
　　5　まとめにかえて(124)
　　【コラム3】　婦人保護施設の女性たち(127)
　　　　　　［横田千代子：婦人保護施設いずみ寮施設長］

第2章　自治体の支援モデルと可能性 ……………戒能民江…128

　　1　地方自治体の男女共同参画行政と女性支援(128)
　　2　DV法制定後の自治体の女性支援(129)
　　3　まとめ(144)

目　次

第3章　外国人女性支援：脆弱性と政策のはざまで …齋藤百合子…149
　　1　外国人女性の保護と支援に関する調査から見る課題(*149*)
　　2　外国人DV被害者をめぐる制度的変化(*160*)

第4章　女性支援不在の司法 ……………………………吉田容子…168
　　1　保護命令の運用上の問題点(*168*)
　　2　家事事件手続の変化(*175*)
　　3　子の監護をめぐる問題(*179*)

第3部　新たな女性支援を展望する

第1章　婦人保護事業を超えて ……………………………戒能民江…198
　　1　ジェンダー政策と婦人保護事業(*198*)
　　2　婦人保護事業の生成と展開(*202*)
　　3　DV法の婦人保護事業根拠法化とその影響(*208*)
　　4　婦人保護事業の法構造(*214*)
　　5　婦人相談員の専門性と身分保障(*219*)
　　6　民間シェルター(*225*)
　　7　新たな女性支援事業の構築に向けて(*228*)

第2章　外国人女性たちへの支援事業 ………齋藤百合子・吉田容子…231
　　1　外国人女性支援の好事例(*231*)
　　2　定住外国人女性に対する包括的な支援に向けた法的課題(*236*)
　　3　政策提言(*244*)
　　4　補論——韓国の国際結婚による家族（多文化家族）支援(*250*)
　【コラム4】　外国籍女性の世代間にわたる困難(*257*)
　　　　　　　［細金和子：婦人保護施設慈愛寮施設長］

目　次

まとめ　ともに危機をのりこえるために……………………戒能民江…*258*

資　料

［資料１］配偶者からの暴力の防止及び被害者の保護等
　　　　　に関する法律〔DV法〕(*266*)
［資料２］ストーカー行為等の規制等に関する法律
　　　　　〔ストーカー規制法〕(*276*)
［資料３］売春防止法〔売防法〕(*281*)
［資料４］国際的な子の奪取の民事上の側面に関する
　　　　　条約の実施に関する法律案〔ハーグ条約国内実施法〕(*288*)
［資料５］婦人保護事業等の課題に関する検討会(*296*)

あとがき

危機をのりこえる女たち
――DV法10年、支援の新地平へ――

序論

DV法10年：女性支援はどこまで進んだか

戒能民江

1　DV法のインパクト

　2001年に「配偶者からの暴力の防止及び被害者の保護に関する法律」（以下、DV法）が制定・施行されてから十余年が経過した。DV法は超党派の女性議員を中心とした、参議院「共生社会に関する調査会」（現共生社会・地域活性化調査会）による議員立法である。DV法制定直後から国会議員、関係省庁と民間支援団体、被害当事者が一堂に会した意見交換会が行われ、その成果はDV法の運用の改善とともに2回の法改正（2004年、2007年）に結実した。とくに、2004年の第一次改正では、被害当事者や支援現場からの声を中心に議論が進められ、議員立法を超えた「市民立法」とも呼ばれている。

　DV法制定の最大の意義は、従来、家庭内など私的領域における個人的な問題だとされてきたドメスティック・バイオレンス（以下、DV）問題に対応するため、国家の介入による被害者支援のしくみが制度化されたことにある。このように、「法は家庭に入らず」原則が打破されたことは画期的である。

　さらに、DV法制定は、「女性に対する暴力」問題や「女性支援」に次のような波及効果をもたらした。

　第1に、DVを中心に女性に対する暴力被害の顕在化が進んだ。内閣府はDV法制定直前の1999年以来、「男女間における暴力に関する調査」を定期的に実施し、DVや性暴力の被害経験が全国規模で明らかにされるようになった[1]。また、民間団体と国の連携により行われた24時間ホットラインには、DV、性暴力、性的虐待およびセクシュアル・マイノリティへの暴力被害相談が数多く寄せられ、女性に対する暴力全般について、沈黙が破られる

契機となった[2]。

　第2に、DV問題に取り組むことで、「女性に対する暴力」の再発見と「女の生と男の法」[3]の矛盾が露呈した。①交際相手によるDV型ストーカー事件が続発し、ストーカー行為とDVが「女性に対する暴力」として重なり合うにもかかわらず、法の縦割り構造が女性の経験と相克をきたすことが明らかになった。多くの場合、ストーカー行為は典型的なDV行為であり、暴力が振るわれる構造はDVと同じである。だが、夫と妻なのか、あるいは、交際相手のような、夫と妻以外の関係かによって、DV法とストーカー規制法に適用が分断されることで、生命が救われるかどうかが異なってくる。まさに、法の対象範囲の違いが生命の問題にまで影響してくるのである。

　②家族による「性暴力」が再発見された。夫等による性的暴力はDVの一形態であるが、今なお深く潜在化している。しかも、性的暴力はしばしば子どもにも及び、DV家庭で育った子どもの約6％が性的虐待を受けているというデータもある[4]。従来、父親による性的虐待は「近親相姦」と言われてきたことからわかるように、父と娘双方の合意の下での性的欲望に基づく行為として描かれてきた。さらには、あたかも、父＝夫をめぐる母娘間の「争い」があるかのように表現されることさえあった。だが、家族関係の分断と対立構造を生み出すというDVの構造的特質を理解することにより、性暴力は父権的な家族支配のための有効な手段であることを認識するに至った。しかし、現行刑法では親など「保護する責任のある者からの行為」[5]の加重処

（1）　内閣府男女共同参画局『男女間における暴力に関する調査報告書』2012参照。3年に1回、DV、交際相手からの暴力および性暴力の被害経験について全国調査を行っている。

（2）　内閣府男女共同参画局「配偶者暴力等被害者支援緊急対策事業」による24時間ホットライン「パープルダイヤル」（2011年2月～3月）、全国女性シェルターネットの「パープルホットライン」（2011年9月～2012年3月）、社会的包摂サポートセンター「よりそいホットライン」（2012年3月～）。いずれも、電話相談だけに終わらず、社会資源の紹介や同行支援などを行うところに新しさがある。

（3）　キャサリン・マッキノン（森田ほか訳）『女の生、男の法（上）（下）』岩波書店、2011

（4）　全国女性シェルターネット『DV家庭における性暴力被害の実態』2009

（5）　男女共同参画会議女性に対する暴力に関する専門調査会『「女性に対する暴力」を根絶するための課題と対策～性犯罪への対策の推進』2012参照

序論　DV法10年：女性支援はどこまで進んだか

罰規定はなく、しかも「強姦罪」は被害者の告訴を必要とする親告罪である（180条）。強姦罪の非親告罪化については、被害当事者の立場に立った議論が求められる。③売春防止法（以下、売防法）に基づく婦人保護事業の一機関である「婦人保護施設」では、DV法施行以後、DV被害者の入所が増えている。だが、婦人保護施設に入所する女性たちの背後には、DV・虐待被害とともに「売春問題」が潜んでいる場合があり、買春行為の暴力性に私たちは改めて気づかされた。婦人保護施設入所者の3割以上に「売春経験」があり、親の虐待・DV、家出、ホスト、売春、精神的ダメージという負のスパイラルが女性たちを追いこんでいる[6]。

　第3に、DV被害を受けた女性たちは複合的な生活困難を抱えていることが明らかになった。女性の「生活困難」の再発見である。本厚生労働科学研究費調査研究結果からは、民間シェルターや一時保護所の利用者はDVなどの暴力被害に加えて、離婚問題、借金などの経済的困窮、精神的ダメージや疾病、知的障がい・精神障がいなどの障がい、子どもの問題といった複合的困難に直面していた。また、前述の婦人保護施設利用者調査や母子生活支援施設調査[7]においても、利用者はDVと生活困難、虐待経験、疾病／障がい、妊娠出産などの問題を抱えていた。外国人の女性はさらに特有の脆弱性が加わり、より困難な状況に置かれている。そこでは、生活困難の複合性と連鎖が特徴としてみられ、その中核にあるのが「女性に対する暴力」である。まさに、「生活困難は突然降って湧くように生じるものではなく、その個人のライフコースの様々な場面で生じる困難が連鎖し、複合化して影響力をまし、固定化する」のである[8]。

　このように、DV問題を切り口に女性支援に具体的に取り組むことで、「女性に対する暴力」および買売春問題が再発見・再確認されるとともに、DVの社会経済的影響と背景にある社会構造に着目することにより、女性の生活

（6）　東京都社会福祉協議会婦人保護部会調査研究委員会『婦人保護施設実態調査報告書』2006年～2008年
（7）　全国母子生活支援施設協議会『平成22年度全国母子生活支援施設実態調査報告書』2011
（8）　内閣府男女共同参画会議監視・影響評価調査会『新たな経済社会の潮流の中で生活困難を抱える男女に関する監視・影響評価報告書』2009

困難の新たな状況と現行法制度との矛盾が発見された。「女たちの危機」を突破すべく、女性支援事業の再構築が新たな課題として浮かび上がったことになる。

2　女性支援事業の現在

（1）婦人相談所の「DVセンター化」

　日本には「女性支援事業」という固有の制度枠組みは存在しない。本書における「女性支援」とは「何らかの困難を抱えて危機に直面し、安全確保／保護を含めた外部からの支援を必要とする女性を対象とした社会的支援」をいう。母子福祉の枠組みのほかに、売春防止法に基づく「婦人保護事業」とそれを活用した、DV法に基づく「DV被害者支援事業」が事実上女性支援事業を代替してきた。ところが、婦人保護事業はDV法完全施行の2002年以降、根拠法にDV法を加えた（その後2005年に「人身取引行動計画」を付加）ことにより、大きく変質した。婦人保護事業の対象者の範囲を定めた厚生労働省通知（2002年）によると、「売春経歴を有する者」および「経歴を有しないが、売春を行うおそれがある者」の次に「DV被害者」が掲げられている。いまや、婦人相談所はDVセンター化したとまで言われている。実際、一時保護所への入所理由の72％をDVが占めており、DV被害者優先の支援が行われている（2011年度）。

　その影響は多岐にわたる。

　第1に、DV被害者中心の、危険防止に重点を置いた対応が優先する結果、DV以外の多様な困難を抱えた女性への支援が不十分になっている。たとえば、DVの場合はDV加害者の追跡から利用者の安全を守るために、繰り返し入所の制限や、利用期間中の行動制限が行われ、継続的な生活再建支援が難しくなっている。

　第2に、DV被害者優先はDVとそれ以外という利用者の分断にとどまらず、婦人相談所／婦人相談員／婦人保護施設という婦人保護事業を構成する三機関の間の序列化をいっそう鮮明にした。とりわけ婦人保護施設は、売春経験者や知的障がいのある女性など「問題のある人」が利用する施設としてヒエラルヒーの最下層に位置づけられているのではないか。

第3に、DV被害者優先の支援は、婦人保護事業における支援の不透明性と説明責任の不在を強化する結果をもたらした。加害者の追求を防ぎ、被害者の安全を守るためには一時保護所の所在地などの情報は秘匿されなければならない。また、利用者への外出規制も一定程度必要になるかもしれない。しかし、そのことと、どのような理念に基づき支援が行われているか、あるいは実際に行われている支援についての説明責任や支援基準の設定、および外部評価の実施とは別個の問題である。危険回避を理由に一時保護がブラックボックス化し、支援の中身や利用者の権利保障の実態が何ら問われないままであったといえる。これらは、暗黙のうちにDV被害者支援優先によって正当化されてきたのではないか。

（2）「一時保護」制度の矛盾

　DVセンターや警察へのDV相談件数は増加の一途をたどっている。それに対して、DV法施行後一貫して停滞傾向を見せているのが一時保護件数である。DV法施行後の2002年度に一時保護された女性は6,261人であり、2004年度にかけて増加したが、その後は微増減の傾向にあり、2011年度は6,059人にとどまる。一時保護理由の約7割超がDVであることは前述のとおりであるが、さらに、「子・親・親族」「交際相手」など夫等以外からの暴力も含めると、全体の82.2％が暴力被害を主訴としている（2011年度）。

　DV法上、DVセンターの業務として「被害者および同伴する家族の緊急時の安全確保および一時保護」が定められているが（3条3項3号）、一時保護の定義や支援内容、期間等の定めはない。一時保護制度は売防法の婦人保護事業に定められた婦人相談所の業務（要保護女子の一時保護）であり（34条2項3号、4項）、それがDV法に転用されているにすぎない。だが、売防法上も一時保護の定義や期間についての規定はなく、「婦人保護実施要領」（1963年、最終改訂2002年）により、一時的、経過的な措置と定められるにすぎない。

　本来の一時保護機能は、さまざまな理由から緊急の支援が必要な女性とその家族のために安全な居場所を確保し、心身の回復を図ることであり、被害回復と生活再建のための継続的な支援へ向けた「見取り図」を当事者ととも

に描くことにある。従来、支援全体を見通した上での、一時保護機能の検討はほとんど行われてこなかった。

　また、一時保護は行政（都道府県婦人相談所長）の措置権限に基づき決定されるのだが、一時保護件数の停滞の主要な要因は措置決定のハードルの高さにあると思われる。入所申請時に退所先の「見通し」がないと一時保護決定は行われないのが一般的だという。だが、それは、この間の日本社会における女性の状況の著しい変化に対応した、「一時保護」制度の検討や運用の改善が行われないまま、DV法以降も無批判に踏襲されてきた結果ではないだろうか。さらには、婦人保護事業における入所者と行政の関係により強い権力性をもたらす、売防法の法構造への批判的検討も行われてこなかった。

　女性差別的な「要保護女性の保護更生」思想からの脱却が図られないまま、現代社会の女性支援のニーズや女性の人権思想とかけ離れた法制度がなお存続し続けていること自体、厳しく問い直されなければならない。

3　女性支援事業の再構築をめざして ── 本書の目的と構成

　固有の「女性支援事業」体系不在の下、売防法の婦人保護事業が「女性支援」の役割を代替せざるを得なかったといえる。しかし、売防法は斡旋業者および公然売春勧誘の女性を処罰する刑事法の側面と「要保護女子」の保護更生法という、異なった二重の法的性格を持つ。売防法において、女性は原則として処罰され、補導処分を受ける存在でありながら、「転落防止・保護更生」の名のもとに婦人保護事業の対象となった。もちろん、その後の社会状況や家族の変容に伴い、婦人保護事業の対象範囲は拡大されたが、制定後半世紀以上を経過してもなお、極めて女性差別的な売防法の基本構造に変化はない。DV法による活用は、1980年代以降、縮小・廃止の危機に直面し苦難の道を歩んできた婦人保護事業の「延命」策として有効であったかもしれないが、同時に、婦人保護事業を変質させ、女性支援政策の行き詰まりをも露呈させた。

　本書の目的は、現代日本社会における女性の状況／位置を明らかにするとともに、婦人保護事業を中心に女性支援の現状と問題点を提示し、現代社会において支援を必要とする女性たちのニーズに適合する女性支援事業のあり

方を模索し、政策提言を行うことにある。その場合、従来の女性支援では不可視化されてきた外国人女性についても、グローバルな視点から検討する。

　本書は3部構成からなるが、第1部で日本社会に生きる女性たちの困難とその背景を描きだし、第2部では女性支援事業の現在と問題点を検討する。最後に、第3部で新たな女性支援事業のあり方を切り拓くための考察と政策提言を試みる[9]。

　なお、本書は、平成21年～23年度厚生労働科学研究費補助金政策科学総合研究事業（政策科学推進事業）「DV対策など、女性支援施策の効果的展開に関する調査研究」（研究代表者　戒能民江）の成果の一部である[10]。

---

[9]　本書では、「障害」について、条文や報告書等の引用を除いて、「障がい」と表記する。
[10]　ことわりのない限り、以下、本書では「本厚生労働科学研究費調査研究」と略称する。

第1部　女性たちの困難

第1章

日本社会に生きる：女性たちの現実

戒能民江

1 2つの数字の衝撃

（1）20人に1人の女性がDVで「生命の危険」

　1つの数字が世の中を動かすことがある。1999年実施の総理府（当時）『男女間における暴力に関する調査』[1]は、「女性に対する暴力」の実態と人びとの意識を全国規模で明らかにした、国による日本初の調査である。そこでは、「命の危険を感じるくらいの暴行」や「医師の治療を必要となる程度の暴行」を受けた経験を聞いているが、成人女性の4.6％が夫等から命の危険を感じるほどの暴力を受け、4％が暴力によって医師の治療が必要なほどの暴力を受けていた。この調査から、20人に1人の成人女性がDVによって生命の危険にさらされていることが明らかにされ、人びとに大きな衝撃を与えるとともに、DVとは「生命」の問題であることを強く印象づけた。これは、長い間隠され続けてきた女性たちの暴力被害が、初めて国のデータとして立ち現れた瞬間であった。同時に、立法によるDV対策の緊急性が数字により裏付けられたと言える。

　当時、政府はDV法の新たな法制化には積極的ではなく、むしろ「現行法活用論」に傾いており、DV法立法化は1998年8月に設置された「参議院共生社会調査会」による議員立法に委ねられることとなった。同調査会は、2000年4月に超党派議員で構成される「女性に対する暴力」プロジェクトチーム

（1）　総理府内閣総理大臣官房男女共同参画室『男女間における暴力に関する調査報告書』2000。最新データは2012年4月発表の内閣府男女共同参画局『男女間における暴力に関する調査報告書』を参照

を設置し、30回以上の審議を経て、2001年4月DV法制定にこぎつけたのである。もちろん、2000年ニューヨーク世界女性会議などの国内外の動き（とくに外圧）が推進力になったのだが、女性や子どもの安全を守るために、保護命令だけは何としても実現させたいという議員たちの熱い思いの背後に、「20人に1人が命に危険を感じている」という、上記の数字があったことは間違いない[2]。

DV法制定直前の2000年には、DV被害経験を有する女性からの直接の聞き取り調査が国によって行われた[3]。そこには、暴力下での生活を余儀なくされた女性たちの張りつめた精神状況や「自分が殺されるかもしれない」、「相手を殺してしまうかもしれない」という切迫感、そして社会的に孤立した状況、恐怖と不安、無力感が再現されている。しかしDVによる「命」の危険はいまだになくなっていない。現にDV法制定・施行後10年経過したにもかかわらず、夫に殺される妻の数は年100名前後を推移し、逆に夫を殺す以外にDVから解放されないところまで追いつめられる女性は減っていない[4]。

（2）単身女性の3割が貧困

DVは一貫して見えない暴力であり続けたが、女性の貧困はさらに見えにくいというのが、つい最近までの日本の状況であった。国際的に貧困の女性化がクローズアップされたのは、1995年に北京で開かれた第4回世界女性会議においてである。いわゆる途上国を中心に、世界で10億人以上の人びとが貧困にあえぎ、その大多数が女性だという。当時、日本は、「世界一の債権国」として、南の世界の女性たちの貧困を生みだす責任を問われる存在であった[5]。だが、同時に、高齢の女性の貧困や女性雇用者の2人に1人と言われたパートタイム労働者の低賃金やリストラの進行など、日本においても「貧

（2） DV法立法過程については、南野知惠子ほか監修『詳解DV防止法』ぎょうせい、2001、戒能民江編著『ドメスティック・バイオレンス防止法』尚学社、2001、堂本暁子『堂本暁子のDV施策最前線』新水社、2003参照
（3） 内閣府男女共同参画局『配偶者等からの暴力に関する事例調査』2001
（4） 2011年の警察庁調べでは、犯行動機・目的にかかわらず、夫による妻殺人は89件（56.3％）、妻による夫殺人事件は69件（43.7％）（警察庁犯罪統計）
（5） 松井やより「貧困の女性化とは何か」アジアに生きる女たちの21世紀6号、1996、3頁

困の女性化」問題がすでに浮上していた[6]。

　2000年代になって日本社会でも「貧困」が再発見され、2008年秋のリーマンショック後の世界的な金融危機を背景に、「派遣切り」や「ネットカフェ難民」など若い男性の「貧困」が社会問題化したことは記憶に新しい。だがその当時女性たちが主張したのは、女性はもっと前から「貧困化」しているということであった[7]。

　18歳未満の子を持つ母子家庭は、離婚の増加などを背景に、1995年から15年間で74万世帯から108万世帯へと増加しているが（2011年度調査では123.8万世帯と推計）、母子家庭の年間所得は200万円未満が4割、300万円未満だと7割を占め、その半数が貯蓄50万円未満である[8]。したがって、母子家庭の生活保護受給率は8世帯に1世帯と極めて高い。

　2011年末、高齢の女性と母子家庭に加えて、勤労世代（20歳〜64歳）の単身で暮らす女性の32％が「貧困」であることが報道された[9]。貧困層全体の57％が女性であり、95年を境に貧困の男女間格差が拡大していることが明らかにされ、「貧困が女性に偏る現象であることが確認された」とその記事は結んでいる。増加の一途をたどる非正規労働者の7割が女性であり、女性雇用労働者中、54.7％がパートタイマーや派遣、嘱託、非常勤、アルバイトなどの非正規労働者である。なかでも、15歳〜24歳の年齢層の非正規雇用比率が1995年以降急速に伸びていることに注目したい（24.5％から50％へ）。また、新卒後、アルバイトや派遣などで食いつないできたものの、正社員への就職が叶わず、無職にとどまらざるを得ない女性たちも多い。以前は未婚の女性は就職していなくても「家事手伝い」と名付けられ、親と同居し、扶養されているから問題ないとされてきた。いわば、隠されてきた女性若年層の「貧困」や「社会的孤立」が、このような報道でようやく表面化したと言える。横浜市男女共同参画センターの「働きづらさに悩む若い女性の自立支援」講

（6）　中野真美「日本の女性労働と低賃金」アジアに生きる女たちの21世紀6号、1996、33頁
（7）　鴨桃代・赤石千衣子「女性はずっと貧困だった」世界2009年2月号、149頁
（8）　独立行政法人国立女性教育会館『男女共同参画統計データブック2012』ぎょうせい、2012
（9）　朝日新聞2011年12月9日付。国立社会保障人口問題研究所の分析による。阿部彩「「女性の貧困」問題のほどき方」現代思想2012年11月号、70頁

座の先駆的試みなど、近年、各地の女性センターではガールズ就労講座を開催するようになったが、「単身女性の3割が貧困」というデータは、世の中を動かすまでに至ってない。「実家を頼ればよい」「早く結婚して夫に養ってもらえばよい」という声が聞こえてくる。

2　ジェンダー不平等な国・日本 ── 世界からみると

　日本は「女性活用小国」である。グローバル化の進展により産業構造の転換に迫られ、経済再生のために女性の活用競争に入っている国際社会の変化に「気付かない」でいるのが日本だと言われてきた[10]。たとえば、OECD（経済協力開発機構）事務総長は、日本訪問の際に、日本の経済成長戦略にとって女性の就業率の引き上げがカギだと述べている[11]。

　2012年、IMF（国際通貨基金）・世界銀行年次総会が東京で開催されたが、IMFは「女性は日本を救えるか？」と題した緊急レポートを公表した[12]。女性の仕事と家庭の両立支援政策こそ、OECD加盟国平均（77％）より低い女性の労働参加率（48％）を押し上げるとともに、女性の管理職を増やし、日本の経済成長率の向上をもたらすという内容である。ほぼ同時期に公表された「世界経済フォーラム」のジェンダー・ギャップ指数（GGI）[13]で、日本は135カ国中101位であり、2011年の98位からさらに後退した。日本は保健・健康分野では上位を占めるが、男女賃金格差が大きいこと、女性の管理職が少ないこと、国会議員や閣僚の女性割合が低いことなどが影響して評価を低めている。また、高等教育の就学率の男女格差の開き（四年制大学への進学率男性56.0％、女性45.8％）も大きく作用している。大卒と比べて高卒女性の就職率が低く、結局は低賃金で不安定な「非正規雇用へと流れ込む」という状況を生みだし、学歴格差が貧困に直結しかねないのが現状である[14]。

　このように、管理職や経営者、国会議員・閣僚などの女性比率の低さが示

---

(10)　竹信三恵子『女性を活用する国、しない国』岩波ブックレット、2010、14頁
(11)　大沢真理『いまこそ考えたい生活保障のしくみ』岩波ブックレット、2010、4頁
(12)　http://www.imf.org/external/Pubs/FT/fandd/jpn/2012/09/steinbergj.pdf
(13)　各国内の男女間の格差を数値化してランク付けしたもので、経済、教育、保健、政治分野のデータから算出する。

すように、OECD加盟国の中でも、政治・経済の場面における女性の意思決定への参画度が著しく低いことと女性の経済力の低さが際立つ。

　男女平等先進国と言われるノルウェーでは、1979年の男女平等法制定以来のたゆまぬ政策的努力によって、経済界を含めた社会の態度の変容をもたらしたという。日本においても、1999年男女共同参画社会基本法制定以降、男女共同参画社会形成をめざして、男女共同参画基本計画が策定され改訂を重ねてきた。2010年の第三次改訂にあたって提出された「男女共同参画会議」答申では、「女性の活躍による社会の活性化、男性や子どもにとっての男女共同参画、様々な困難な状況に置かれている人々への対応などが急務」になっており、「男女共同参画の推進が不十分だった点については真摯に反省し」たうえで、「実効性のある」基本計画策定が必要だとした。そして、男女共同参画の推進が不十分だった理由として、固定的な性別役割分業意識の根強さなど4点掲げられているが、何とも歯切れが悪い。一方で、男女共同参画社会実現の強い意志と推進力の不足を指摘しながら、他方で、男女共同参画は働く女性の支援という印象を与えてきた結果、あらゆる立場の人の問題だという認識が強まらず、意識改革や制度改革ができなかったとも述べている。そもそも、ジェンダー概念を採用せず、「男女共同参画」という新自由主義思想に親和的な概念に基づく政策形成であるところに問題があるのだが、日本社会の性差別構造についての明確な現状分析に基づく政策枠組みの設定が必要ではないだろうか。とくに、女性への支援策については、雇用、貧困、高齢・障がい・外国籍、暴力と縦割りに記述されており、女性であることでなぜ困難に直面するのか、構造的な把握が十分ではない。同基本計画第7分野「貧困など、困難に直面する男女への支援」では、パーソナル・サポート・サービスの制度化の検討やセーフティネットの構築が提言されるにとどまる。また、第8分野「高齢者、障害者、外国人等が安心して暮らせる環境の整備」では「女性であることで複合的困難な状況に置かれている人々等（性的指向、性同一性障害の人々を含む）への対応」が独立項目とはなっているものの、実態把握と人権相談・教育の強化を謳うにとどまる。

（14）　前掲注（10）50頁

3　女性たちの「生活困難」

（1）女性の生活困難の複合化と固定化

　現代社会における女性たちの抱える困難の連鎖と複合化・固定化の状況を明らかにしたのが、2009年男女共同参画会議「新たな経済社会の潮流の中で生活困難を抱える男女について」報告書である[15]。

　同報告書のいう「生活困難」は広い概念であり、経済的困難だけでなく、教育や就労機会の喪失、社会的孤立などを含む。とくに、金融危機以降の経済・雇用状況の悪化により顕在化した、「自分の力だけでは乗り越えられない何らかの不利な状況を抱えるために」、経済的な自立の困難や社会生活上の困難に直面する状況を対象としている。なかでも、従来の、妻は家事育児を行い、経済的には夫に扶養される存在だとする「専業主婦モデル」では見えにくかった女性の生活困難リスクに注目していることと、女性のほうがより生活困難に陥りやすい状況にあることを指摘している点が、同報告書の特徴である。

　同報告書は、単身世帯や母子家庭の増加など、女性が生計維持者となる必要性が増しているにもかかわらず、非正規雇用の増加、縮まらない男女間賃金格差、妊娠・出産による離職の多さ、外国人女性とその子どもの社会適応の困難など、女性の生活困難リスクが顕在化していることを指摘した上で、ヒアリング調査に基づいて生活困難の実態と支援ニーズを整理し、とくに女性が生活困難に陥りやすい要因について下記のように分析している。

　第1に、女性が「産む性」であることから、妊娠・出産・育児等のライフイベントが女性の生活に大きな影響を与えている。とくに、10代の妊娠・出産・育児は教育機会と就労機会を剥奪し、女性の人生全般に不利な状況をもたらす。また、「産む性」であることは、出産・育児との両立を図るためにパートなど非正規雇用が多くなり、女性の就業構造に大きな影響を与えているとする。

　第2に、DV、セクハラ、性暴力、買売春、人身売買等の「女性に対する

---
[15]　内閣府男女共同参画会議『新たな経済社会の潮流の中で生活困難を抱える男女に関する監視・影響調査報告書』2009

暴力」が女性の人間としての尊厳を侵害し、女性の心身を不調に陥れるとともに行動と自由を制約し、就業や社会参加を難しくするなど、女性を困難な状況に陥れていると指摘する。

そして、その背景にあるのが、固定的な性別役割分業意識だとまとめている。また、男女共通に見られる要因として、成育家庭における生活困難による教育学習不足や自尊感情形成の不足などが生み出す不利な状況、学歴の影響、自尊感情侵害による社会的不適応、雇用構造の問題、障害者手帳を持っていないが生活上の障がいを抱える人びとの困難、外国籍の人の生活困難や社会的不適応の状況、地域ネットワークの弱体化などが挙げられている。

同報告書は上記の分析に基づき、女性のライフステージ上の課題に着目した支援や総合的支援の提供の必要性、自立概念の捉え直し、既存の制度の狭間に陥っている支援ニーズへの対応など、重要な提言が行われており、前述の「第3次男女共同参画基本計画」に反映すべきであった点が多いと思われる。今後、女性がなぜより生活困難に陥りやすいのか、性別役割分業意識の変革にとどまらず、日本社会の性差別構造に迫った要因分析が必要である。

（2）女性たちの現実

一時保護所や民間シェルターを利用する女性たちの現状については第1部第2章で詳しく言及するので、ここでは、婦人保護施設および母子生活支援施設の利用者の状況について紹介する。

婦人保護施設を利用する女性たち

婦人保護施設は売防法上の婦人保護事業の一つであり、「要保護女子を収容保護するための施設」と規定されている（売防法36条）。全国に49カ所あるが、廃止した県もあり（7県）、設置されているところでも一時保護所や婦人相談所との併設が28カ所（57.1％）と過半数を占める（2012年度）。近年、定員および入所者数の減少および定員の充足率の低下（33.4％、2011年度）が大きな問題となっている。

東京都内の婦人保護施設5カ所（公立民営1、民立民営4）のスタッフで構成される「東京都社会福祉協議会婦人保護部会調査研究委員会」は、前身の「婦人保護施設あり方検討会」による2003年～2007年調査を継続し、2008年・

2009年度調査結果報告書をまとめた[16]。本調査は、「福祉関係者でもあまり知られていない婦人保護施設の実態を数値化し、利用者の抱えている複雑な問題、社会問題ともいえる深刻な状況を少しでも社会化し、女性の人権を回復すること」を目的としている。ここでは、2009年度調査結果に基づき、①入所に至った背景（入所理由）、②売春[17]、③暴力被害、④家族関係、⑤出産と父子関係にしぼって紹介したい。

① **入所に至った背景**では、生活困難が87％ともっとも多く、妊娠出産、疾病／障がい、DVと続く。ここでの生活困難とは「暮らしづくりが困難な状況」という意味であるが、経済的困難が最多を占めるほか、利用者は対人関係、金銭管理、就労継続、健康管理、生活リズム、嗜癖傾向などさまざまな課題を抱えている。また、夫や家族からの暴力被害が3割を超える。

② **売春**（性売）経験者は3割以上を占める。店舗型売春が最多だが、自営型、派遣型と続き、携帯サイト、インターネットを利用したものやホームレス売春もみられる。売春の動機として、経済的困窮が最も多く、家出・家庭不和、就職先なし、強制・命令、ホスト・恋人・友人の紹介、本人または他人の借金返済と続く。父から性暴力を受けて家出をしたが、お金も頼る人もいなくてデリバリーヘルスの仕事へ、幼少時から施設で育ったが、施設を飛び出した後風俗へ、ホストからの借金返済のために売春へなど、性暴力や虐待、親との葛藤、成育家族の困難、施設の経験など、一人ひとりのライフヒストリーでの困難の連鎖と複合化という背景が浮かび上がってくる。

③ **暴力被害**の経験は極めて多い。夫（内縁・元夫含む）の暴力に次いで、父親、母親、きょうだい、友人・知人、その他の親族からの暴力被害を受けており、利用者の8割が暴力被害の経験があるとする。18歳未満での暴力被害経験は3割に上り、利用者の1割以上が児童期に性暴力被害

---

[16] 東京都社会福祉協議会婦人保護部会調査研究委員会『婦人保護施設実態調査報告書－2008年度・2009年度』2010

[17] 同調査では、売春という語の差別性を問題にし、「性売」という造語を使っている。

を受けている。
④ **家族関係**については、本人の障がい、疾病、異性関係、妊娠、借金などが理由で「二度とかかわりたくない」と家族から言われる「劣悪な関係」になっている場合がある一方、本人が家族との交流を拒否する場合がある。子どもがいても、施設などに預けられ離れて暮らす場合が多い。
⑤ **出産と父子関係**をみると、「子の父不明」が8％いることに注目したい。「父不明」は不特定多数の風俗関係の客であると思われ、強姦による出産を含めると1割になる。売春が「避妊を拒否できない状況下で行われる性暴力的実態」を持つことを表している。また、既婚、内縁で出産した場合も、婚姻関係は事実上破たんしている。

母子生活支援施設を利用する女性たち

母子生活支援施設は児童福祉法上の施設であり、「配偶者のいない女子またはこれに準ずる事情にある女子」とその子どもを保護し、「自立促進のために」生活支援を行う施設である（児童福祉法38条）。18歳未満の子のいる母子家庭および母子家庭に準じる女性とその子どもが親子で利用できる施設であるが、施設数は減少傾向にある（269施設、2011年度）。母子生活支援施設協議会は隔年で「実態調査」を実施しているが[18]、調査によれば、入所理由は、貧困、DV・児童虐待が多い。とくに近年はDV被害者の入所が半数以上を占めるに至っており（54.1％、2010年度、厚生労働省調べ）、被虐待経験のある子どもの入所も増えている（41.4％、2009年度、厚生労働省調べ）。同時に、精神障がい、知的障がいなど、障がいのある母親と子どもが増加している。また利用者の約4割が生活保護を受給し、平均就労年収は112.5万円で一般母子家庭の171万円を大きく下回り、一般家庭の2割程度しかない。母親の就労率も低下傾向にあり（67.3％）、その約8割が非正規雇用である。

婦人保護施設と母子生活支援施設とでは設置目的および対象範囲が異なるが、利用する女性の状況には共通点が多い。DVなど暴力被害を経験した女性が増えていること、精神障がいや知的障がいなど、何らかの障がいがある

---

[18] 全国母子生活支援施設協議会『平成22年度全国母子生活支援施設実態調査報告書』2011

女性が増加していること、女性たちは低所得で貧困に直面していること、成人するまでに経済的困窮や虐待を受けた経験、施設で暮らした経験があることなどである。婦人保護施設利用者では家族・親族関係の悪化や母子分離がみられ、女性たちの社会的孤立状況が窺われる。これらの施設にようやくたどり着いた女性たちの状況には、日本社会で生きる女性たちの「困難」が凝縮されている。

4 まとめ

　2012年3月から全国的に始動したホットライン「よりそいホットライン」には、開始以降同年3月末までの21日間で、何と約5万5千件のアクセスがあったという[19]。家族関係、DV、性暴力、いじめ、借金、失業、病気、障がい、不安など、相談内容は多岐にわたる。同ホットライン報告書の別冊では相談事例の分析を行っているが[20]、心の悩みや人間関係、仕事など相談項目の重複が特色として指摘されている。また、孤立している人も多い。暴力被害を受け、多様な疾患や障がいを抱え、複合的な問題に悩みながら、相談になかなかつながらず孤立している人がいかに多いかが、「よりそいホットライン」からも浮かび上がってくる。

　従来、女性の抱える困難は「見えにくい問題」であったし、社会的排除や非難の対象となる[21]、売春や女性のホームレス、人身売買被害者など「例外的」な女性たちの問題と考えられてきた。しかし、性・暴力・経済的困難・精神的ダメージ・社会的孤立の5つの側面から、日本の女性の人権状況を読み解くならば、決して一部の「例外的な問題」ではなく、女性にとっては、根強い性差別の支配する、この社会で起きている「地続き」の問題なのではないだろうか。

---

[19] 一般社団法人社会的包摂サポートセンター編『平成23年度社会的包摂ワンストップ相談支援事業「よりそいホットライン」報告書』2012。同ホットラインは「孤立・排除」から包摂への理念の下、一般相談のほかに、自殺予防、DV・性暴力、外国語、セクシュアル・マイノリティの専門分野を設置し、24時間の電話相談に加えて、面接・同行支援を行っている。
[20] 前掲注(19)報告書別冊参照
[21] 堀千鶴子「婦人保護事業の対象把握をめざして」林千代編著『「婦人保護事業」五〇年』ドメス出版、2008

【コラム1】 トータルな人身売買被害者支援を

　これまでAWCでは、人身取引の被害当事者から直接相談を受けることはほとんどなかったが、日本人と結婚したアジア出身の女性からは人身売買の被害と同じような扱いをされているという相談があり、支援を行ってきた。

　2004年人身取引対策行動計画が策定され、被害者の保護を各都道府県の婦人相談所等で行うこととなった。翌年刑法改正で、人身売買罪が新設された。2009年末には人身取引対策行動計画が改定された。最初の行動計画策定を受けて2004年、福岡県児童家庭課、県女性相談所（女相）、福岡入国管理局、AWCの4者で人身取引被害者への支援やその連携のしかたについて協議をし、情報交換を行った。

　日本人配偶者のDVから逃れ避難した外国籍女性を支援していくうちに、女性たちが受けた"暴力"は人身売買被害者の受けた被害と共通点が多いと実感した。また、女性が自力で避難し支援団体や福祉事務所に支援を求める前に、あるいは逃げ出せない状態で摘発され「公正証書原本不実記載及び同行使」（偽装結婚）で逮捕されるという報道も目にしていた。

　AWCでは、人身売買の被害渦中にいる女性が支援にアクセスできるように2005年から8カ国語の情報カードとポスターを作成し、福岡入国管理局、福岡国際空港などに置いてもらっている。一方、入国管理局や女相には、上記4機関の他警察本部も含めて支援の連携会議を開催してほしいと数年にわたり呼びかけてきた。2010年度には人身取引被害者の保護と支援に関わり、帰国までの支援を上記機関以外にも出身国の大使館やIOM（国際移住機関）、県男女共同参画推進課との連携で行った。

　AWCの呼びかけが功を奏し、時期を同じくして女相主催の「人身取引被害者保護等関係機関会議」、福岡入管主催の「福岡県人身取引対策関係機関連絡会議」が初めて開催された。それまでは各機関の役割、特に支援の対象や流れについての共通理解が不十分なために連携に問題が生じた事例もあった。女相主催の会議は同年1回きりだったが、入管は翌年以降継続して開催し、2012年度には県警主催の関連会議も予定されている。

　女相主催の会議では、女相のほか県男女共同参画推進課、入管、県警（生活安全課、組織犯罪対策課、外事課）、民間団体の5機関が出席し、それぞれの機関の役割確認の場となった。特に女相の婦人保護事業についての説明がされた後、続く意見交換で、警察や入管は、正規滞在・非正規滞在、資格外就労、偽装結婚、売春といった「事件性」の観点から「容疑者性」をみると話した。AWCからは「逃げられない状況下にいるのが人身売買被害者。それを偽装結婚で逮捕されるのと人身売買被害者として保護されるのでは当事者にとってその後の人生に雲泥の差が生じる」と支援の現場での実感を話し、その判断基準について質問した。「その状況下にあった期間も関係し、ケースバイケース。立証も難しい」と回答された。AWCは、日本などから母国に帰国した被害者を支援しているタイやフィリピンの送り出し国の政府機関やNGOとの意見交換の席で、「日本が行うのは支援帰国だけなのか？被害者が日本からいなくなればいいのか？未払賃金は受け取って帰国する？被害防止のためには包括的な取組みが必要だ」と指摘を受けていることを紹介した。被害者は出身国に帰国するとそこから社会的復帰のための支援を受けることができる。日本の保護下にある間に帰国後を見据えた支援が大事であると訴えている。

（アジア女性センター：AWC）

第2章

シェルターに辿り着いた女性たち
—— 一時保護所・民間シェルター利用者調査結果を中心に

湯澤直美

1 地域社会に必要とされるシェルター機能

　多くの人は、家族という社会的装置が「私」を守るトリデであることを期待し、家族には、もっとも素朴な意味での安全・安心・安定など、いわば私生活の「平和」が求められている。しかし、現実には、家族のなかで生命が暴力的に奪われることすら決して稀ではない。皮肉なことに、家族は閉鎖的な居住空間を共にするがゆえに、暴力を行使するには最適な場であるとさえいえる。さらに、親密な関係における暴力は世界各地で発生しており、安全でない家族というパラドクスが国境を越えて普遍化しているのは、決して偶然によるものではない[1]。そのため、家族や親密な関係における暴力の危険から逃れ、心身の安全を確保し、生活の再建を図る場としてのシェルターが必要とされており、その存在は世界各地で広がりをみせている。

　日本においても、江戸時代には東慶寺や満徳寺が駆込寺として機能していたように、古くから地域社会のなかでシェルターが必要とされていた[2]。その後、社会事業から社会福祉へと制度化が進むなか、第二次世界大戦後、1956年に制定された売防法には第4章に婦人保護事業が規定され、シェルター機

---

(1) 庄司洋子・湯澤直美「ドメスティック・バイオレンス対策の推進とコミュニティ形成―日本・韓国比較研究　2004年度調査報告」『立教大学　SFR指定領域研究　アジアにおける平和構築のためのトランスナショナル・コミュニティの形成　2004年度報告書』2004参照
(2) 佐藤孝之『駆込寺と村社会』吉川弘文館、2006、五十嵐富夫『駆込寺――女人救済の尼寺』塙書房、1989参照

能（一時保護機能）を有する公的機関として婦人相談所が創設された。公娼制の廃止に伴い売買春に携わっていた女性たちの「保護更生」を担うことから出発した婦人保護事業であるが、当初より、売買春にとどまらない相談ニーズが寄せられていた[3]。時代の変化とともに、売買春や性暴力による被害、家族／夫婦／恋人関係における諸困難、経済的困窮、妊娠・出産におけるリスクなど、幅広い女性の生活問題への制度的対応が必要とされていく。

　更に、DVが社会問題として認識され始める時期と並行して、草の根の女性たちの活動によって、各地に民間シェルターづくりが広がっていった。婦人相談所は各都道府県に1カ所の設置であるため、困難にさらされる女性の受け皿がより広範に必要とされていたのである。1998年には「民間草の根のDVサポートシェルターネットワーク」として、「全国女性への暴力・駆け込みシェルターネットワーキング」（現「特定非営利活動法人全国女性シェルターネット」）が結成される。2005年には法人格を取得し、日本国内に約100カ所程度あるとみられる民間シェルターのうち、67団体を加盟団体としてネットワークしている（2013年6月現在）。

　そこで、本章では、婦人相談所一時保護所と民営シェルターに焦点をあて、そこに辿り着いた女性たちがいかなる状況に置かれているのかを調査結果をもとに紹介する[4]。DVをはじめとする諸困難に直面し緊急避難が必要な状況に置かれていても、シェルターに辿り着いていない女性たちも数多く潜在しており、必ずしもここに示された実状が困難にさらされたすべての女性たちの現実を反映するものではない。しかしながら、シェルター機能を必要とする背景にはどのような現実があるのかを把握することによって、困難にさらされる女性への制度／政策の在り方を検討し、これからの女性支援への示唆を得ることを目的として、調査を実施した。

（3）　湯澤直美「買売春の変遷と婦人保護事業の現代的展開── 女性の人権の確立と買売春の根絶」『フェミニスト福祉政策原論── 社会福祉の新しい研究視角を求めて』ミネルヴァ書房、2004参照
（4）　本厚生労働科学研究費調書研究。調査結果については、施設・個人が特定されることのないよう統計的に処理し、守秘義務の厳守および厳重なデータ管理により、個人情報の秘匿に努めた。また、個別の都道府県名についても同様の扱いを行っている。

2 シェルターの利用状況

（1）調査実施方法

　婦人相談所一時保護所調査（以下、一時保護所調査）は、全国47カ所の婦人相談所を対象とし、郵送によるアンケート調査を2011年11月から2012年1月の期間に実施した。一時保護所の運営について把握するA調査票は47票（100％）回収し、利用者の状況を把握するB調査票は47都道府県より457票回収した。なお、B票は2011年8月に一時保護所に入所した利用者について、1人につき1票の調査票を設定し、職員が概況を記入する形式をとっている。

　民間シェルター調査は、全国女性シェルターネットに加盟している全国の民間シェルター54団体（調査実施時点）を対象として、郵送によるアンケート調査を2010年11月から12月の期間に実施した。調査票は日本国籍用と外国籍用の2種類があり、シェルターを2010年度に利用した人のうち2010年度内に退所した人について状況を把握した。調査票の記入者はシェルタースタッフである。依頼団体54団体のうち50団体から回答を得た[5]。利用者1名につき1件の調査票を記載する方式であることから、有効回答数は416票（日本国籍：391票、外国籍：25票）であった。

　なお、一時保護所調査と民間シェルター調査は調査票が異なっており、共通の設問と独自の設問からなるため、以下の記述では、共通に整理している項目とそれぞれに分析している項目とに分かれている。また、民間シェルター調査については、日本国籍者用と外国籍者用では設問が異なるため、ここでは日本国籍である利用者の統計をもとに結果を記載し、外国籍の利用者の状況は5節に整理している[6]。

（2）シェルターの利用状況

　まず、シェルターの利用状況からみていこう。婦人相談所の一時保護所については、2011年8月中に入所した者（同伴者は除く：以下「女性利用者」）

---

[5]　回答のない4団体は、2009年度にはシェルター機能を有していなかったことによる。
[6]　調査結果の分析において、各項目の比率については無回答を除いた母集団により算出している。

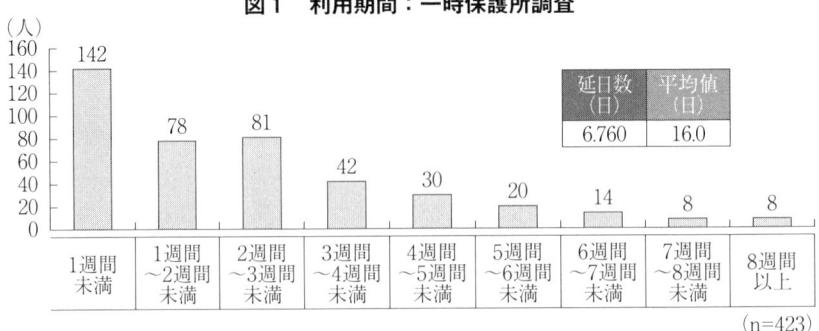

図1　利用期間：一時保護所調査

計457人について把握した。そのうち、8月中に「退所完了」した者が423人、「入所継続中」が33人（「無回答」1人）であった。8月中に退所が完了した423人の延入所日数は6,760日、平均は16.0日である。内訳をみると、「1週間未満」が最も多く142人（423人の33.6％）、ついで「2週間～3週間未満」が81人（19.1％）、「1週間～2週間未満」が78人（18.4％）である（図1）。入所期間を原則として14日間と設定している一時保護所が32施設であることから、約半数（52％）は2週間未満で退所している。3週間未満まででみると約7割（71.2％）に及ぶ。このように、比較的短期間の利用が多い。一方、4週間以上をみると計80人（18.9％）と約5人に1人となることから、比較的長期にわたる受け入れも一定数あることが把握された。

民間シェルターについては、2010年度に利用し同年度内に退所した416人について把握した。このうち、日本国籍である391人の利用期間をみると、「2週間未満」が最も多く148人（37.9％）、「2週間以上1カ月未満」が133人（34.0％）と続く。また、「1カ月以上2カ月未満」が63人（16.1％）、「2カ月以上」は38人（9.7％）である。最長は約2年間のケースがあり、民間シェルターにおいて長期の関わりが必要なケースを受け入れている実状が把握された。

（3）利用者の概況
①　入所時の本人の年齢

一時保護所の女性利用者の入所時の年齢をみると、「30～34歳」が77人（無回答を除く455人のうち16.9％）、「25～29歳」が75人（16.5％）と多く、合わせ

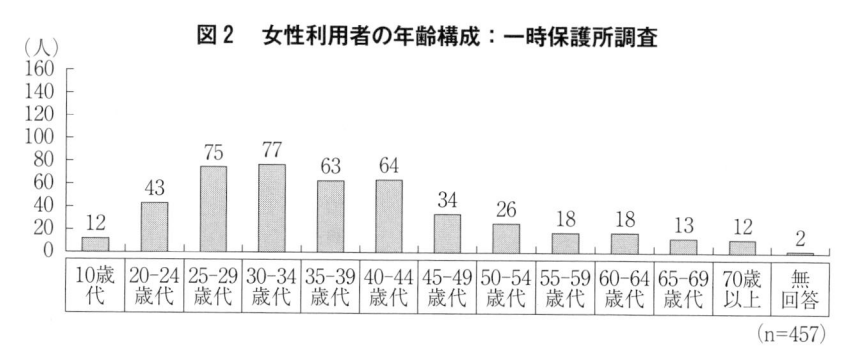

図2　女性利用者の年齢構成：一時保護所調査

10歳代	20-24歳代	25-29歳代	30-34歳代	35-39歳代	40-44歳代	45-49歳代	50-54歳代	55-59歳代	60-64歳代	65-69歳代	70歳以上	無回答
12	43	75	77	63	64	34	26	18	18	13	12	2

(n=457)

て約3人に1人がこの年齢層である。ついで「40～44歳」が64人（14.1％）、「35～39歳」が63人（13.8％）、「20～24歳」が43人（9.5％）、「45～49歳」が34人（7.5％）となっている。一方、50歳以上の利用者を合わせると87人（19.1％）であった（図2）。

　民間シェルターの女性利用者の入所時の年齢をみると、「30歳代」が最も多く139人（36.1％）、「40歳代」が92人（23.9％）、「20歳代」が74人（19.2％）と続く。20歳代から40歳代の年齢層で全体の約8割（79.2％）を占めていることになる。ついで、「60歳代」が40人（10.4％）、「50歳代」が32人（8.3％）、「70歳代以上」が7人（1.8％）である。50歳代以上の利用者は全体の20.5％となる。10歳代は、「18－19歳」3人であった。

　いずれも、10歳代から70歳以上と年齢層は幅広く、世代を超えて女性が避難を必要とする危険状況に直面していることが把握される。また、いずれも50歳代以上の利用者が約5人に1人おり、中高年齢層の利用ニーズが一定数あることも確認された。

② 単身／家族同伴別内訳

　一時保護所の利用者は、「単身」での入所が229人（50.1％）、「同伴児童あり」は226人（49.5％）であり、ほぼ半々である。また、「その他」が4人（0.9％）いる。子ども数の総計は388人であり、その内訳は、「幼児」が最も多く199人（男児100人、女児99人）であり、子ども総数の51.3％を占めた。また、「乳児」も48人（12.4％）いる。「小学生」は110人（28.4％：男児53人・女児57人）、「中学生」は18人（4.6％：男児5人、女児13人）、「義務教育年齢以上」は13人（3.4％：男児2人・女児11人）であり、中学生以上は人数も少なく、性別をみ

ると男児の比率が低い。これは、男児の場合には、受け入れに際して年齢制限を設けている場合があることが一因であると推察される。

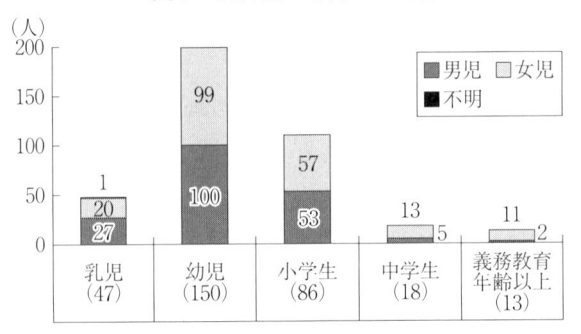

図3　同伴児の年齢：一時保護所調査

	乳児(47)	幼児(150)	小学生(86)	中学生(18)	義務教育年齢以上(13)
不明	1				
女児	20	99	57	13	11
男児	27	100	53	5	2

（注）（　）内の数値は、該当児を同伴した女性入所者数を示している。

　民間シェルターの利用者は、「単身」での入所が173人（44.2％）、「同伴児童あり」214人（55.3％）である。学齢別人数をみると、やはり「幼児」が圧倒的に多く172人（44.6％）、乳児35人を合せると乳幼児で207人（53.4％）となる。「小学生」は110人（28.4％）、「中学生」は43人（11.1％）、「高校生」は10人（2.6％）である。同伴児の性別をみると、中学生では男児のほうが女児の約2倍、高校生でも男女同数であり、年齢の高い男児であっても親子分離をせずに入居している点に民間シェルターの特徴がみられた。

　いずれも、利用者の半数前後に同伴児がおり、また、幼い子どもを抱えながら危機に遭遇している女性が多くいることが把握された。シェルターが安心・安全な場であることが、子どもにとっても重要であるといえよう。なお、「単身」での利用者のなかには、子どもを家に置いて避難せざるをえなかった女性が少なからずいることにも留意が必要である。

　なお、一時保護所調査では配偶関係を把握している。「婚姻中」が最も多く275人（60.2％）、「事実婚継続中」が62人（13.6％）であり、「離婚成立」は57人（12.5％）と少ない。離婚や夫婦関係に関わる支援が必要な者が7割を超えていることがわかる。また、離婚が成立していても危険にさらされる女性が1割強おり、「婚姻（事実婚含む）経験なし」が53人（11.6％）いることから、配偶関係にかかわらずDV法の対応が必要であることが改めて確認

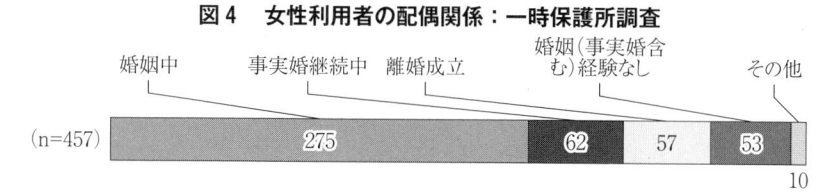

第2章　シェルターに辿り着いた女性たち

図4　女性利用者の配偶関係：一時保護所調査

婚姻中　　事実婚継続中　離婚成立　　婚姻（事実婚含む）経験なし　　その他

(n=457)　　　　275　　　　　　62　　57　　53
　　　　　　　　　　　　　　　　　　　　　　　　　　　　　　10

された。

③　本人の学歴

　一時保護所の女性利用者の学歴を把握したが、「わからない」という回答が128人（28.0％）と3割弱であった。そこで、把握できた329人を母集団としてみると、「中学校卒（中卒後専門学校卒を含む）」は計128人（329人の38.9％）であり、「高校卒」（121人・36.8％）よりも多い結果であった。「短大・大学・大学院卒」は40人（12.2％）と1割強である。一般の高校進学率と比較すると中卒層の比率がかなり高い。年齢コーホートによる影響も考えられるため、20歳以上40歳未満の年齢層の利用者を抽出して学歴階層が把握できる186人の内訳をみると、「中学校卒」38.7％、「高校卒」49.5％、「短大・大学・大学院卒」11.8％となり、同様の傾向であった。DVは所得や学歴にかかわりなくあらゆる階層で発現しているが、一時保護所への入所に至った女性はより低位な学歴階層の者が多く、暴力と貧困が交錯しつつ生活困難が深まる様相が推察される。

　民間シェルター調査では、「わからない」が133人であり、無回答11人を加えると、144人（全体の36.8％）は学歴が把握できなかった。把握できた247人についてみると、「中学校卒（中卒後専門学校を含む）」は47人（247人の19.0％）、「高校卒」は154人（62.3％）、「高等専門学校卒」4人（1.6％）、「短大・大学・大学院卒」は42人（17.0％）である。高校卒層が6割強を占める一方、そのほかは中卒層と大卒層に二極化している。一時保護所調査と比較すると、中卒層は低く、高卒層が高い傾向となっている。

3　シェルター利用に至る背景

（1）シェルター入所前の暮らし：一時保護所調査から

　一時保護所調査では、入所直前の暮らしの困難状況について把握している。

29

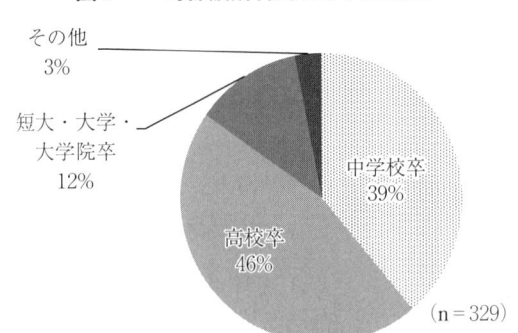

図5　一時保護所利用者の学歴構成

- 中学校卒　39%
- 高校卒　46%
- 短大・大学・大学院卒　12%
- その他　3%

(n = 329)

図6　民間シェルター利用者の学歴構成

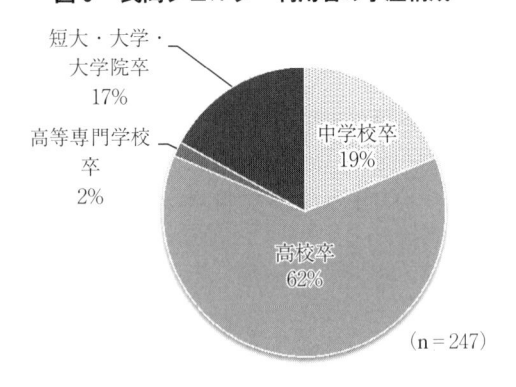

- 中学校卒　19%
- 高校卒　62%
- 高等専門学校卒　2%
- 短大・大学・大学院卒　17%

(n = 247)

そこで、居住環境、経済状況、家族関係についてみていこう。なお、これらの回答はあくまでも記入者（職員）による判断であり、実際には困難な状況はこれよりも高い比率で出現していると考えられる。

① 居住環境・経済状況

一時保護所に入所する直前の居住場所をみると、「夫等と同居」が263人（無回答を除く456人のうち57.7%）と最も多く、「別居の親族宅に避難」が43人（9.4%）、「親族以外に避難・居候・間借り」が28人（6.1%）であった。夫等と住んでいた家から直接一時保護所に避難してきた者のほか、すでに親族やその他の者のもとに避難していた者が一時保護を必要としたことがわかる。そのほか、「他の福祉施設」が10人、「病院」が8人、「住込み就労」が6人

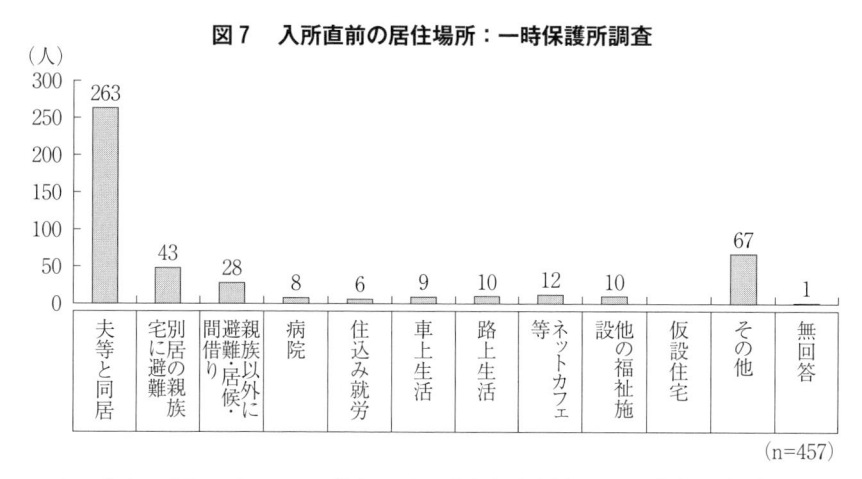

図7　入所直前の居住場所：一時保護所調査

居住場所	人数
夫等と同居	263
別居の親族宅に避難	43
親族以外に避難・居候・間借り	28
病院	8
住込み就労	6
車上生活	9
路上生活	10
ネットカフェ等	12
他の福祉施設	10
仮設住宅	67
その他	（※）
無回答	1

(n=457)

いる。また、「ネットカフェ等」12人、「路上生活」10人、「車上生活」9人など、すでに住居を喪失していた者が計31人把握された（図7）。

ちなみに、「居住先を喪失した経験」があるかどうかを複数回答で把握した結果について、無回答8人を除く449人を母集団としてみると、「特になし」は367人（81.7％）であり、82人（18.3％）が何らかの喪失体験を持っていた。その内訳は、「居候先からの退去」が22人、「立ち退き」が21人、「住み込み先退去」が8人、「退院先なし」が1人である。また、「その他」が35人あり、「家出」「実家を追い出される」「施設退所」などがみられた。

では、入所直前の経済状況はどうであろうか。無回答3人を除く454人を母集団としてみると、何らかの経済的困難があった者は252人（55.5％）であり、半数強が該当した。その内訳は、「経済的困窮」が186人で最も多く、「生活保護受給中」が60人、「その他からの借金」が31人、「サラ金等からの借金」が18人である（図8）。

②　家族関係

不安定な生活基盤のなかで、家族関係はどのような状況であったのだろうか。女性入所者の夫等がどのような生活課題を抱えているかについて、おもに身体的・精神的疾患や障がいの状況、就労状況、異性関係やギャンブル・アルコール・薬物の依存状況などについて複数回答で把握した。夫等がいない87人と無回答7人を除いた363人を母集団としてみると、夫等がこれらに

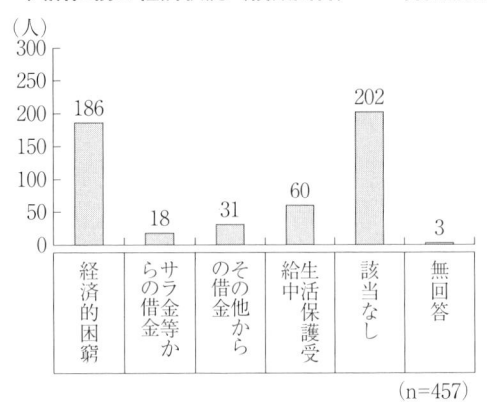

図8　入所直前の経済状況（複数回答）：一時保護所調査

項目	人数
経済的困窮	186
サラ金等からの借金	18
その他からの借金	31
生活保護受給中	60
該当なし	202
無回答	3

(n=457)

　該当する生活課題を有していない人は188人であり、約半数弱の175人（48.2％）が何らかに該当していた。その内訳をみると、「働かない」53人、「失業中」33人、「精神的疾患または疑い」30人、「アルコール依存」29人などが多い項目である。次いで、「異性関係」23人、「ギャンブル」22人、「身体的疾患または疑い」19人、「薬物使用・依存」14人、「精神障がいまたは疑い」7人、「身体障がいまたは疑い」5人であった。これらの項目の複数に該当する者も47人いた（図9）。

　図10は、夫婦関係の悪化・離婚問題・姑舅との関係悪化・その他の親族との関係悪化について複数回答で把握したものである。無回答1人を除く456人を母集団としてみると、「該当なし」は97人（21.3％）であり、8割弱が何らかの家族関係上の課題を抱えていた。その内訳をみると、「夫婦関係の悪化」が282人と最も多く、「その他の親族との関係悪化」が78人、「離婚問題」が65人、「姑・舅等との関係悪化」が28人であった。なお、79人が複数項目に該当している。夫等との関係には、暴力のみに限定されない複合的な困難状況があり、かつ、家族内のその他の人間関係にも課題を抱えている利用者の姿が浮き彫りにされている。

（2）シェルター入所前後の暮らし：民間シェルター調査から

　民間シェルター調査では、シェルター入所前後の暮らしにどのような困難

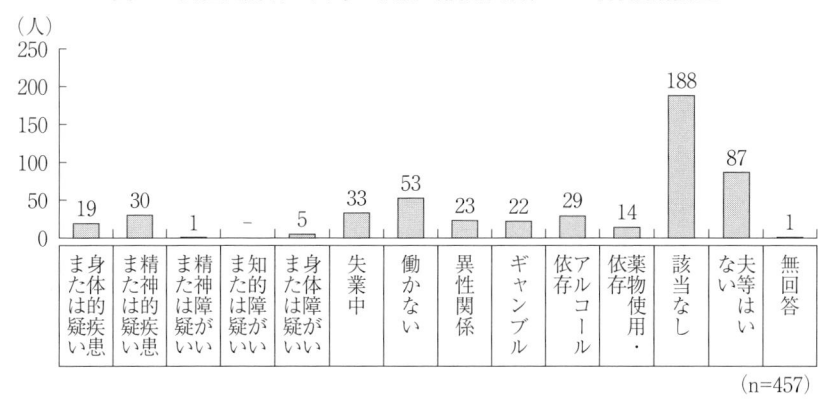

図9 女性入所者の夫等の状況（複数回答）：一時保護所調査

項目	人数
身体的疾患またはその疑い	19
精神的疾患またはその疑い	30
精神障がいまたはその疑い	1
知的障がいまたはその疑い	-
身体障がいまたはその疑い	5
失業中	33
働かない	53
異性関係	23
ギャンブル	22
アルコール依存	29
薬物使用・依存	14
該当なし	188
夫等はいない	87
無回答	1

(n=457)

　状況があったかを把握するため、20項目の選択肢を設定し、1ケースごとに該当するものすべてに○をつける方式で回答を求めた。表1（35頁）に示した20項目をグループ別に分けると、①暴力（1〜3）、②離婚及び他の人間関係（4・5）、③住居の問題（6〜11）、④経済的困難（12・13）、⑤病気・心身症状（14〜17）、⑥妊娠・出産（18）、⑦人身取引（19）、⑧その他（20）となる。

　まず、「夫等からの暴力」「子どもからの暴力」「その他の者からの暴力」をひとつでも経験している者をみると365人となり、全体の93.4％に及び、シェルター利用に至る背景として暴力の問題が深刻であることがわかる。このうち、夫等からの暴力が最も多いものの、その他の者（子ども・夫の親・自分の親・兄弟等）からの暴力も一定数みられる。

　次に、「離婚問題や内縁関係解消」「その他の人間関係上の問題」を抱えている人の実数は203人であり、51.9％と約半数を占めている。「その他の人間関係上の問題」としては、夫の女性関係、夫の親族との関係、実親との不和、子どもを残しての避難、子どもの引きこもり、子どもへの再婚相手からの虐待などがあげられ、様々な家族関係上の問題がみられる。

　第3の住居問題として、「家賃滞納・立ち退き」「住込み先の追い立て」「罹災」「退院先なし」「路上生活」「その他住居問題」をひとつでも抱えている者の実数は、38人（9.7％）と約10人に1人にあたる。その内訳をみると、

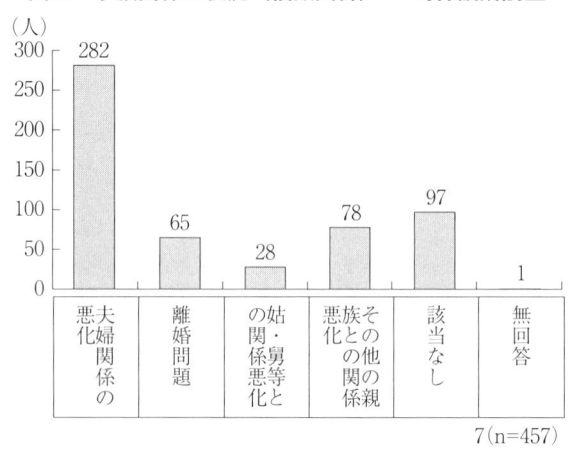

図10　家族関係の状況（複数回答）：一時保護所調査

項目	人数
夫婦関係の悪化	282
離婚問題	65
姑・舅等との関係悪化	28
その他の親族との関係悪化	78
該当なし	97
無回答	1

7(n=457)

　家賃滞納・立ち退きが最も多く16人であった。路上生活を経験した者も4人いる。住居に関わる困難について自由記述をみると、「元夫・内縁の夫の居座り」、「保証人がなく家が借りられない」、「民間住宅は経済的に無理」、「実家にいつまでもいられない」、「会社の寮からの追い立て」、「夫からの追い出し」、「車上生活」などがあげられる。

　第4の経済的困難として、「生活困窮」「借金・サラ金」のいずれかを抱えている者の実数は、126人（32.2％）であり、約3割に及ぶ。第5の「病気」を抱えている者は22人（5.6％）、「うつ・うつ状態・気分障害」「アルコール・薬物等の依存」「PTSD」のいずれかを抱えている者の実数は、113人（28.9％）と3割弱である。このうち2項目を併せ持っている者が29人、3項目を併せ持っている者が2人いる。第6の「妊娠・出産」の状況にあった者は5人、第7の人身取引被害者は2人である。

　上記のほかに入所前後に困難な課題があったかどうかを「その他」として尋ねたところ、64人が該当した。そのうち子どもに関することが最も多く27人であった。そのほかには、「夫からの追跡の遮断」「保護命令違反」「元夫からの金銭搾取／ストーカー」「軟禁」など元夫等に関すること、「家のローン／処分」「自殺企図」「食欲のコントロールが利かなくなる」「症状が重く就職が困難」など本人に関わることがあげられた。更に、子どもへの暴力、

表1　入所前後の暮らしの状況（複数回答）：民間シェルター調査：日本国籍者

N＝391

		実数	％
1	夫等からの暴力	338	86.4
2	子どもからの暴力	14	3.6
3	その他の者からの暴力	34	8.7
4	離婚問題・内縁関係の解消	189	48.3
5	その他の人間関係上の問題	34	8.7
6	家賃滞納や立ち退き	16	4.1
7	住込み先追い立て	2	0.5
8	罹災	0	0.0
9	退院先なし	2	0.5
10	路上生活	4	1.0
11	その他の住居問題	22	5.6
12	生活困窮	101	25.8
13	借金・サラ金	56	14.3
14	病気	22	5.6
15	うつ・うつ状態・気分障害	90	23.0
16	アルコール・薬物等の依存	28	7.2
17	PTSD	28	7.2
18	妊娠・出産	5	1.3
19	人身取引被害	2	0.5
20	その他	65	16.6

ネグレクト、育児不安、など、子育てへの影響もあげられている。子どもへの影響が推察される記述としては、きょうだい間での関係の悪化、子の精神的不安定、学習の遅れなどのほか、子どもの多動や自閉症／発達障がい、成人した子どもの自閉症や引きこもりなど、子どもの問題は世代を超えて大きな悩みとなっている。なお、この調査ではシェルターの退所に際して母子分離となった子どもがいるかについても尋ねており、分離した子ども数は9件であった。件数自体は少ないものの、幾重にも養育困難に追い込まれる現状がうかがえる。

　ここで留意しなければならないのは、暴力被害当事者の抱える生活課題は複合的であるという点である。入所前後の状況として、2項目に丸がつけられた場合は、「暴力」と「経済的困難」の組み合わせが20件、「暴力」と「精神的ダメージ」の組み合わせが8件となる。3項目以上に丸がつけられたのは93件となり、「暴力」「離婚問題」および「経済的困難」の組み合わせが最も多く、ついで「暴力」「離婚問題」「精神的ダメージ」が続く。4項目以上でみると、それらに「住居の問題」が加わってくる。最も重複項目が多いケー

スでは、20項目中10項目が選択されていた。総じて、多くの被害者は、夫の暴力と離婚問題に加えて、生活困窮・借金・サラ金など経済的な問題を抱えるとともに、うつ状態など精神的ダメージを受けている傾向にある。

さらに、60歳代以上の特徴をみると、生活困窮や借金などの経済的問題やうつなどの精神的ダメージとともに、要介護状態や病気の問題が生じている。また、夫との間に財産問題が生じており、銀行口座の凍結、家のローンや処分、名義変更などの必要が指摘され、高齢期特有の困難がみられる。

4　暴力被害の態様と心身の状況

（1）暴力の被害状況 ── 一時保護所調査

では、利用者は実際にどのような暴力被害を受けているのだろうか。一時保護所調査から身体的及び性的暴力の被害状況をみると、「特にない」は79人のみであり、無回答5人を除く373人（82.5％）が被害を受けていた。加害者について複数回答で尋ねたところ、「夫から」が244人、「内夫から」56人、「元夫から」16人、「恋人から」15人である。このほか、「親から」16人、「子どもから」10人、「親族から」10人、「その他」10人であり、他の家族員や親族等からの暴力も確認された（図11）。

精神的暴力の被害状況をみると、「特にない」は99人（21.7％）であり、無回答5人を除く353人（78.1％）が被害を受けている。加害者をみると、「夫から」が230人、「内夫から」が51人、「元夫から」が16人、「恋人から」が14人である。このほか、「親から」16人、「子どもから」8人、「親族から」13人、「その他」13人であり、他の家族員や親族等からの精神的暴力も確認された。このうち、複数の者から暴力被害を受けている利用者は8人おり、夫からの暴力に加えて親族からの暴力が複合的に出現している者も把握された。

また、子どもについては虐待を経験しているかどうかを別項目で把握している。その結果、「父親からの虐待」がある子どもをもつ入所者は75人、「その他不適切な養育」が32人、「内夫・母の恋人等の虐待」が10人、「母親からの虐待」が9人であった。

このようにみると、夫からの暴力に加え、元夫や恋人など婚姻関係にない者からの暴力のほか、子どもへの虐待も散見され、ファミリー・バイオレン

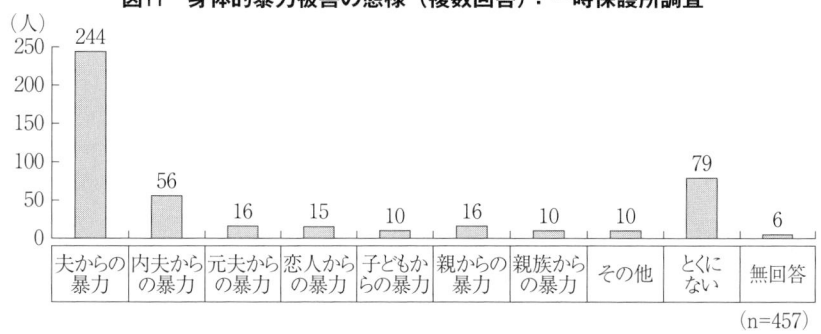

第2章 シェルターに辿り着いた女性たち

図11 身体的暴力被害の態様（複数回答）：一時保護所調査

項目	人数
夫からの暴力	244
内夫からの暴力	56
元夫からの暴力	16
恋人からの暴力	15
子どもからの暴力	10
親からの暴力	16
親族からの暴力	10
その他	10
とくにない	79
無回答	6

(n=457)

スという様相がみてとれる。配偶者暴力という法的な範疇におさまらない暴力への対策が必要であることが示唆されている。

（2）複合的な暴力 —— 民間シェルター調査

　表1（35頁）に示されたように、民間シェルター調査においても、全体の86.4％が夫等（元夫・内縁の夫を含む）からの暴力を経験している。元夫の暴力では、ストーカー、金銭搾取、居座りなどが記載されており、精神的ダメージが重く、自立が難しい状態にまで追い込まれる場合もみられる。加えて、「その他の者からの暴力」を経験している者が34人（8.7％）いる。34人の半数が20歳代であり、「夫の家族／夫の知人」「父／母」「同棲相手や交際相手」「義兄」などがあげられた。次いで多いのは30歳代であり、「夫の両親／義父／義母／姑」「両親／父」「兄／義兄」等となっている。加えて、子どもから女性利用者への暴力が14人にみられた。その内訳をみると、40歳代の利用者6人、50歳代の利用者4人、60歳代の利用者4人である。同居していない子どもによると思われるケースが9人である。比較的高い年齢になった子どもから母親に暴力が振るわれており、DVに晒された経験が子どもにもたらした影響が危惧される。このように、夫の暴力とともに他の家族からの暴力を受けた場合には、子どもを残しての避難や子どもを取り上げられたケースがあり、離婚問題と同時に、生活困窮、借金、うつ、依存状態などの精神的症状が重複している。

　さらに見逃してはならないのは、子どもの被害状況である。夫（父）から

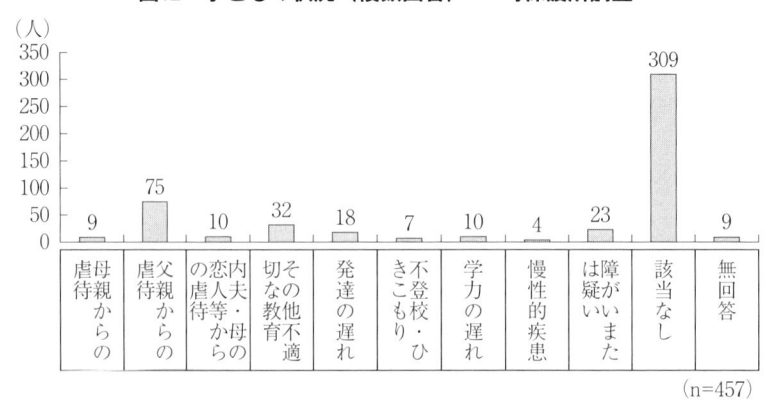

図12　子どもの状況（複数回答）：一時保護所調査

項目	人数
母親からの虐待	9
父親からの虐待	75
内夫・母の恋人等からの虐待	10
その他不適切な教育	32
発達の遅れ	18
不登校・ひきこもり	7
学力の遅れ	10
慢性的疾患	4
障がいまたは疑い	23
該当なし	309
無回答	9

(n=457)

　子どもへの虐待が8件把握され、そのほかには、性虐待の疑い、子どもの連れ去り、ストーカーなど、子どもが危険にさらされている状況が少数ながら記述されている。

（3）入所時の女性利用者／子どもの心身の状況——一時保護所・民間シェルター調査

　一時保護所の女性利用者の入所時の状況について、精神的・身体的障がいまたは疾患（疑いを含む）、知的障がいまたは疑い、妊娠・出産に該当するかどうかを複数回答で把握した。

　無回答4人を除く453人を母集団としてみると、「該当なし」は254人（56.1％）であり、199人（43.9％）が何らかの項目に該当していた。その内訳は、「精神的疾患またはその疑い」が最も多く100人、「身体的疾患またはその疑い」が41人、「妊娠中・出産直後」が29人、「知的障がいまたはその疑い」が26人、「精神障がいまたはその疑い」が25人、「身体障がいまたはその疑い」が10人である（図13）。

　子どもの障がいや疾病等では、「障がいまたは疑い」が23人、「発達の遅れ」が10人、「慢性疾患」が4人である。そのほか、「学力の遅れ」がみられる子どもが10人、「不登校・ひきこもり」の状況にある子どもが7人把握された。なお、32人が複数項目に該当していた。

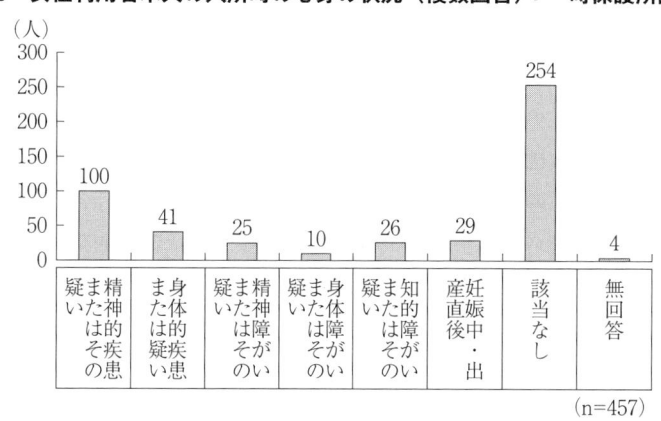

図13 女性利用者本人の入所時の心身の状況（複数回答）：一時保護所調査

項目	人数
精神的疾患またはその疑い	100
身体的疾患またはその疑い	41
精神障がいまたはその疑い	25
身体障がいまたはその疑い	10
知的障がいまたはその疑い	26
妊娠中・産直後	29
該当なし	254
無回答	4

(n=457)

　民間シェルターの女性利用者についてみると、「通院を要する疾病がある者」は100人であり、4人に1人にあたる。また、「障がいがある者」は46人おり、約10人に1人にあたり、このうち「精神障がい」が最も多く30人（うち手帳ありが5人）、ついで「身体障がい」が17人（うち手帳ありが8人）、「知的障がい」は15人（うち手帳ありが8人）、「発達障がい」が3人であった。疾病は多岐にわたっており、統合失調症やうつ、不眠、自律神経失調症などの精神的疾患、糖尿病、高血圧、DVによる外傷や骨折などのほかに、がんも複数あり、深刻な状況にあることがわかる。「妊娠していた者」は9人であった。

　このように、シェルターの入所に至った時点で、すでに多くの女性が心身両面で厳しい状況に追い込まれていること、また、子ども自身へのケアの必要性が改めて確認された。

5　外国籍女性利用者・10代女性利用者の状況

（1）外国籍女性利用者の状況 —— 民間シェルター調査から

　民間シェルター調査のうち、外国籍の女性利用者は25人であり、その国籍は、フィリピンが16人と多く、その他はブラジル、中国、ロシアが各2人、ペルー、台湾、オランダが各1人であった。在留資格をみると、「日本人配

偶者等」が13人、「永住者」が7人、「定住者」が3人、不明が2人である。20代の利用者がもっとも多く、次いで30代、40代であり、18歳以下の女性利用者が1人みられた。

　外国籍女性25人のうち、子どもと共に利用に至った者は22人と多く、子どもの国籍は「日本国籍」が17人、「フィリピン国籍」が2人で、「不明」が3人であった。22人の子どものうち、学齢期前の子どもが16人、小学生が6人であり、比較的幼い子どもを抱えながら、困難な状況に直面していることがわかる。なかには、子どもがおりながらも夫のもとに残してきた場合や、親族の家に子どもが戻った場合もあり、親子関係は複雑である。

　暴力の加害者をみると、25人中24人は、夫（元夫・内縁の夫含む）からの暴力被害を受けている。夫等からの暴力とともに、離婚・内縁解消（10人）、生活困窮（9人）、家賃滞納・立ち退き（2人）、サラ金による借金（1人）など、複合的な生活困難が把握された。心身の状況では、PTSDが3人、障がいをもつ者が2人、うつ病、統合失調症、依存状態がそれぞれ1人、妊娠中の者が1人みられた。なかには、10代の娘への性暴力（その疑いも含む）や人身取引（人身売買）被害者も存在している。

　外国籍女性利用者のなかには、日常会話では日本語での会話は出来ていても、心理的な状況や暴力の態様、生活の困難さなどについて十分に表現できるだけの日本語能力を備えていないことも多く、カウンセリングやソーシャルワーク、保護命令や離婚手続きなどを進めるにあたっても、的確な通訳を配置し、十分な意思疎通ができる環境を整える必要がある。

（2）10代女性利用者の現状 ── 一時保護所調査から

　10代利用者は少ないものの、早い時期から困難に遭遇していることから、その状況を把握することは重要である。一時保護所調査では10人の10代女性利用者がおり、入所時に単身であった者が6人、児童同伴が3人（いずれも乳児）、その他1人であった。このうち2人は婚姻（事実婚含む）継続中での入所となっている。学歴は8人が中卒、2人が高卒であり、中卒後から早い自立を余儀なくされるなかで生活困難が深まったことが推察される。

　一時保護所入所直前の居住場所をみると、自宅のほか、夫等と同居、住込

み就労、病院、友人宅、ホテルなど様々である。中卒・高校中退等で学校教育を離れた子ども／若者が生活困難を深める前に、相談や支援を提供できる場や居場所となるスペースなどが必要である。

6　女性の危機状況への社会的対応 —— シェルター利用者の実状からの考察

①　複合的な暴力と被害の重層化

　シェルター調査からは、女性を危機状況に追い込む重要な要因として、女性への暴力が存在することが改めて確認された。そこで重要な点は、夫など配偶者からの暴力はもとより、家族員による暴力がさまざまな形で出現していることである。20／30歳代の比較的若い世代では、義父母など夫の親族からの暴力を同時に受けている者が一定数みられた一方、40歳代以上の世代では子どもからの暴力が一定数みられたことが特徴的である。日本では、「嫁姑問題」などという言葉があるように、「お嫁さん」と「お姑さん」の「仲の悪さ」という家族内の問題として片づけられてしまう傾向が顕著であるが、調査のなかからは家制度の延長ともいえる「嫁」という立場の女性への姑や舅からの暴力と捉えられる様相が浮きぼりにされている。つまり、「姑・舅によるDV」として明確に位置づけ、対応することが重要である。DV法は、第1条において「この法律において「被害者」とは、配偶者からの暴力を受けた者をいう」と規定し、その対象を限定したが、被害の実状に合わせて社会的対応策を講じていかなければならない。

　また、子どもが被る暴力／虐待による被害の態様の幅の広さとともに、子どもが晒されている生活リスクの現況も浮かび上がっている。特に、住み慣れた家庭を離れざるをえない緊急避難の時期は、子どもにとって最も精神的なケアと安心・安全な環境の提供がなされるべき時期である。乳幼児を抱えながら避難する女性が多いことから、シェルター利用期間中に子どものケアに専任であたれる人員配置を進める必要がある。

　また民間シェルターでは、中学生・高校生年齢の男児を受け入れているところが多くあり、思春期の多感な時期に親子分離せずにケアを提供していることが把握された。民間シェルターのこのような働きに対し、行政や関係機

関による財政面・運営面での一層の支援が必要とされる。早期からの子どもへのケアの提供と子どもへの切れ目のない支援策の構築は急務の課題である。

② 生活再建支援と健康回復支援

調査からは、世代を超えて、多くの利用者が、DV や離婚問題とともに、生活困窮／借金などの経済的な問題、うつや疾病などの心身の健康問題、なかには障がいをもちながら暴力被害にあうといった複合的な生活困難を抱えていることが明らかにされている。DV が経済困窮／生活困窮を深刻化させ、経済困窮／生活困窮が DV を深刻化させるという負のスパイラルのなかで、メンタルヘルスや身体的疾患に関わる健康問題も深刻化している。緊急避難後の生活再建支援の重要性はいうまでもないが、同時に心身の健康の回復支援も進めていく必要性が改めて確認された。

昨今の社会福祉行政においては、就労促進による自立が強調され、生活保護受給者や児童扶養手当受給者に対する就労支援プログラムなどが展開されている。むろん、就労できる状況にある人やよりよい雇用環境を求めている人に対し、権利としての就労支援を提供することは重要である。一方、福祉給付を受給することと就労することをパラレルに位置づけ、福祉給付の受給権の前提として就労していることを条件としていく流れが加速されると、DV 被害による心身への影響からの回復にも時間をかけられず、被害女性を追い込んでいくことにもなりかねない。そこで、厚生労働行政と女性行政が緊密な連携をとり、DV 被害女性への生活再建支援の在り方を構想していくことが重要である。

また、その際には、女性の社会経済階層とライフステージに配慮した制度設計が必要となる。社会経済階層にかかわりなく DV 被害は広がっているものの、親族による支えも薄く社会的に孤立した状況に置かれている低所得階層の女性の生活困窮状況には、よりきめ細やかな支援を講じていかなければならない。また、ライフステージという点では、妊娠・出産期にも暴力のリスクが高まること、更には高齢期における暴力被害には持病に加え要介護状態という固有のニーズへの対応も必要となるなど、ライフステージを切れ目なく支えていける体制づくりが求められる。

第3章

外国人女性たちのいま

齋藤百合子

1　統計に見る日本に在住する外国人女性

　法務省入国管理局の統計によれば、観光や一時寄港（トランジット）などの短期滞在を除き、中長期的に日本に滞在する在留外国人は1990年（平成2年）に入ってから右肩あがりに増え、2008年（平成20年）まで増加の一途だった。2009年からは経済減速と2011年の東日本大震災等の影響もあり減少傾向にあるが依然200万人を超えている。2011年の在留外国人総数は207万8,480人で、日本の総人口の1.63％を占める。

表1　外国人登録者の推移と日本の総人口に占める外国人登録者数の割合

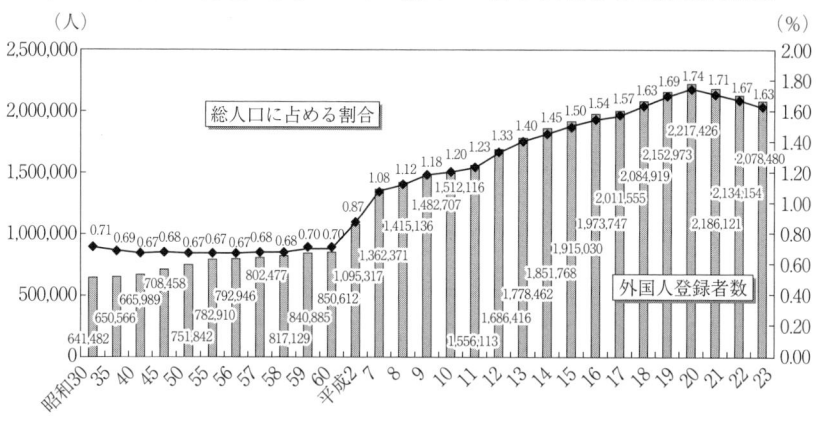

（注1）「外国人登録者数」は、各年12月末現在の統計である。平成23年は速報値。
（注2）「我が国の総人口に占める割合」は、総務省統計局「人口推計」による、各年10月1日現在の人口をもとに算出した。
出典）法務省　2012「昨今の外国人入国・在留の状況と出入国管理政策について」

在留外国人の総数割合を見ると、総数では中国、韓国・朝鮮、フィリピン、ブラジル、タイの順番であるが、総数の上位15カ国の総数に占める女性の割合を見るとフィリピンが77.96％と最も高く、次にタイ74.7％、次いでロシア69.51％、中国58.49％、韓国・朝鮮54.35％と続く（表2）。しかし、女性比率だけをみるとルーマニア、ウクライナはフィリピンやタイより高く、上位にはロシア、ベラルーシなどの東欧諸国やモンゴルなどが登場する（表3）。ウクライナやルーマニア、ロシアについて国別および在留資格別をみると、日本人の配偶者や定住者、永住者が比較的多く、日本人との婚姻などで定住傾向にあるのではないかと推測される。表4は、前述の日本人の配偶者、定住者、永住者の在留資格をもつ在留外国人の割合の推移を示す（表4）。地方や農村部では、日本人と結婚したウクライナやロシア出身の女性たちの存在が報告されており[1]、日本に定住する外国人女性の多様化が伺える。

表2　国籍別・男女別在留外国人数

	国名	総数	男性	女性	女性比率
1	中国	674,879	280,165	394,714	58.49％
2	韓国・朝鮮	545,401	248,985	296,416	54.35％
3	フィリピン	209,376	46,146	163,230	77.96％
4	ブラジル	210,032	114,215	95,817	45.62％
5	タイ	42,750	10,814	31,936	74.70％
6	ペルー	52,843	27,912	24,931	47.18％
7	ベトナム	44,690	23,936	20,754	46.44％
8	米国	49,815	33,028	16,787	33.70％
9	インドネシア	24,660	15,833	8,827	35.79％
10	ネパール	20,383	13,647	6,736	33.05％
11	インド	21,501	15,126	6,375	29.65％
12	ロシア	7,566	2,307	5,259	69.51％
13	英国	15,496	11,387	4,109	26.52％
14	ミャンマー	8,692	4,622	4,070	46.82％
15	マレーシア	8,136	4,186	3,950	48.55％
38	無国籍	1,100	545	555	

出典）法務省　平成23年度版　「出入国管理（白書）」から齋藤百合子作成

（1）　特定非営利法人女性エンパワーメントセンター福岡『福岡県における外国籍住民の現状と自治体の施策に関する調査報告書』福岡県国際交流局、2006

第3章　外国人女性たちのいま

表3　在留外国人統計に見る男女別女性比率が高い国（2012年）

女性比率順位	男女総数順位	国名	女性比率	女性数	男性数	総数
1	25	ルーマニア	82.7%	1,887	394	2,281
2	31	ウクライナ	80.6	1,192	287	1,479
3	3	フィリピン	78	163,230	46,146	209,376
4	5	タイ	74.7	31,936	10,814	42,750
5	54	ベラルーシ	72.1	209	81	290
6	12	ロシア	69.5	5,259	2,307	7,566
7	26	コロンビア	64.8	1,622	883	2,505
8	27	シンガポール	63.1	1,540	900	2,440
9	17	モンゴル	58.6	2,798	1,976	4,774
10	1	中国	58.5	394,714	280,165	674,879

出典）法務省　平成23年度版　「出入国管理（白書）」から齋藤百合子作成

表4　居住可能な在留資格別外国人登録者数の推移

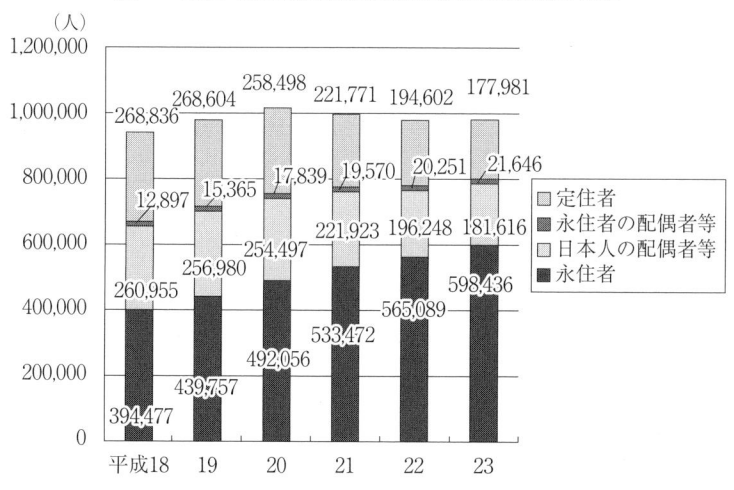

（凡例：定住者／永住者の配偶者等／日本人の配偶者等／永住者）

年	永住者	日本人の配偶者等	永住者の配偶者等	定住者
平成18	394,477	260,955	12,897	268,836
19	439,757	256,980	15,365	268,604
20	492,056	254,497	17,839	258,498
21	533,472	221,923	19,570	221,771
22	565,089	196,248	20,251	194,602
23	598,436	181,616	21,646	177,981

出典）法務省　2012「昨今の外国人入国・在留の状況と出入国管理政策について」

　都道府県別に外国人登録者をみると、東京を筆頭に大阪、愛知、神奈川、埼玉、千葉、兵庫、京都、福岡と、福岡以外は東京を中心とした関東圏と関東から兵庫に続く太平洋側に多く居住している[2]。
　法務省入国管理局の統計は、日本人や外国人の出入国および在留資格に関

45

するものが主だが、厚生労働省の人口動態統計は夫婦の一方が外国人である国際結婚を数的に表す（表5）。2011年の同統計によれば、全婚姻数66万1,895件に占める国際結婚の割合は2万5,934件で3.9％を占めており、月平均2,161件の国際結婚カップルが誕生している計算だ。その内訳は、「夫日本人・妻外国人」が1万9,022件で、「妻日本人・夫外国人」1,895件の約10倍である。外国人妻の国籍別の上位をみると、中国8,104件、フィリピン4,290件、韓国・朝鮮3,098件、タイ1,046件で、アジアからの外国人妻だけで全体の86.9％を占めている。国際結婚件数は2006年がピークだったが、2007年から減少傾向に転じている。

　日本人夫・外国人妻カップルの件数を都道府県別にみると、東京、愛知、神奈川、大阪が多く、都道府県人口に比例している（表6）。市部別にみると、東京都区内が最も多く、次に横浜市、大阪市、名古屋市、川崎市となり、大都市に日本人夫と外国人妻の国際結婚カップルが多く居住していることがわかる（表7）。

　一方、国際結婚カップルの離婚件数は2009年をピークに2010年、2011年と減少傾向である（表8）。2011年の日本人夫・外国人妻の離婚件数1万4,224件は、日本人妻・外国人夫の離婚件数3,608件の約4倍となっている。離婚を契機に帰国する外国人女性もいるだろうが、父親が日本人である子どもを養育している場合、日本に定住する在留資格の取得が可能なため、日本人夫との離婚後のシングルマザーが増えている。こうした外国人シングルマザーが子育てや就労などさまざまな支援を必要としていることは、家族やジェン

（2）　法務省「平成23年度版出入国管理（白書）」http://www.moj.go.jp/nyuukokukanri/kouhou/nyuukokukanri06_00017.html（2012年9月9日アクセス）

（3）　稲葉らは国勢調査データから在日外国人の家族をジェンダー分析し、母子家庭で子を養育するフィリピン人やタイ人女性の背景にDVがあることや、貧困が連鎖していることを指摘している。稲葉奈々子ほか「家族・ジェンダーからみる在日外国人－国勢調査データの分析から」茨城大学地域研究所年報44号、2011、27～35頁

（4）　移住労働者と連帯する全国ネットワークは2010年11月1日に内閣府特命担当大臣、厚生労働大臣、総務大臣、文部科学大臣宛に「外国人（移住者）と貧困施策に関する要請書」を提出した。そこではフィリピン人女性を例にしてDVが背景にある母子家庭の貧困の現況を指摘し、何らかの対策を講じる要請が行われている。http://www.migrants.jp/v1/Japanese/whatsnew/pdf/20101101Poverty.pdf

ダーからみた在日外国人研究[3]や外国人支援NGO[4]などから多く報告されている。

表5　夫妻の一方が外国人の婚姻数

――夫日本・妻外国　----妻日本・夫外国

出典）厚生労働省　人口動態　2011年

表6　都道府県別日本人夫・外国人妻数

1	東　京	3436
2	愛　知	1872
3	神奈川	1799
4	大　阪	1549
5	千　葉	1316
6	埼　玉	1246
7	兵　庫	688
8	静　岡	667
9	茨　城	475
10	岐　阜	434

出典）厚生労働省　人口動態　2011年

表7　市別日本人夫・外国人妻数と婚姻数全体に占める割合

	市　名	数（件）	割合
1	東京区部	2715	5.2
2	横浜市	833	4.4
3	大阪市	756	4.2
4	名古屋市	718	4.2
5	川崎市	352	4
6	神戸市	253	3.4
7	千葉市	217	3.4
8	さいたま市	215	3.2
9	京都市	212	3.2
10	浜松市	144	3.1

（注）日本人カップルを含めた婚姻数66万1,895件に対する割合

出典）厚生労働省　人口動態　2011年

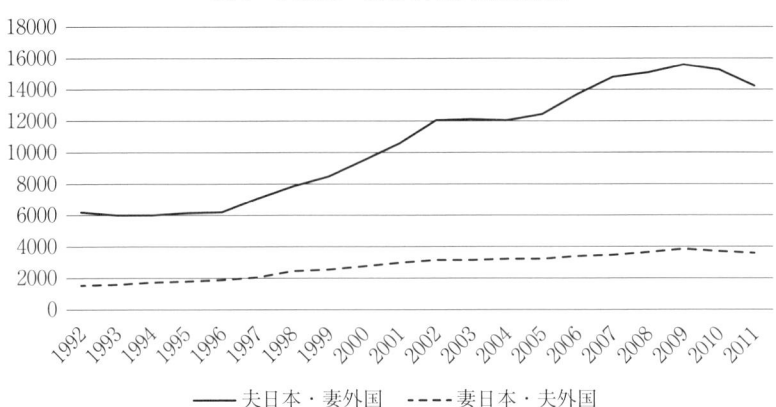

表 8　夫妻の一方が外国人の離婚数

――― 夫日本・妻外国　　---- 妻日本・夫外国

出典）厚生労働省　人口動態　2011年

2　外国人女性の脆弱性

　外国人女性が日本で直面するDVや貧困の課題は、多くの日本人女性の状況と同様である。しかし、次に述べる5つの点で、外国人女性には日本人にはほとんど見られない特有の脆弱性がある。

　第1に、在留資格に関することである。外国人が日本に住むためには何らかの在留資格を取得する必要がある。また期限が近づけば在留資格を更新したり、事情にあわせて変更する必要が生じる。とくに日本人夫が外国人妻の在留資格更新手続きしないなどの夫の非協力によって外国人妻が在留資格を更新できない、失効するなど法的に不安定な状況に追い込むことができ、DVの温床ともなっている。また在留期間を超えて滞在すればオーバーステイ（超過滞在）、つまり「不法滞在者」となり、入管法違反として摘発の対象となる。しかし、正規の在留資格をもたない女性の中には夫の非協力で超過滞在状態となっている場合があり、難民（または難民申請中）、仮放免中、在留特別許可申請中など非正規滞在の諸事情がある外国人女性は少なくない。さらに、さまざまな理由（歴史的要因、避難民の子孫、行政未手続によるなど）で無国籍の地位に置かれている人たちも外国人女性と呼ばれる人の中に存在している。法務省入国管理局の統計には、無国籍の外国人として1,100人が登

録されていた。しかし、在留手続をとらない人々もいると推測されるため、実態は把握できていない。

　第2に、言語、コミュニケーション、生活習慣と多文化ストレスに関することである。

　外国人女性にとって言語や生活習慣が異なる社会で生活する上で、言語を通じて他者とコミュニケーションできることは、人間関係や社会関係を構築し、心身の健康を保つ重要な要素である。しかし良好なコミュニケーションがとれない限定的な人間関係や社会関係の範囲で生活が続くとストレスもたまりやすい。また、滞在国の福祉や医療などの社会制度、さらに防災などの必要な情報へのアクセスも限定的になる可能性も高い。また、居住地に同国人やわからないことなどを気軽に聞ける存在がいなかったり、公共交通機関が発達していない地域では移動も制限されるために、孤独感も募り、心身の健康のバランスを欠きやすい。

　たとえ外国人女性の日常的な日本語の会話が可能であっても、細かなニュアンスを理解しているのか、問題が発生したときにそれを解決するレベルの日本語でコミュニケーションできるのかなど、求職や職場でのビジネス日本語を使いこなせる能力などは機会がなければなかなか身につくものではない。また、困ったときに助けてくれる存在（同国人でも日本人でも）がいるかいないかの人間関係を築くにもコミュニケーション能力は必要である。

　第3に、関係の非対称性による差別的な眼差しや態度である。男女間の非対称性は、日本人の中でも一般的に見られる。しかし、その「女性」が「東南アジア」や中国など「東アジア」出身である場合、日本よりも「貧しい国」の出身というステレオタイプの、差別的な眼差しが向けられることがよくある。少子高齢化と嫁不足が相まって、アジアや東欧、南米など日本との経済格差が大きく、下位国と見られている国の女性を斡旋する業者を通した国際結婚もある。このような非対称の関係性の上に言語の壁があり、限られた人間・社会関係の中にいる外国人女性の中には支援が必要な女性は少なくない。

　第4に、人身売買・人身取引の懸念である。業者仲介を通して国際結婚した外国人女性や中途で日本国籍を取得した日系フィリピン人や性的少数者などは、人身売買・人身取引の被害を受けやすい。工業先進国と発展途上国、

男と女、性的マジョリティと性的マイノリティ、大人と子どもなどの関係の非対称性は、搾取の目的で人を移送して強制的に働かせる人身売買を発生させる温床ともなる。

上記に述べた外国人女性に特有の脆弱性は、しばしば複合的に表出する。

第5に、外国人女性の子どもがもつ脆弱性である。外国人女性の複合的な脆弱性は親からの負の連鎖で子どもにも引き継がれる。子どもへの負の連鎖は、社会が共に解決を考えていかなければいけない課題である。

次に、事例を交えながら、外国人女性の複合的な脆弱性を具体的に見ていきたい。

（1）在留資格
①　DV被害と二次被害

Oさんの事例[5]は、外国人女性がDVを受けた時、在留資格が不安定になるだけでなく、二次被害を引き起こしやすいことを示している。

> 1994年に日本人男性と結婚したOさんは子どもと夫の3人暮らしだったが、子どもの出産直後から暴力が始まった。結婚生活を10年継続し、更新期限のない永住者としての要件を満たす身分であったが、夫は手続きに協力しなかった。Oさんは夫から身体的な暴力を受け続けていたが、永住者としての資格要件があるにもかかわらず、夫は在留資格の期限が切れることを知りながら更新手続きに協力しなかった。2004年には鉄パイプで何度も殴られ救急車で病院に運ばれ、2005年5月には頭部を負傷して救急車で病院に運ばれて治療し、その晩は帰宅せずに警察で一夜を明かしたが、子どもが心配で家に戻った。
>
> 2005年6月、頭を刃物で切られる激しい暴力のため家を出、友人の助けで支援機関につながり、シェルターで保護された。シェルターでは、スタッフの同行支援を受け、警察への事情説明、離婚調停手続きのほか、在留期限の超過手続きを進めていたほか、ダメージを受けた心身の治療と回復のための通院の支援が行われていた。

---

[5]　Oさんの事例は、「DV被害者である外国人女性への不当逮捕・拘留（＝二次被害）を二度と行わないこと、そしてOさんへの謝罪を求めます」http://kando.cc/060410DVkougibunn.htm から引用

しかし、Oさんはシェルター滞在中に、オーバーステイ、つまり在留期限を超過して「不法」に日本に滞在し続けているという入管法違反の容疑で逮捕、拘留された（警察署での10日間の拘留、出入国管理局への送致の後、釈放）。

支援機関および弁護士らは、Oさんの不当逮捕の背景には、夫によるOさんの告発があったと考えており、「配偶者からの暴力（DV）には、身体的な暴力だけでなく、精神的暴力、経済的暴力、性的な暴力などが含まれます。これに加え一層弱い立場にある外国人女性に対する暴力として、日本人夫が在留資格の取得を阻んで日本に滞在できなくすること、「居られなくしてやる」「子どもに会えなくしてやる」等と脅迫することがしばしば起きています。この暴力の結果オーバーステイとなったとしても、DV被害者は配偶者暴力防止法や犯罪被害者基本法にもとづいて保護され、援助されるべきなのです」と主張し、逮捕・拘留をした警察に対して、事実経過の調査とその公表、Oさんへの謝罪、外国人女性保護のための対策改善を求めた。

② **正規の在留資格をもたない外国人女性支援**

正規の在留資格をもたない外国人女性支援の経験をもつ専門家らは、第二次DV法改正の際、DV被害者は「国籍を問わず」保護するという旨の条項は入ったが、「在留資格を問わず」は入っていないこと、そのため、正規の在留資格のない外国人女性とその子どもがDV被害で保護を求めて来たときに自治体により対応が異なることを指摘する。したがって、国の人道支援の施策が必要であると述べている[6]。

③ **新しい在留管理制度の下のDV被害と在留制度**

外国人の在留制度が、2012年7月9日の改正入管法の完全施行により大幅に変更された。新たな制度では、「日本人の配偶者等」、「永住者の配偶者等」の在留資格保有者が、正当な理由なく、配偶者としての活動を6カ月以上行なわないで在留することが、在留資格の取消し、退去強制、罰則付加の理由とされている[7]。「正当な理由」について具体的に明確にするように求めた、

---

(6) 2011年12月11日に、関東地方の地方自治体機関の2名および民間団体5団体の、外国人女性支援経験が豊富な専門家と本調査研究チームメンバーの間で意見交換を行った。

(7) 法務省入国管理局 http://www.immi-moj.go.jp/newimmiact_1/index.html

移住者（外国人）を支援する人権団体等の働きかけもあり、法務省入国管理局は2012年7月に通達「配偶者の身分を有する者としての活動を行わないことに正当な理由がある場合等在留取り消しを行わない具体例について」を公表し、「配偶者からの暴力（いわゆるDV（ドメスティック・バイオレンス））を理由として一時的に避難又は保護を必要としている場合」を含む4項目の具体例を提示した。

しかし、在留資格を取り消すかどうかの判断は、個別・具体的状況に基づいてなされるものであり、必ずしも上記の具体例に限定されるものではないとの断り書きも記されている。今後、DV被害の立証は外国人女性自身が行わなければならなくなった。被害者の不利にならないような配慮が必要となろう。

なお、2012年7月9日に完全施行された新しい在留制度の下では、正規の在留資格をもたない外国人は、在留制度から排除されてしまう。

（2）言語、コミュニケーション、生活習慣と多文化ストレス

2006年2月17日、滋賀県の農村で、日本人男性と国際結婚していた中国人女性が幼稚園児2人を殺害する事件が起こった。この滋賀県長浜市園児殺害事件の背景には、日本人と結婚した外国人女性が直面する差別、孤独、言語の壁があったとされる[8]。

阿部によれば在日外国人（おもに南米出身者）が抱える多文化ストレスとして8種類のストレスがあるという[9]。すなわち、①言語、とくに感情を表現する日本語を話せないことが原因で孤立や引きこもりを起こす、②異文化の中での摩擦、生活様式や生活習慣、母国の社会システムの違いの中で摩擦を起こす、③コミュニケーション不足からくる職場のトラブル、④景気に起

---

(8) 中日ボランティア協会ウェブサイト http://duan.exblog.jp/12933127/ この滋賀県長浜市園児殺害事件をきっかけに日本に在住する中国人と日本人の有志が、「彼女の周りに話し相手やアドバイスする人がいれば、その悲劇は避けられたかもしれない」との思いから、事件の翌日に中日ボランティア連合会を立ち上げた。2008年に中日ボランティア協会と改称。

(9) 阿部裕「『在日外国人』というポジションと精神病理」渡戸一郎・井沢泰樹編著『多民族化社会・日本』明石書店、2010、169～170頁

因する解雇、⑤母国の家族への思い、⑥自分と家族の病気への対応、言語の問題、日本の医療システムを知らないなど、⑦家庭内の子どもとのコミュニケーションギャップ、子どもは日本語がどんどん話せるようになる、⑧将来に対する不安、である。そして国際結婚で来日した外国人移住者は、個人差があるにせよ、これらの多文化ストレスが強く、時間的経過が長いほど深刻な影響をおよぼす精神病理や精神障害を引き起こすこともあるという。

前述の中国人女性は5歳の子どもがいるが、精神的な疾患も患っていたとも報じられている。この不幸な事件からはどのように我が子を犯罪から守るか、という視点だけではなく、この中国人女性が出産から育児の過程でどのような不安や悩みや困難を抱えていたのか、夫や夫の家族と良好な人間関係を築けていたのか、ホームシックのときはどうしていたのか、言葉や習慣の違いで嫌な思いをしたことはあったのか、それらが重なって異国で精神を病んでいったのか、など外国人女性が抱えている困難にもっと焦点をあてられてもよい。

結婚した日本人夫とうまくコミュニケーションがとれないことや自分の家族や親族など身内から離れていることで、多文化ストレスが増大することもある。さらに、ただでさえ出産後はホルモンのバランスが崩れて精神的に不安定になるが、それに多文化ストレスが加わるため、一層ストレスが大きくなる。日本人男性と結婚して妊娠、出産、育児を経験した3人の外国人女性の事例を紹介したい[10]。

> A市に居住する初めての外国人だったTDさんの場合、初めての妊娠、そして出産を日本で迎えた。病院や保健所は東南アジア出身のTDさんには侮蔑的な態度で接し、すべて夫に結果が伝えられるが、夫はTDさんと必要なコミュニケーションがとれない。ほとんど何もわからない中で迎えた出産は不安でいっぱいだった。

---
(10) 齋藤百合子、ルアンケーオ・パタヤ「外国籍の親をもつ子どもの社会包摂──タイ人とフィリピン人の母子からみる福岡県の多文化共生」報告書、北九州アジア女性交流・研究フォーラム2011

TBさんは、日本人男性と結婚した途端、夫は経済的な責任を全く負わないという経済的なDVに遭遇した。TBさんは、「蓄えから出産費用や生活費用を工面して育児をしたが、不安と孤独から児童虐待寸前の精神的圧迫があった」。

　PAさんは子育て中に母国の大家族を思い出し、子どもを幼稚園に送った後、家に戻ると部屋のカーテンを閉めて暗くして、部屋の隅で、大声で泣いていた。ひとりが寂しく、夫や夫の家族とも理解しあえなかった。自身がうつ状態になったことをきっかけに、離婚を決意したという。

　福岡県では、県南地域に国際結婚などで来日した多国籍の外国人女性が在住している[11]ことから、県が在住外国人支援の民間団体に委託して実態を調査し、その結果をもとに外国人のための日本語教師養成講座と新規日本語教室開設支援[12]を実施している。日本語教室の目的は受講者の日本語能力の向上だけでなく、地方農村地域で疎外されがちな外国人女性らが集える場の形成でもある。とくに非都市部における日本語講座開設支援や国際結婚で新規に来日する外国人のメンタルヘルスの研究などが、必要とされている。

（3）関係の非対称性から派生する差別的なまなざし

　関係の非対象性はしばしば差別的なまなざしや行動を派生させる。以下の事例は、夫（とその家族）が350万円の仲介料を支払って結婚した外国人女性の事例を、人身売買禁止ネットワーク（JNATIP）とお茶の水女子大学が実施した調査報告書（2007）から紹介する[13]。

---

[11] 福岡県にあるNPO法人女性エンパワーメントセンター福岡の機関誌「ふふふ」によれば、2010年の時点で柳川市、田川市、朝倉市、八女市、うきは市、宗像市、中間市、久留米市の8箇所で日本語支援活動が実施され、日本語学習支援を基本に料理教室やお菓子づくり、ときには相談を受けたりする活動が続けられている。こうした活動に参加した人の国籍は、フィリピン、イタリア、ロシア、ベトナム、フランス、トルコ、中国、フィジー、イギリス、グアテマラ、台湾、韓国、オーストラリアと多様である。女性エンパワーメントセンター福岡「ふふふ」19号、2010

[12] 福岡県日本語教室支援HP http://www.pref.fukuoka.lg.jp/e03/nihongokyoushitu.html

外国人人女性Bさんの事例

> Bさんは、国際結婚斡旋業者に仲介料350万円を支払った日本人農業従事者の配偶者として来日した。夫は無気力で実権は姑が握っていた。Bさんへの暴力加害は姑から夫、舅に拡大していった。夫が留守の時、舅が現れ「俺も金を出したのだから権利がある」と言ってBさんをレイプしようとしたが未遂に終わった。舅は口止め料1万円をBさんに渡した。Bさんの話はNGOに伝わり、スタッフがBさんと面会した時、「階段から突き落とされた」時にできたあざが臀部と脛に確認された。Bさんは日本で働くことを希望したため、離婚しなかった。

　国際結婚を仲介する業者への法的規制は日本にはない[14]ため、業者に関する統計や業者を通して結婚に至った実態などは明らかではない。しかし、国際結婚仲介業者は1980年代から存在し、業者によって紹介する女性の国籍や傾向は異なるものの、スリランカ、フィリピン、タイ、中国、韓国、ロシア、ウクライナの女性との結婚を仲介する業者はインターネット等で確認することができる。その一方で、すでに国際結婚などで日本に定住している外国人が自らの親族や知人などを周りの日本人男性に紹介するなど、仲介業者を通さない方法による国際結婚も増えている。

　熊本県で外国人女性の支援活動を行っている民間団体「コムスタカ」の中島は、国際結婚に関して、相談事例等から判断すると、業者仲介の国際結婚よりも知り合いのつてで紹介されて結婚する事例が多くなっていること、夫と妻の年齢差があること、姑、舅問題も多く、農村部であっても夫の親とは別居する傾向にあること、夫側は業者に高額な仲介費用を支払っていない分、「飽きたら相手を変える」ために「出て行け」と簡単に家を追い出されるなどの傾向を語る。女性側も日本の生活に過度の期待をしていることも多く、

---

(13) 人身売買禁止ネットワーク・お茶の水女子大学21世紀COE「ジェンダー研究のフロンティア」『人身売買被害者支援の連携の構築——地域、国境を越えた支援に向けて　調査および活動報告書』2007、11頁

(14) 韓国では、頻発した国際結婚におけるトラブルを防ぐ目的で2008年に国際結婚仲介業者を規制する法律「国際結婚仲介業規制法」が制定されている。

結婚後のミスマッチも散見されるということである[15]。中島は、国際結婚で日本に移住する外国人女性に対して、来日後、可能であれば来日前に、日本の生活（暮らし、税金など法的なこと、言語、教育など）に関する情報を伝える研修事業が必要ではないかと指摘する。さらに、外国人女性を迎える側、つまり日本人夫やその家族についても、外国人女性の生活習慣や文化を理解し、異文化における適応を促進するような機会が差別的な眼差しや態度を除去していくためには必要であろう。韓国では外国人妻を迎えた家族に対する支援も行っているが、それらの施策は第3部第2章で述べる。

（4）人身売買・人身取引の懸念[16]

2012年5月、群馬県伊香保温泉において売春目的でタイ人女性を450万円で売買した容疑により、加害者タイ人女性2名、日本人男性1名が逮捕されたという報道があった[17]。このような人身売買事件は毎年発生しており、警察庁の統計によれば2001年から2011年までの10年間の国籍別人身取引被害者累計数はタイ214人が最も多く、次にフィリピン102人、インドネシア70人、コロンビア58人、中国（台湾）48人と続いている[18]。また2008年からは毎年日本人被害者も統計に表れるようになったが、そこからは、日本国籍を新たに取得した日系フィリピン人が被害に遭っていることがわかる[19]。また、前述のコムスタカでは近年、性的マイノリティの被害者の保護および支援に

---

(15) 2011年3月10日、熊本県にある「コムスタカ」での中島眞一郎氏のインタビューから。
(16) 人身取引の定義は、国際犯罪防止条約に付帯する人身取引議定書第3条に記されており、日本政府が2004年に発表、2009年に改訂した「人身取引対策行動計画」にも踏襲されている。そこでは、搾取を目的として、脅迫やだましなどの手段を用いて、移送や収受が行われることと定義しており、搾取の方法は性的搾取だけでなく、強制労働や臓器売買も含まれる（内閣官房HP）。本稿では主に政府関係者等で使われる人身取引と日本語として馴染んでいる人身売買を同義語とし、並列で使用する。
(17) SANSPO.COM「伊香保温泉で人身売買容疑、3人逮捕」（2012年9月11日アクセス）http://www.sanspo.com/geino/news/20120528/tro12052813410002-n1.html
(18) 警察庁平成23年度人身取引事案について
(19) 日刊ベリタ2010年7月3日版「"新日系フィリピン人"が人身売買のターゲットに 国際移住機関（IOM）に実態を聞く」http://www.nikkanberita.com/read.cgi?id=201007031011006（2013年4月7日アクセス）

携わった[20]ということであり、人身売買被害者の保護を女性に限定している現行制度の限界が指摘された。

一方で、これらの人身売買被害者の数字は、氷山の一角だとも言われる。久留米市男女平等推進センターのスタッフは、業者仲介による国際結婚で来日した外国人女性に対する夫のやりたい放題の暴力や性交渉に懸念を示すとともに、ようやく公的機関での保護につながりそうになっても、途中で知人と称する同国人でコミュニケーションをとれるブローカーらしき人物が迎えに来て女性を連れて行ったという他機関での事例を聞いたという。女性たちはその後、日本の性風俗店で働いていたケースもあったといい、ブローカーは女性たちを結婚や性風俗産業に送ることで利益を得る人身売買業者ではないかと危惧していた[21]。

人身売買・人身取引の被害者には複合的な脆弱性がみられる。1990年代初頭に生まれたMさんは、タイでは難民の子としての地位しかなく、どこの国にも所属しないで無国籍だった。Mさんは短期滞在での在留資格で日本に入国させられた後、ずっとオーバーステイで日本に滞在していたが、入管の摘発後、強制送還できる国がなく仮放免になっていた。Mさんの陳述や民間支援団体、タイ政府人身売買対策チームの調べにより、Mさんは過去の人身売買被害者であることが認定され、タイに居住する家族のもとに2011年に帰国することができた。この事例は難民、無国籍、人身売買、オーバーステイ、という複合的な脆弱性が発現したものであった[22]。

（6）外国人女性の子ども

外国人女性の子どもの課題として、乳幼児期には出産と育児期の母の精神

---

(20) 2011年3月10日、熊本県にある「コムスタカ」での中島眞一郎氏のヒアリングから。身分登録上は男性だが、ジェンダー・アイデンティティは女性という性的マイノリティの人身売買被害者の保護に関して、婦人相談所など公的な機関で場所、費用とともに保護する制度が未整備のため、行政と民間（コムスタカなどの民間団体）が協議した結果、民間団体関連が手配したアパートで一時保護することとなったという。
(21) 2011年3月4日、福岡県久留米市男女平等推進センターでのヒアリングより。
(22) 齋藤百合子「見えない人身取引——過去の人身取引被害者の複合的な脆弱性」PRIME34号、明治学院大学国際平和研究所、2012

衛生を含めた母子保健対策が必要なことは、すでに述べた。そのほか学齢期には学力をつけることと学習機会の保障およびいじめ、アイデンティティのゆらぎ、思春期から青年期には高校進学やそれを可能とする学力、公教育からドロップアウトした若者たちの居場所など、発達段階毎に直面する課題がある。また、貧困、差別、健康（障がいなど）、不安定な在留期間、国籍、家族崩壊など年齢を問わずに直面する課題に分けられる。

外国人女性の子どもの国籍は諸事情により、日本国籍のみ、日本国籍と外国人母親の国籍の二重国籍、事情により母親の外国籍のみ、未手続きによる無国籍、など多様である。文科省では「日本語指導が必要な外国人児童生徒の受入れ状況に関する調査」で、2009年9月1日現在、全国で2万8,575人（うち小学校1万9,504人、中学校7,576人）が公立の小学校、中学校、高校、特別支援学校などで日本語指導を必要としていると発表[23]しているが、この中には日本語指導が必要な日本人は含まれていない。つまり、中途で日本国籍を取得した日系フィリピン人や、家庭の事情で日本と外国を頻繁に行き来していた日本国籍をもつ者は日本語学習支援の対象となっていない。また、十分な日本語能力がないと日本の学校における学力が不足し、高校進学が困難となる傾向がある。

さらに、「いじめ」とひと括りにされる学校内での民族、人種差別と暴力は子どもたちの健全な成長を妨げる。親が外国人など他の人とは異なる（同じではない）要素を、からかい、いじめ、差別の対象とする排除の傾向は、外国人の親やその文化を否定するとともに、自分を容認し、肯定する自己肯定感を低下させるからである。母親が外国人であることに起因する「いじめ」が原因で、2010年10月に群馬県桐生市に住む小学校6年生の女児が自殺した事件が発生しているが、いじめによる子どもの自殺を防止するための原因の究明や検証、防止策はとられていない。

学齢期の子どもが成長し、思春期から青年期の若者になると、自分が帰属する「居場所」を求める。上記の学力不足や不就学、不就労など、または就

---

(23) 文部科学省「日本語指導が必要な外国人児童生徒の受入れ状況等に関する調査（平成22年度）」結果について」http://www.mext.go.jp/b_menu/houdou/23/08/__icsFiles/afieldfile/2011/12/12/1309275_1.pdf（2012年9月11日アクセス）

学、就労していても居場所がないと感じるこの時期の若者は、酒やたばこ、ドラッグなどの非行に晒されやすい。さらに、女子の場合、仲間や恋人に帰属意識を求めるために、妊娠しやすい。

　加えて、外国人シングルマザーに貧困率が高いこと、また貧困の連鎖が現れやすいことも指摘されている。日本政府が財界人や有識者らによる会合をもとに2012年6月に発表した「若者雇用戦略」[24]の具体的な対策についての基本的考え方の冒頭に、「親の経済状況が子供の学歴に影響を与え、学歴が正規・非正規という離学直後の就業形態を規定し、さらに、それがその後のキャリア形成、所得や結婚にまで影響を与えるという「貧困の連鎖」を防止する必要がある」と指摘するとおり、外国人の脆弱性に配慮した「貧困の連鎖」防止策が求められている。

---

[24]　内閣府「若者雇用戦略」内閣府ホームページ http://www5.cao.go.jp/keizai1/wakamono/wakamono_html

【コラム2】 女性の家サーラーの20年 —— グローバル化という視点

　外国籍女性の支援を行い、女性の家サーラーは今年20年目を迎える。人身売買やDVなどで酷い被害に遭おうとも、外国籍女性というだけで、敬遠され、まともに支援されることなどなかった設立当初を思うと、現在の日本の中で、外国籍女性は着実に支援の対象となったとは実感している。明らかにその当時、外国籍女性は、日本の福祉の対象者ではなく、想定外ケースは前例がないと行政的に対応不可というスタンスが取られ続けていた。そういった意味で、外国籍女性を動きの鈍い、鈍感な日本の支援の土俵に上げた民間団体の取り組みは、大きな成果を上げたと思われる。

　このコラムで私が強調したいのは、相談に関わる施策も人材も徐々にグローバル化が大切だということである。外国人にも支えられている日本社会は、想像以上に様々なバックグランドを持った外国とつながりのある人々が居住している。アジア周辺地域の人々を始め、以前にはあまり積極的に関わらなかった国の人々までが、日本で生活し、働いている。そういう社会に求められるグローバル化に向けた取り組みを怠ると、今後の日本は後進国となる恐れがある。

　過去に外国籍女性が日本の支援の土俵に上がれなかった理由は、日本に現実に合った国際化に向けた政策が乏しかったことと、この分野で働く人々の意識の低さも一因としてある。得てして日本人は一概に、自分たちと外観、言語、そして様々な習慣、行動パターンの異なる外国籍の人々に関わることを、苦手とする。私の働く女性福祉の分野も、ケースが外国籍というと、相談員は気後れするのか、民間団体がバックアップしないと、事がはかどらない。

　外国籍支援には相談者の文化的な背景を重視し、既成の考え方にとらわれない相談力や対話力が必要となる。そしてどんな人のどんな問題に直面しても、怖気ず、その相談者のために動く力を身に付けるようなスタッフが、この世界では求められている。それは外国語が出来ないとか、外国と疎遠だったから無理だということではない。外国語や外国に疎遠だったことは、通訳やその文化に精通する専門の者と共に働けば足りる。要は、日本とは異なる国から来た人を支えることができる知識、ノウハウを収集し、言葉や文化の専門の者と一緒に働ける人、そのような意識を持つソーシャルワーカーや、そのような目的でサービスを提供する施設を、日本ではよそ者扱いされる外国籍女性は常に求めているのではないか。

（武藤かおり：女性の家サーラー代表）

第4章

制度からこぼれおちる女性たち

湯澤直美・戒能民江・堀千鶴子

1 女性支援をめぐる制度体系：制度の狭間と制度からの排除

（1）社会福祉関連法制の生成と対象のカテゴリー化

　支援を要する女性の現況に対し、現行の制度は包括的に対応できているのだろうか。ここでは、制度間の狭間となり、制度から排除される女性の諸困難がいかに生み出されているのかという点について、第二次世界大戦後の社会福祉事業の生成過程と現行の社会福祉の制度体系から検討する。

　社会福祉がいかなるニーズに対応するのかは、どのような状況を"社会が対応すべき問題"であるとして措定するかによっている。たとえば、貧困問題についてみれば、要因は個人にあるとみなし、その解決は個人の自助努力に任せるべきという立場をとれば、政策対応を要する社会問題としては措定されない。しかし、貧困を生み出す社会構造に着目し、その解決には社会的対応が必要であるという立場にたつのならば、社会問題として政策が講じられる。社会事業の初期段階では、同じく貧困に晒されている者であっても、「救済に値するか否か」を道徳的な価値判断のもとで線引きし、裁定してきた歴史がある。

　更に、社会福祉が制度化されるには、「社会福祉が積極的にある問題を福祉の問題としてラベリングし、優先順位を決めていく」プロセスがあり、そこには一種の「序列化」が生まれる[1]。岩田正美は、それゆえ、福祉の対象

（1）　岩田正美「社会福祉の「対象」とはいったいなにか —— 政策・事業による対象の切り取りと序列化」社会福祉学48巻2号、2007、133〜136頁

表1　社会福祉3法／6法体制

制定年次	3法体制	6法体制
1947	児童福祉法	児童福祉法
1949	身体障害者福祉法	身体障害者福祉法
1950	生活保護法	生活保護法
1960		知的障害者福祉法
1963		老人福祉法
1964		母子福祉法 （現：母子及び寡婦福祉法）

化は、「対象化しない問題」をつくっていき、「取り上げる・外すという、二重のプロセスとして出現することになる」という。では、女性という性であるがゆえに直面する諸困難、すなわち女性問題への社会的対応にはどのような位置づけがなされてきたのだろうか。

　戦後の社会福祉事業の生成を法律の制定順に概観すると（表1）、1946年には旧生活保護法、翌1947年には児童福祉法、1949年には身体障害者福祉法が制定された。旧生活保護法は、勤労意欲のない者や素行不良の者には保護を実施しないという欠格事項があり、生活保護の請求権も認められないなどの問題点があったことから、1950年に現在の生活保護法へと全面改訂されている。戦後の混乱期における最低生活保障や児童の「健全育成」、身体障害者の「更生」が優先的に対応され、これらは「福祉3法体制」と呼称されている。その後、高度経済成長期に入ると、1960年には　精神薄弱者福祉法（現：知的障害者福祉法）、1963年には老人福祉法、1964年には母子福祉法（現：母子及び寡婦福祉法）が制定され、これらを含め「福祉6法体制」として社会福祉事業が展開された。これらの法制定には、知的障がい児の保護者による成人期以降への施策の整備への要望や、いわゆる「戦争未亡人」を中心とした母子福祉対策の推進への要望など、当事者による法制定への運動の興隆があった。

　このような社会福祉関連法の制定は、明治期から昭和初頭期にかけての救貧思想にもとづく救済や恩恵による選別的・制限的対応を脱し、日本国憲法

表2　女性問題に対応する福祉関連法（DV法施行以前）

法律	制定年次	対象者の規定	施策
児童福祉法 （第38条）	1947年	配偶者のない女子又はこれに準じる事情にある女子及びその者の監護すべき児童	母子生活支援施設
売春防止法 （第4章）	1956年	性行又は環境に照らして売春を行うおそれのある女子	婦人相談所・婦人保護施設・婦人相談員
母子及び寡婦福祉法	1964年	母子家庭等（母子家庭及び父子家庭）及び寡婦	母子自立支援員 母子寡婦福祉資金　等

における生存権保障の具現化が志向された点に意義をもつ。一方、「児童」「身体障害者」「知的障害者」「老人」「母子」といったカテゴリー別の対象化は、社会福祉の「対象領域＝分野」として定着し、政府や自治体の管轄部署を定立していったものの、おのずと「対象化しない／されない」層を生み出すことと表裏一体であった。

（2）女性の序列化と分断

　では、女性問題への社会的対応はどのように推移したのだろうか。表2は、社会福祉サービスの実施体制に関わる法律（給付に関する法律を除く）のうち、女性を主たる対象として制度化された事業が含まれる法律についてまとめたものである。DV法制定以前には、おもに、母子家庭を対象とした母子福祉事業と「要保護女子」を対象とした婦人保護事業が制度化されていた。母子福祉の法制化は、いわゆる「戦争未亡人」が中心となり1950年に全国未亡人団体協議会が結成され、母子福祉総合法の制定運動を開始したことに端を発している。1952年には「母子福祉資金貸付金等に関する法律」が制定され、1964年に母子福祉法に改正、その後、未亡人の高齢化に伴い「寡婦福祉」が必要であるとの声が高まり、1981年には母子及び寡婦福祉法へと改正される。

　一方、売春防止法は、公娼制度の廃止とそれに伴う街娼の増加といった戦後の社会状況のなかで、売春を助長する行為等を処罰するとともに、「性行又は環境に照らして売春を行うおそれのある女子」に対する補導処分及び保護更生の措置を講ずることによって、売春の防止を図ることを目的とする法

律として制定された。売防法は、勧誘等の行為を禁じた第5条にもとづき女性が処罰される一方で買春者は処罰されないという限界／欠陥をもつ刑事処罰法であるが、そのなかに厚生労働省管轄の事業として婦人保護事業が規定されたのである。法律により持ち込まれた「売春を行うおそれのある女子」と「売春を行うおそれのない女子」という線引きは、家父長制家族を基軸に女性を「男性による買春の対象となる女性」と「男性の扶養により家内となる女性」に分断し、一方を処罰し他方を保護するという女性の序列化によって男性中心社会が維持されていることを明瞭にした。

　この2つの事業をジェンダーの視点から概括すると、女性全般の性差別的状況の克服と女性問題の解決を射程に体系化したものとは言い難く、伝統的家族規範／母性規範／性規範を主軸に、女性への社会的対応が制度化されたといえる。つまり、母親という役割を遂行した経験のある「夫なき女性」は保護の対象となり、一方で、社会防衛的観点から「売春女性」が保護更生の対象とされるという社会福祉の構図が浮き彫りにされる。

　実際には、婦人保護事業の現場に表れる問題は売春に関するものは少なく、時代の変遷とともに夫婦関係・家族関係をはじめ女性問題に起因する多様な支援ニーズが増加した。そのため、政府は現状を追認する形で「要保護女子」の規定を拡大解釈する通達を度重ねて出すことによって対応してきた。つまり、女性が抱える諸困難に対応する回路を、売防法という根拠法は変えないままに、婦人保護事業に委ねていったのである。

（3）ジェンダー不平等を克服する視角

　社会福祉制度の対象領域別のカテゴリー化は、「対象化しない問題」を生み出すと同時に、ジェンダー・パースペクティブの欠落という問題をはらんでいる。このことは、ジェンダー不平等な社会システムにより出現する女性問題を不可視にするばかりか、女性の従属という社会構造を温存させることにつながる。そこで、以下では、いかなる制度体系が必要とされるのかを整理しておこう。

① **女性への暴力に対応する制度体系**

　ドメスティック・バイオレンス、セクシュアル・ハラスメント、性暴力な

ど女性に対する暴力は、子ども／高齢者／障がい者／母子家庭などの領域を横断して存在している。また、公的領域においても私的領域においても発現する暴力である。母子生活支援施設はかつて母子寮と呼称されていたが、その当時から夫等からの暴力によって避難してくる女性たちの存在は確認されていた。しかしながら、ドメスティック・バイオレンス（DV）という言葉を獲得するまでは、そのような暴力被害が社会問題として認識されるには至らなかったのである。DVの社会問題化には、フェミニズム運動の進展が背景にあった。1993年に開催された第4回世界人権会議では「女性に対する暴力は人権侵害である」との決議がなされ、それを受けて同年12月の第48回国連総会で「女性に対する暴力の撤廃に関する宣言」が採択された。女性に対する暴力が「女性を従属的地位に置かれることを余儀なくさせる重大な社会的構造の一つ」であるという認識が示され、女性への暴力根絶が国際的な優先課題として位置づくようになる。

親密な関係における暴力は「民事不介入」を前提に潜在していたが、このような国際的な要請を背景に、日本においてもようやく2001年にDV法の成立が実現する。そして、DV法の成立により、児童虐待とドメスティック・バイオレンスが交錯している現実が認識されるようになったことは、領域横断的に暴力を克服する視座を拓いたといえよう。その後、2005年には「高齢者虐待の防止、高齢者の養護者に対する支援等に関する法律」、2011年には「障害者虐待の防止、障害者の養護者に対する支援等に関する法律」が制定されている。

しかしながら、性暴力の根絶と性暴力被害者支援の取組みは「取り上げられない」社会問題として遅滞したままである。すでに、東アジア地域をみても、韓国や台湾では1990年代に性暴力禁止法が制定され、性暴力相談所をはじめとする支援機関が運営されている。性の商品化が著しく蔓延し、性暴力被害の低年齢化が進む日本社会において、性暴力禁止法の制定は緊急課題となっている。

② リプロダクティブヘルス・ライツの視点をもった制度体系

フェミニズム運動の進展は、「性と生殖に関する健康／権利」という新しい概念も生み出す。これは、1994年に開催された国連による国際人口・開発

会議で採択された行動計画で、「リプロダクティブ・ヘルス／ライツ（性と生殖に関する健康／権利）」が提唱されたことに端を発し、世界女性会議でも重要課題として取り上げられるようになったものである。自らの性と生殖に関する健康を守る権利は基本的人権のひとつであると認識し、女性の自己決定権を尊重する考えが提起された意義は大きい。

女性の性・生殖をめぐる支援を要する局面のひとつとして、妊娠・出産期がある。日本では、出産費用は医療保険の対象外であり、妊婦健診の自己負担も一定額を要することから、経済困窮状況にある妊婦が健診を受けないまま「駆け込み出産」となるケースが近年では報告されている。また、予期せぬ妊娠に直面した際に相手方が行方不明になる場合や、レイプの結果として妊娠に至る場合など、女性固有の要支援状況がある。婦人保護事業の現場では、相談を通して、かねてよりこのような女性の現実に遭遇していた。1992年に実施された「婦人相談員実態調査報告集」では、支援策が乏しく困難に直面するテーマとして妊産婦と外国籍女性をとりあげ、妊産婦の相談を受けても、その後につなげる受け皿がない実情が明らかにされている[2]。現在、妊娠・出産期の支援を担う婦人保護施設は全国に1カ所しかなく、嬰児の遺棄事件はいっこうに減少していない。

③ ライフコースに即した「切れ目のない」制度体系

②でみたような妊娠・出産期の女性への支援体制の未整備は、対象領域別のカテゴリー化による制度体系が、女性のライフコースを切れ目なくカバーせず、分節化していることにも起因している。母子生活支援施設では、新生児を抱える母子の受け入れを実施しているものの、児童福祉法の規定にのっとると、あくまでも出産後に「母と子からなる世帯」を構成しないと入所出来ない。一方、婦人保護施設には年齢規定はないものの、単身女性を対象とする施設が多く、妊産婦や新生児を抱えた女性の受け入れは先にみたように限定的である。入院助産制度はあるものの、その前後の生活の場とケアを提供できる制度がない現状をふまえ、厚生労働省は妊産婦を母子生活支援施設

（2） 全国婦人相談員連絡協議会『現在 そして これから ── 婦人相談員業務実態調査報告集』1992

で受け入れをするよう通知を出すことによって、対応を図っている。

　このほかにも、ライフコースが分節され、支援の切れ目が生じてしまうケースとして、18歳・19歳の女性層がある。児童福祉法は、第4条で「この法律で、児童とは、満18歳にみたない者」をいうと規定していることから、一時保護所が対象とする子どもも満18歳未満である。一方、民法上では第4条において「年齢20歳をもって、成年とする」として、児童福祉法とは異なる年齢規定となっている。親権の効力が及ぶ年齢でありながらも、児童福祉法の対象年齢からは除外されている年齢層が18歳・19歳である。それゆえ、ある民間の子どもシェルターの実態調査では、18歳・19歳の利用者が一定数おり、そのうち4分の3が女性であるというデータもある。このように、シェルター利用を要する状況にありながら、児童相談所にも婦人相談所にも辿り着かない子ども／若者の存在がある[3]。

　また、40歳〜64歳など壮年期の女性は、そもそも単身女性の受け入れが可能な施設は婦人保護施設や生活保護法による宿泊所・宿所提供施設・更生施設などしかなく、いずれも設置数も少なく、制度の狭間に置かれやすい。たとえ60歳以上になっても、老人福祉法の対象年齢は65歳以上であることから、制度の対象外に置かれやすい。現実には、熟年夫婦の離婚問題や成人子からの暴力といった問題に直面して支援を必要とする場合も多く、女性のライフコースを分節しない切れ目のない制度体系が求められる。

④　マイノリティの位置におかれる女性への複合的差別を視野に入れた制度体系

　社会的にマイノリティな位置や複合的な差別状況におかれる女性のニーズにいかに接近し、あらゆる女性を包摂する制度体系を構築できるのか、という視点が制度設計に組み入れられていないがゆえに、制度から排除されてしまう現実もある。

　たとえば、外国人女性の場合には、日本人男性との離婚による在留資格の喪失という事態ゆえに暴力被害のなかに留まり続けざるをえなくなるといっ

---

(3)　社会福祉法人カリヨン子どもセンター『子どもシェルター利用者の実態調査報告書』2012

たケースや、オーバーステイとなると公的機関や制度の利用ができなくなるといったケースが生じる。離婚未成立状態の別居母子家庭の場合には、母子家庭として認定されない為に児童扶養手当の受給や公営住宅の母子世帯枠の応募、寡婦控除の適用など、公的援助が受けられず不利な状況に置かれる。制度の資格要件によりあらかじめ排除されている場合のほか、制度の運用として「就労意欲がある者」「介助を要しない者」など特別な要件が課されていることにより排除される場合もある。社会的にマイノリティな位置に置かれている女性が、より複合的な差別状況におかれることがないよう、制度設計／制度運用における配慮が必要である。

現在、女性支援を担っている現場では、生活保護等による経済給付や相談による心理的援助のみでは解決できない女性の生活問題の実態が日々浮上しており、経済基盤・住居・就労・家族関係・夫婦関係・養育・心理・健康・安全等、幅広い分野に渡るトータルな支援、及び女性のライフコース全般を視野に入れた支援体系が必要とされている。そのためには、社会福祉政策と女性政策の有機的連携が必須である。

以下では、いかなる制度構築が必要であるかをより明瞭にするために、「10代・20代の若い女性」「障がいのある女性」「性暴力被害を受けた女性」に焦点をあて、女性たちの困難の実相を検討していく。　　　　　　　　　　　　［湯澤直美］

2　10代・20代の若い女性たち

（1）若い女性たちの状況

若年女性と就業へのハードル ── 複合的困難が生み出すもの

従来、10代や20代、30代の女性は日本社会でどのような位置を占めてきただろうか。とくに、10代後半から20代の女性たちは、いわば制度の谷間の「エアポケット」に落ち込み、見えない存在であった。近年、若年無業者が注目されてきたが、事実上、いわゆるニートやフリーターであっても[4]、女性の

（4）　大学・短大卒のフリーターは12万人で男性（16万人）より少ないが、短大・高専卒では女性のほうが29万人と男性（11万人）より多い。中学・高校卒の場合も64万人（男性56万人）と、同様に女性が多い。総務省「労働力調査（詳細集計）」を厚生労働省で特別集計（2006年）。

場合は「家事手伝い」として扱われてきた。現在は親に扶養されており、近い将来は結婚して夫に扶養されるであろうから、生活上の困難とは無縁な存在と見られてきたのである。実際、総務省「労働力調査」では、25歳〜34歳女性の無業者の58.6％が非労働人口の「家事」に分類されている[5]。

男女共同参画会議報告書[6]においても、フリーターを含む非正規には、女性のほうが多く、相対的に低い学歴の者が多いこと、いわゆるニートは、現在家族に支えられていても経済的に自立できないという点で潜在的困難層と言えること、ニートについては女性の問題が見えにくいことを指摘している。女性の場合は、自立についての本人や親の意識が男性に比べて低く、支援に結びつきにくいことがその理由としてあげられている。また、同報告書は、ニートでは、いじめや不登校、引きこもり、精神科での治療などを多くの人が経験しており、雇用問題だけではなく、人間関係や精神的問題を抱える層が少なくないことにも触れている。

20代〜30代の女性たちを対象とした二つの自治体の調査は、上記の指摘を裏付ける結果となっている。

横浜市男女共同参画推進協会の調査（2008年実施）は、「15歳以上35歳未満の学校や職場に属していない女性」を対象に、アンケート調査およびヒアリング調査（1件のみ）を行ったものである[7]。アンケート調査の有効回答が46件と少ないが（実配布数391）、従来、ほとんど行われてこなかった若年女性無業者への調査は画期的である。なお、10代からの回答はなかった。

調査結果から、いくつか特徴的な事柄をまとめると、下記のとおりである。①回答者に大卒・短大卒が多く、さまざまな職歴を重ねているが、非正規の職歴が多い。②就労－無業－就労を繰り返しており、一つの仕事から次の仕事までの間隔が長いと推測される。③「人と話すこと」と「パソコン操作」が苦手な人が多い。④職場での人間関係や学校でのいじめ、精神科への通院・

（5） 総務省「労働力調査」の詳細集計。15〜24歳女性では「家事」に分類されるのは43.5％。
（6） 男女共同参画会議『新たな経済社会の潮流の中で生活困難を抱える男女について』2009、25頁
（7） ㈶横浜市男女共同参画推進協会『若年女性無業者の自立支援に向けた生活状況調査報告書』2009

服薬、親からの支配や期待の重荷、過食・拒食、暴力、セクハラなど、困難な体験をいくつも重ねてきている。

　これらの複合的な困難体験が、③の苦手なことに反映していることが分かる。メンタルな影響を受けているので、対人関係が苦手になり、職場でコミュニケーションがうまく取れないと、職場で必要な実務的なパソコン操作もうまくなれないという[8]。また、数としては少ないが、暴力被害の経験が大きな影響を与えていることがうかがえる。そのような体験は男性への恐怖心や苦手意識、ひいては人間関係全般への苦手意識となり、結婚を含めた将来のくらしのイメージが抱けないという不安感を生み出していると同報告書は分析している。

　仙台市の調査は、非正規雇用で働く20代〜30代の未婚女性を対象に行われた[9]。現在、非正規雇用で働いている5名の若年女性へのヒアリング調査である（2011年実施）。

　同報告書のまとめによると、①いずれの回答者も現状からの脱出を願っているが、低収入や社会的な身分の不安定さなどから、孤立しがちで社会的接点を喪失するなど、多くの問題点を抱えており、現状打破は難しいと感じていること、②本人は不安や焦りを感じているにもかかわらず、「無理しないでもよい」など、女性の経済的自立への家族の期待が低く、女性の自立を促す社会規範も弱いことが女性の不安定就業を固定化していること、③「一人前」や「安定した立場」として結婚に大きな比重がかけられていること、とくに、結婚に期待をかける親の発言が、女性特有の圧力となっていること、④しかし、いざ結婚を視野に入れると、出産や育児と就労との両立への不安が大きくなり、女性の将来設計は展望しにくくなっていること、が指摘されている。

　横浜と仙台とでは、「現在無業」と「現在非正規就労中」という調査対象の違いや学歴のばらつきがあるが、仙台調査でも人見知りで友人が少なかっ

---

(8)　前掲注(7)30〜32頁
(9)　公益財団法人せんだい男女共同参画財団『女性の生活状況及び社会的困難をめぐる事例調査』2013。ほかに、単身の高齢女性、ひとり親として子育てしている女性、DV経験のある女性を対象にヒアリング調査を行っている。

た事例や、病気などの困難を抱えてきた事例があること（複合的困難）や高卒・専門学校卒の場合は正社員からアルバイトなど、複数の職種を経験していること（就労－無業－就労の繰り返し）など共通点もある。

　二つの自治体調査からは、女性たちはこれまでの生活や職場の中でさまざまな困難を抱えてきたこと、その影響が対人関係の困難を生み出し、社会的接点や就労へのハードルが高くなっていること、男性に比して暴力の影響が大きいこと、ハードルの高さゆえに、将来が見通せない状態にあること、家族は生活支援者であるとともに、女性への固定的なジェンダー意識の圧力として働くという二面性を持つことが浮かび上がってくる。若年女性には女性性ゆえのいくつものハードルが待ち構えており、さまざまな困難が影響しあい、連鎖し、女性たちの現状打破の願いさえ、諦めざるを得ないという結果を生み出している。

「消えたい」という少女たちの声

　「これまでに「死にたい」あるいは「消えてしまいたい」と思ったことはありますか」という問いに対して、64％の少女たちが「ある」と回答した。東京に活動拠点を有するbondプロジェクトが2011年に東京渋谷で101名に行った「生きるチカラアンケート」調査の結果である[10]。年代は12歳以下から25～29歳までで、16～18歳、19～22歳が71％を占める。学生・高校生が多く、非婚女性が多数を占めるが、既婚や子どもを持っている人も含まれる。都区内在住が多いが、都外から来ている女性も25％を占める。bondプロジェクトは、渋谷などのパトロール、深夜の電話相談や講座開催、シェルター活動など、10代から20代の女性たちの支援を行っている団体である。今回は街頭や講座で声をかけてアンケート調査を行った。ちょっとだけ年上のbondガールの女性たちが少女たちの目線に立って話しかけたからこそ、本音が引き出せたのではないだろうか。

　地域的限定はあるものの、64％の少女たちが自殺念慮を持ったことがあると回答し、幸福度が高いと思われる回答者でも55％が自殺念慮を抱く経験を

---

(10)　東京都地域自殺対策緊急強化補助事業「10代から20代女性を対象とした支援一体型の自殺念慮調査」の一環である。bondプロジェクト『生きるチカラ報告書』2012参照

していた。自殺念慮を抱いた原因は、友人、家族、恋愛、面倒、学校と続く。家族と同居していても自分の「居場所がない」という人が18％あり、リストカットなどの自傷行為の経験者は33％、自殺経験が16％もある。いじめ被害の経験が38％あると同時にいじめ加害の経験も20％と少なくない。

　また、援助交際経験が1割いることも注目される。援助交際の回数は20回以上が10人中8人と多く、常態化しているのかもしれない。経験者は19歳〜22歳が半数を占める。援助交際経験者の心のゆとりや経済状況は「経験なし」に比べると苦しい傾向にある。援助交際のきっかけを聞くと「ネットで知り合った」や「お金がほしい」よりも「自分を認めてくれる相手がほしかった」が若干多い。「どうしてもお金が必要だった」のほかに、「さみしかったし、自分を認めてほしかった」、「誰でもいいからそばにいてほしかった、必要としてほしかった」と答えている。これからも援助交際をするかという問いへの回答はばらつきが目立つ。だが、援助交際の経験者全員に自殺念慮があり、実際に自殺経験した人は10人中6人に上った。

　調査を分析したbondプロジェクトによれば、自殺念慮を抱くのは一部の特別な少女たちだけではない。家族と同居し、経済的にも困っているわけでもない少女たちの抱く「漠然とした不安感や空虚感、孤独感」に大人たちが気付かないままでいることが多いのではないかと分析している。電話・メール相談への彼女たちの声を聞く限り、3人に2人が自殺念慮を抱いたことがあるという、上記の衝撃的な調査結果も頷けると語る[11]。

　bondプロジェクトのニューズレター「ボイス」や同プロジェクト代表の橘ジュンさんの著書[12]には橘さんが街頭でインタビューしたり、相談を受けた少女たちの「日常と素顔」が描かれている。少女たちは父親からの性的虐待や母親からの虐待を受け、家出し、街で声をかけてくる男の誘いや援助交際で毎日を何とかつなぐという危うい状況に身を置いている。

　また、ある婦人保護施設では、近年、若い女性の利用者が増えており、「生きる意味がわからない」、「自分なんていなくてもよい」など、自尊感情が乏しく、

---

(11)　前掲注(10)報告書39〜40頁
(12)　橘ジュン『漂流少女―夜の街に居場所を求めて』太郎次郎社エディタス、2010、同『ボイス―キミの声を伝える』グラフ社、2010

自信のない女性が多いという。支援者たちは、女性たちが子ども時代に受けた性暴力や養育環境の影響をずっと引きずって生きていると感じている[13]。

子どもシェルターにやってくる少女たちの多くも、家庭内での性虐待や外での性被害を受けており、「紙一重の危ないところを渡って、ここにたどり着いた」とスタッフは実感するという[14]。

（2）おんな？　子ども？ ── 法における10代・20代女性
①　少女の人権 ── 国際基準

10代後半から20代前半の女性は、生と性や身体において不安定かつ流動的な位置におかれている。性的に未成熟な存在であることが強調されると「子ども」としてふるまうように期待され、逆に、社会（男性）が性的存在・対象にしたければ「女性」へとその位置は容易にずれていく。しかも、性的未熟あるいは「無垢」という「子ども」のイメージゆえに、性的市場での商品価値は高くなるが、逆に性的存在となった途端に、「子ども」らしさを失った「不純な」存在へと貶められる。

たとえ性的市場に直接かかわらなくても、10代から20代前半の女性に対する社会のまなざしは、「無垢なのに早熟で、不純」という、10代あるいは20代前半の「両義性」に焦点化されがちである。

だが、国際社会では少女たちの現実を受け止め、大人に好都合で曖昧な少女のイメージをもてあそぶのではなく、少女を人権の主体として明確に位置づけている。

国連「女性差別撤廃条約」（1979年国連で採択、日本での発効は1985年）はすべての女性に対する差別と人権保障をテーマとしているが、同条約自体では「少女」は独立して扱われていない。「少女」の人権が正面から論じられたのは、1993年世界人権会議以来である。世界人権会議「ウィーン宣言」では、女性と少女の権利が「普遍的人権である」ことを明記した。さらに、1995年

---

[13]　横田千代子「婦人保護施設からみた子どもに対する暴力」女たちの21世紀68号（2011年12月）、16頁
[14]　石井花梨「行き場のない子どもたちをささえる場所と仕組みをつくる」女たちの21世紀68号（2011年12月）、8頁

の北京世界女性会議「行動綱領」（北京宣言及び北京行動綱領）では、少女の人権を守るために取るべき政策が強化されている。

その背景には、少女期が女性の精神的・肉体的成長と能力の形成に重要なことと、今後自分がどのような人生を歩むかについて自己決定を行うこの時期に、少女は、経済的、社会的、政治的、肉体的にもっとも不利な状況にあるという共通認識がある。

北京会議「行動綱領」では少女について独立の項目を設けて（L女児）、社会における少女の状況と国際社会がめざすべき戦略目標を立てている。注目すべき点をいくつか紹介したい。

第1に、少女はしばしば劣った存在として扱われ、自らを最後に位置づけるよう教育されており、それによって自尊心を傷つけられていることを指摘している。さらに、「子ども時代の差別と軽視は、剥奪と社会の主流からの排除という、生涯にわたる下降する螺旋階段の始まりになりうる」とも述べている（パラグラフ260）。少女の自尊感情が低いことはしばしば指摘されるが、上述のbondプロジェクト調査でもわかるように、援助交際の動機を聞くと、「自分を認めてくれる人がほしかった」という回答が多い。また、本人は差別されていると明確に意識していないかもしれないが、「自分なんか」という言葉に象徴されるように、軽視されているという感覚は強いのではないだろうか。近年、社会的排除／包摂概念が注目されているが、少女の自尊感情の低さや社会的無縁状態＝居場所のなさにもっと目を向けるべきであろう。

第2に、同綱領は、性別役割について、親・教員・同輩・メディアから、矛盾し混乱させるようなメッセージを受け取る可能性があることを述べている（パラグラフ262）。日本の社会では、「女も負けるな」と競争意識がはびこる一方で、ことさらに「女は家庭・男は仕事」という性別役割分業意識が根強く、学校、家庭、メディアなどさまざまな場で性別役割意識が少女たちに刷り込まれている。その結果、恋人や交際相手に「尽くす」ことや、彼の前では「女らしく」ふるまうことなど、少女たちはごく当たり前のこととして性別役割分業規範を内面化することになる。

第3に、同綱領は、思春期のセクシュアリティと生殖について、少女たち

が性的自己決定権を持ち、自己決定権を適切に行使するための教育が必要だということと、男性の責任を強調している。また、若年妊娠・出産の危険性と教育的・経済的・社会的位置への影響、若い年代での出産によって教育や雇用機会が狭まり、少女たちの生活の質へ悪影響を及ぼすことを指摘している。さらに、少女たちは避妊のないままのセックスなど、性暴力や性感染症で傷つきやすくなっており、性的虐待、性的搾取、人身売買などの「性的行動を強いる圧力に直面している」(パラグラフ267、269)。

これらは、少女の生存権、つまり「生きる」こと自体の問題であり、暴力や虐待、性的搾取の加害者を放置する社会の責任の問題である。北京「行動綱領」で注目すべきは、「生きる力」を獲得するためのエンパワメントと少女の主体性の尊重＝「生きる力を本来もっていること」を強調していることである。

② 日本社会における若い世代の女性の人権

「第3次男女共同参画基本計画」は、日本における女性政策のいわば基本的指針であるが、そこには「少女の人権」を固有の問題として取り上げるという発想はない。今回の「基本計画」には「子どもにとっての男女共同参画」が初めて取り上げられたが、その理由として、ひとり親家庭の子どもや性犯罪の被害を受けている子どもなどの支援の必要性があげられている。また、「基本計画」は、子どもが「将来を見通した自己形成ができるよう」に取り組むとしている。

だが、子どもは、主として虐待や児童ポルノ、児童買春、人身売買の「被害者」として扱われている。援助交際については、児童買春につながるものであり、「犯罪に至るおそれが高い」という認識を(子どもに－引用者)徹底させ、「自分を大切にし、売春に走らないような指導啓発」を行うとする。

また、国連「子どもの権利条約」(1989年国連で採択、日本での発効は1994年)の日本での執行状況について国連子どもの人権委員会から出された「総括所見」中の「女児に対する差別」に対する日弁連レポート(2011年)では、「女児に対する性虐待や児童買春の被害者になりやすい問題」ととらえており、子どもに対する「性についての適切な指導の推進」と「加害者への教育・啓発」が必要であるとしている。

いずれも少女は受け身の「被害者」と位置付けられており、主体としての少女や自己決定の考え方などは出てこない。もちろん、「基本計画」の具体的施策には、子どもの保護や専門的ケアなど相談しやすい環境の整備、社会全体で子どもを支える取組みがあげられているが、教育・指導・啓発といった「上から目線」の記述が多い。一番問題なのは、少女の抱える問題や悩みの根っこにある社会のジェンダー構造が生み出す問題、とりわけ、生と性に関する少女たちの現実と切り結ぶという姿勢が弱いことである。前述の北京会議「行動綱領」との落差を感じざるを得ない。

一方、20代、30代の若年期女性への支援についての政策はどうだろうか。「第3次男女共同参画基本計画」では、「第7分野貧困など生活上の困難に直面する男女への支援」で、若者男女への自立支援や暴力被害当事者支援などがあげられているが、若年女性のかかえる生活困難の状況やニーズに対応した具体的支援策に乏しい。「子ども・若者育成支援推進法」が制定・施行され（2009年制定、2010年施行）、「子ども・若者白書」も公刊されるようになった（2011年）。厳しい状況にさらされている若年女性の現状分析を進め、若者支援政策にジェンダー視点を取り入れていく必要がある。

（3）若い世代の女性への支援 ── 彼女たちの声を受け止めるために

1990年代以降、ブルセラ、デートクラブ、テレクラそして援助交際と10代から20代前半の女性の性的行動が「問題視」され、メディアで消費され続けてきた。それに対する大人たちの対応は、社会浄化・道徳的観点からの取り締まり強化を求める声と少女たちの自己決定権の保障を求める声に二分されたが、肝心の少女たちの声はメディアに都合よく消費されるだけでかき消されてしまった。また、少女たちをそこまで追いやる社会（学校や家庭や地域、性産業、メディアなど）の現実に切り込むことも少なかったように思われる。ましてや、少女たちや若年女性たちの等身大の声を聞く試みも少なく、身体に関する自己決定や将来を見通す自己形成のための少女や若年女性への総合的な支援政策は、いまだに見当たらない。

とりわけ、10代後半の女性たちは、18歳を過ぎると児童福祉法の対象年齢から外れるが、20歳未満であれば民法の親権には服さなければならないなど、

第 4 章　制度からこぼれおちる女性たち

法制度の谷間に置かれており、支援のための社会資源（社会的受け皿）も乏しい。また、高卒年齢である18歳から20代前半は、「女性が「経済的自立」を求められると同時に、その困難さを味わうタイミング」であり、親の虐待から逃れて家を出るが、家賃が払えない、仕事がない、病気にもなるなど、困難が続けば、「ワリキリ」（自営型個人売春）という、「自分の提供するセックスに金銭的な価値がつくことを学習」する結果ともなる[15]。

　さらに、たとえ支援の受け皿があったとしても、大人たちに裏切られ続けてきたならば、助けを求める気持ちにもならないだろう。また、公的機関の相談窓口など遠い存在であり、「どうせ、わかってくれない」と拒否感が強い。bond プロジェクトによれば、「こういう支援があるけど」と話しても、少女たちは「自分は無理だから」と引いてしまうのだという。少女たちは小さいときからさまざまな困難をかかえさせられてきた。橘ジュンさんは、「親の顔色ばかりうかがって、大人のように生きてきた」少女たちと支援する側のギャップを感じると語っている。

　私たちは、暴力被害を受けた女性たちに「声を出していいのですよ」、「あなたのせいではない」と声をかけ続けてきた。少女たちや若い世代の女性たちにどうメッセージを伝えていったらよいのだろうか。

　DVや性暴力、子ども虐待問題に取組むことを通じて、10代や若年女性の状況の深刻さに私たちは気づいてきた。それに伴い、法の谷間に置かれているハイティーンのための「子どもシェルター」が弁護士を中心に各地でつくられるようになった[16]。また、自立を願いながら、就労も叶わず自己を固く閉ざして生きている若い女性たちへの就労・社会参加支援が一部の女性センターで行われるようにもなった[17]。bond プロジェクトのような若い女性たちによる少女たちへの支援活動も生まれてきた。変化の兆しがようやく見

---

(15)　荻上チキ『彼女たちの売春ワリキリ――社会からの斥力、出会い系の引力』扶桑社、2012、85頁
(16)　カリヨン子どもセンター・子どもセンターてんぽ・子どもセンターパオ・子どもシェルターモモ『居場所を失った子どもを守る　子どもシェルターの挑戦』明石書店、2009、石井花梨前掲注(13) 8 頁参照
(17)　横浜市男女共同参画推進協会編『若いシングル女性"ガールズ"自立支援ハンドブック』特定非営利活動法人全国女性会館協議会、2012参照

えはじめている。

　大人の女性を前提に考えられてきた「女性支援」事業／政策に少女や若年女性をただ付けたすのではなく、年代、国籍や民族、性的指向などの固有性やニーズの相違を十分意識しながら、女性の生き方やライフコースを見据え、女性総体を対象にした「女性支援」事業／政策の構築をめざすことが課題である。
[戒能民江]

3　障がいのある女性

（1）障がい者福祉制度からこぼれ落ちる女性たち ── 障がい認定

　社会福祉の対象とは、「社会福祉が取り組むべき『課題』や実際の制度や援助が『対象としている問題』」[18]である。つまり、社会福祉という制度政策が働きかける課題・目標である。そこには、何を社会福祉が取り組むべき「課題」や「問題」としてとらえるのかという、政策レベルでの価値判断が含まれている。社会福祉の対象者把握は、社会福祉援助の方向性や内容を規定する重要な意味をもっている。しかし、実際には、政策的判断によって切り取られる（逆に言えば、切り捨てられる）側面をもっているのである。

　現行社会福祉の支援分野は、主に「児童福祉法」「老人福祉法」「知的障害者福祉法」など、社会福祉の法律に基づいて措定されている。そうした枠組みの下では、必要な支援が、援助を要する人々に届き難いという現実がある。とくに、性差別的な社会構造の下で、女性たちは社会的排除や孤立をもたらす問題に結びつきやすく、それらは支援枠組みからこぼれ落ちやすい。ここでは、障がい者福祉制度にのることが難しい女性障がい者の諸相をみていきたい。

　そもそも日本における障がい者の定義は、障害者基本法第 2 条において「身体障害、知的障害、精神障害（発達障害を含む。）その他の心身の機能の障害（以下「障害」と総称する。）がある者であって、障害及び社会的障壁により継続的に日常生活又は社会生活に相当な制限を受ける状態にあるものをいう。」

---

(18)　岩田正美「社会福祉における研究の到達水準と展望 ── 対象論研究の視覚」社会福祉研究80号、2001、13〜21頁

と定められている。さらに各障がいの定義は、知的障がい以外は各障害者福祉法に規定されているが[19]、実際に、障がい者福祉サービスや、障がい年金の受給、税制の優遇措置など障がい者関連制度を利用するには、障がい種別ごとの「身体障害者手帳」「療育手帳」（知的障害者）「精神保健福祉手帳」の取得が前提となる[20]。しかし、手帳を取得していない「障がい者」も少なからず存在している。本人や家族に障がいの認識がなかったり、何らかの理由から手帳取得＝障がい認定の機会がなかったりした場合である。多くの制度は、利用のために申請が必要であり、利用要件（この場合は障害認定）を満たさなければ、制度の対象にはなれない。そのため、例えば婦人保護施設など非障がい者施設にも、「知的障がいを持ちながら知的障がい者施策にのることもなく適切な教育や支援が受けられないまま」入所にいたった人がかなりいることが報告されている[21]。一般的に知的障がいは、家庭や学校において顕在化することが多いため、手帳取得は20歳までになされることが多いが[22]、生育過程において家族によるサポートの欠如や、学校への統合が不十分など、不安定な生活状態におかれた人々は障がい認定の機会さえ剥奪される。そのような不安定な生活を生きる女性たちに多く見られるのが「性被害の問題」であり、性暴力や風俗業者からの搾取に遭いやすい[23]。

---

[19] 知的障がいの定義は、法律には規定されていないが、「療育手帳」の交付対象者は、「児童相談所又は知的障害者更生相談所において知的障害であると判定された者」とされている。つまり、療育手帳の交付者が知的障がいとしての認定とみなすことができる。なお、身体障がい者の定義は、「身体障害者福祉法」第4条に、精神障がい者の定義は「精神保健及び精神障害者福祉に関する法律」（以下、精神保健福祉法）第5条に規定されている。
[20] 「障害者総合支援法」に基づく障がい福祉サービスを利用する場合、身体障がい者は手帳の取得を必要とするが、それ以外の障がいでは、要件とはなっていない。同法では、支援の必要度に応じてサービスを受ける仕組みとなっている。
[21] 東京都社会福祉協議会婦人保護部会編『女性福祉の砦から』社会福祉法人東京都社会福祉協議会、2008、49頁
[22] 釜ケ崎支援機構・大阪市立大学大学院『若年不安定就労・不安定住居者聞き取り調査報告書』2008、83頁
[23] 前掲注[21]

> 　幼少期に両親が離婚し、親戚中をたらいわましにされ、親戚宅で性虐待にあう。小学校の成績は、10段階中1～3で、学校も嫌いになり、行かない日が多かったと語り、十分な養育的関わりを体験することなく育つ。中卒後、勤めた工場でも性虐待にあっている。
> 　水商売で知り合った男性と結婚し2児を出産。夫の暴力あり、離婚。その後、母子で生活するが破綻。家賃滞納し、アパートを退去、近所の方の助言により福祉に相談し、婦人保護施設入所となる。
> 　婦人相談所入所中の心理判定を拒否する。学校で、障害施策にのることができなかったこと、性虐待や、養育環境の影響があり、自分ができないことを出来ないと言えず、肩肘はって生きてきた状況がある。(略)お金や数の概念を理解出来ず、簡単な読み書きも困難であるため、支援なしで単身生活を送るのは困難な状況。(婦人保護施設では)本人との信頼関係を築き、本人が手帳をとりたいと思える環境にいたるまでの時間を大切に支援した[24]。

　このように適切な教育や支援を受けられないまま、生活を余儀なくされてきた女性たちには、幾重にも困難が降りかかる。性虐待や経済的困窮、さらに「風俗業者に目をつけられ、搾取され、暴力を振るわれ、尊厳を奪われ」[25]る対象となりやすい。婦人保護施設から見える「障がい認定」からこぼれおちた女性達の抱える問題は、極めて深刻であることが多い。

(2) 障がい者福祉法制度における女性障がい者の位置づけ

　障がいのある女性は、生活を営む上で様々な困難に直面しやすい。そうした困難の多くは、障がいを持っているということ、女性という性であることによる「複合差別」から生じている。しかし、知的障害者福祉法、身体障害者福祉法、精神保健福祉法、障害者自立支援法（2013年度より障害者総合支援法）などの各法においてジェンダーに関連した障壁の解消や、不利益の解消

---

(24) 『婦人保護施設実態調査報告書2008年度・2009年度』東京都社会福祉協議会婦人保護部会調査研究委員会、2010、42頁
(25) 前掲注(21)70頁

第4章　制度からこぼれおちる女性たち

など女性障がい者への配慮が明記されているものは、ほとんどない。唯一、改正障害者基本法（2011年8月）において、第10条（施策の基本方針）、第14条（医療、介護等）、第26条（防災及び防犯）の3カ所に、「障害者の性別、年齢、障害の状態及び生活の実態に応じて」という文言が記されている。

「障害者の権利に関する条約」（以下、障害者権利条約と略）(2006年）の批准に向けて、障害者基本法改正、障害者自立支援法改正など国内の障害者制度の見直しのために設置された「障がい者制度改革推進会議」（以下、推進会議と略）のメンバーであった勝又は、障がい者の中でも、より厳しい状況に置かれている女性障がい者の差別解消には積極的配慮が必要であることを訴え、女性障がい者への配慮を基本法に明記することを意図して、「性別により差別すること」の禁止、基本的施策の中に「障害のある女性への支援」の新設を提案したという[26]。これらを踏まえて推進会議がまとめた「障害者制度改革の推進のための第二次意見」(2010年12月）では、「総則4　差別の禁止」において、「障害のある女性や子ども、重度障害のある人が複合的又は加重的な差別を受けているという視点、及びその状況に配慮した対応が、基本法の定めるあらゆる施策分野に提供されなければならない。」と記載された。さらに、「総則5　障害のある女性」では、「障害のある女性は、性の違いに基づく差別と障害に基づく差別という二重の差別など社会的不利を受ける立場にある」「条件整備の不備や障害への配慮がないことによって、障害のある女性は、障害を理由に複合的な差別を受ける状況にも置かれている」という認識を示し、「基本法改正にあたって政府に求める事項に関する意見」として、「複合的な困難を経験している障害のある女性が置かれている状況に十分に配慮しつつ、その権利を擁護するために必要な施策を講ずること」が明記された。しかし、成立した改正基本法には、「女性障害者」といった表現はなく、条文の新設もなされなかった。

一方で、国連における障害者施策においては、1980年代以降、「障害者に関する世界行動計画」(1982年）、「障害者の機会均等化に関する標準規則」(1993年）など、女性障がい者は政策課題として取り上げられてきた[27]。2006年

---

(26) 勝又幸子「障害者基本法改正と女性障害者」ノーマライゼーション2月号、2012、18〜19頁

に採択された「障害者権利条約」でも、女性障がい者は重視されている。その前文では、「q障害のある女性及び少女が家庭の内外で暴力、障害若しくは虐待、放置もしくは怠慢な取扱、不当な取扱又は搾取を受ける一層大きな危険にしばしばさらされていることを認め」「s障害者による人権及び基本的自由の完全な享有を促進するためのあるゆる努力に性別の視点を組み込む必要があることを強調し」ている[28]。

さらに、「障害のある女性」（第6条）という条文を設け、「1　締約国は、障害のある女性が複合的な差別を受けていることを認識し、及びこの点に関し、障害のある女性がすべての人権及び基本的自由を完全かつ平等に享有することを確保するための措置をとる。2　締約国は、女性に対してこの条約に定める人権及び基本的自由を行使し、及び享有することを保障することを目的として、女性の完全な能力開発、向上及び自律的な意思決定力を確保するためのすべての適当な措置をとる」ことを明記している。これらと比較するまでもなく、国内の障がい者福祉法制度において女性障がい者は、依然として見えない存在となっているといえよう。

（4）女性障がい者の生活困難

現行の障がい者に関わる支援は、概ね、障がい者の生活ニーズに焦点をあてた生活の8つの側面―①生活基盤（住宅確保、収入確保（年金、手当など）等、②健康（医療的なケア（通院や訪問）、二次障害の相談、歯の治療や栄養指導等）、③日常生活活動（ADLや家事に関する訓練、介助者派遣、福祉用具の利用、住宅改造等）、④家族支援（介護指導、ヘルパー派遣、ショートステイ、ぐち聞きケア等）、⑤コミュニケーション・スキル（コミュニケーション訓練、コミュニケーション機器の使用、音訳・代筆・手話通訳など援助者派遣等）、⑥社会生活技能（対人技能や外出など社会生活力の訓練、自立生活プログラムの利用、ピアカウンセラーの派遣等）、⑦社会参加（趣味・スポーツ・レクリエーションなどの社会参加の場の確保、障害者の参加しやすいプログラム、ボランティアの

---

(27)　瀬山紀子「国連施策の中にみる障害を持つ女性――不可視化されてきた対象からニードの主体へ」F-GENSジャーナル6号、2006、65頁
(28)　外務省訳。なお、外務省訳では、「女子」と表記されている。

第4章　制度からこぼれおちる女性たち

確保、当事者グループへの参加、当事者グループへの参加)、⑧教育・就労(教育相談、適切な訓練や教育の場の選択、職業ガイダンス、求職活動の相談)－に即して提供されている[29]。このような生活の諸側面において、ジェンダーから派生する生活ニーズは決して少なくないが、そうしたニーズを社会福祉は看過しているため、女性障がい者が必要としている支援を十分に提供できていない。

　それでは女性障がい者が直面しやすい困難とは、どのようなものだろうか。それ以前に、女性障がい者数は、一体、どの程度なのだろうか。実は、障がい者に関する公的な統計データにおいて、女性障がい者の生活実態を明らかにするようなデータはない。さらに、男女別障がい者数など、基礎的な統計でさえ、ほとんど存在してこなかった[30]。第3次男女共同参画基本計画(2010年12月)では、「男女別の統計情報の充実等の検討」を挙げているが、男女別の障がいに関する統計データはまだまだ少ない。公的な統計データにおいて、障がい者は一括りにされ、女性障がい者は「見えない存在」とされてきたのである。公的な統計データは政策立案の基礎でもあり、女性障がい者が不可視とされてきたということは、政策課題として、障がい者のニーズにジェンダーに関わるものがあると認識されてこなかったことを示している。政策課題から、女性障がい者の抱える課題はとりこぼされてきたといえよう。

　障がいのある女性の生活困難については、2011年にDPI女性障害者ネットワークがアンケート及び聞き取り調査(以下、DPI調査と略)を行っている[31]。調査によって、それまでほとんど明らかにされてこなかった、女性障がい者の抱える困難が表面化された。それらは、表1のように分類され、

---

(29) 社会福祉士養成講座編集委員会『障害者に対する支援と障害者自立支援制度』中央法規、2012、22頁
(30) たとえば、「知的障がい児(者)基礎調査」(2005年版)では、性別の統計があるのは、「年齢階層別・障害の程度別人数」のみであった。
　　なお、2010年頃から、厚生労働省の年金制度に関する調査に、性別集計が見られるようになったという。瀬山紀子「「障害がある女性たちの困難」の課題化」現代思想40巻15号、2012、198頁
(31) DPI女性障害者ネットワーク編『障害のある女性の生活の困難――人生の中で出会う複合的な生きにくさとは――複合差別実態調査報告書』認定特定非営利活動法人DPI日本会議発行、2012

表1　女性障がい者がかかえる「生きにくさ」の内容

項目	回答件数
性的被害	45
無理解	26
恋愛・結婚・離婚	21
家事・子育て・家族の介護	20
制度・慣例	20
就労	19
介助	16
医療の場で	16
性と生殖	12
教育	11
女性として尊重されない	11
希望すること	8
夫や恋人からの暴力	7
経済的な問題	5
その他	25
計	262

出典）DPI女性障害者ネットワーク『障害のある女性の生活の困難－人生の中で出会う複合的な生きにくさとは－複合差別実態調査報告書』認定特定非営利活動法人DPI日本会議、2012、11頁より作成

最も多くみられたのが「性的被害」(45件)、次いで「無理解」(26件)「恋愛・結婚・離婚」(21件)「家事・子育て・家族の介護」(20件)「制度・慣例」(20件)「就労」(19件)などと続いている。

インタビュー調査を含めた回答者87人のうち31人（35％）もの女性が、何らかの性的被害を経験していた。その一方で、「人間として、あるいは女性として見てもらえないような気がして虚しくなる」[32]「盲学校中学の修学旅行で、男女合わせて10人ぐらいが広い部屋に男女の間にさかいもなく宿泊させられた」[33]など、女性として尊重されていない、性をもつ存在としてみられていないと感じる人も多い。さらに、「料理の手助けがもっと欲しいが、ヘルパーさんから「女なんだから、貴女がしなさい」と言われる。夫にはそんなことは言わない」[34]といった回答に見られるように、性別役割が押しつけられている。その反面「育児に関して周囲から無能扱いされる」[35]など、そうした役割を担えないともみなされる。また、障がい女性の貧困は深刻な問題であるが[36]、「障がい女性だから

---

(32)　前掲注(31)24頁
(33)　前掲注(31)24頁
(34)　前掲注(31)18頁
(35)　前掲注(31)19頁

無理して働く必要ないのでは？と周りに言われた。障がい女性は経済的自立を前提とした自己実現が難しい」[37]など、就労の必要性が周囲に理解されていない。このように障がい女性に注がれる目差しは複雑であり、抱える生活困難は多岐にわたる。そして、それらの背景には複合差別が存在している。

他方で伊藤は、2001年に実施した30人の女性障がい者に対する聞き取り調査から、女性障がい者が自立生活を送る上で抱える問題には、①出産、子育て期の支援・援助体制の問題、②DV、セクシャルハラスメントという問題、③性別役割観を女性障がい者が内包しているという問題があることを提起した[38]。いずれの調査とも、障がい女性の抱える困難を明らかにする重要なものである。以下、両調査から、制度からこぼれ落ちる障がい女性の状況を表していると思われるものを紹介したい。

DPI調査においても伊藤の調査においても、性的被害は深刻な問題として浮かび上がっている。DPI調査によると、障がいのため自由に動くことができなかったり、聴覚障がいの場合には助けを求めることも難しかったりと、障がいの弱みにつけ込んだ被害も多い。被害の場は、職場や学校など様々であるが、介助や福祉施設、医療現場、家庭内もある。こうした場での被害は、加害者の立場が強く、関係が継続されるため声を上げにくく、逃れにくい。また、介助や医療現場での被害は、拒否や不快感を訴えることも難しい。性的被害を受けた女性たちについては、第1部第4章第4節に詳しいが、障がい女性にとっても性被害は重大な問題である。

夫や恋人からの暴力被害も、両調査において回答されている。それらの調査から、障がいのある女性には支援が届き難いことがうかがえる。その理由の一つとして、伊藤が指摘しているような「障害をもつ人は、どんな障害で

---

(36) 臼井・瀬山は、障がい女性の貧困について諸データから明らかにしている。たとえば、「全国消費実態調査2004年」（総務省）のデータを用い、単身世帯の年間収入の平均は男性全体では約409万円、女性全体では約270万円のところ、障男性では約181万円と低く、障がい女性は、さらに低い92万円であることを指摘している。臼井久美子・瀬山紀子「障害女性の貧困から見えるもの」松井彰彦他編著『障害を問い直す』東洋経済新報社、2011、63頁
(37) 前掲注(31)15頁
(38) 伊藤智佳子『女性障害者とジェンダー』一橋出版、2004、114〜122頁

あれ、障害を持っていない人と同じ種類、同じ質の情報を同じ速度で入手し、同じ速度で消化することは難し」く、「消化したとしてもそれらを実際に使うという際にも幾重もの壁がある」[39]ことが挙げられよう。

　伊藤は、DV被害女性障がい者の支援のみならず、障がいを持つ人たちの生活支援全般には、もともと「すべてを障害をもつ本人がやらなければならいということのしんどさ」[40]があると言う。暴力によって無力な状態にされたDV被害女性障がい者に代わり、あるいはDV被害女性障がい者と共に、元夫から実際に逃げ、逃げた後はどう行動するかといったように、実質的に動いてくれる専門職がなければ、DV被害女性障がい者は「死ぬ寸前」になってしか救われることがない[41]。そして障がいを持つDV被害女性支援にあたって、一番必要なことは、「障害を持つ本人に代わって、あるいは本当の意味で共に生活支援の実行可能な方法を考え、それらを実行してくれるといった実質的に動いてくれる専門職がいること」[42]と述べている。そのためには、支援者が、障がい女性たちに対する支援のあり方を理解することが欠かせないが、そうした観点からの研修は、まだまだ少ないといえよう。

　さらに、障がい女性がDV被害から避難するためには、障がいに対応した環境を確保することが不可欠である。DV法では、「障害の有無等を問わずにその人権を尊重するとともに、その安全の確保及び秘密の保持に十分な配慮をしなければならない」（第23条　職務関係者による配慮）ことが規定されている。さらに、「配偶者からの暴力の防止及び被害者の保護のための施策に関する基本的な方針」（2008年）においても、「被害者が、外国人、障害者、高齢者等であることによって、支援を受けにくいということにならないよう、情報提供、相談の対応、施設設備等の面において、それぞれの被害者の立場に立った配慮を行うことが望ましい」とある。しかし、「障害者制度改革の推進のための第二次意見書」に記載されているように、「婦人相談所の一時

---

(39)　伊藤智佳子「インタビューから考える「障害をもつ女性に対する暴力」事例の考察」（社）東京自治研究センター・DV研究会編『笑顔を取り戻した女たち』パド・ウイメンズ・オフィス、2007、155頁
(40)　前掲注(39)159頁
(41)　前掲注(39)159頁
(42)　前掲注(39)161頁

保護所は、バリアフリー整備の取り組みがはじまる以前に設置されている建物が多く車いす使用者の利用が困難であること、又は介助者や手話通訳者等も配置されていないため、DV 以外を受けた障害のある女性が利用できない、又は利用を最初からあきらめている実態がある」。実際、第2部第1章にあるように、婦人相談所一時保護所は、建物の構造上の問題や職員配置の未整備から、車いすの女性や、介助を必要する女性、精神的疾患（またはその疑い）・知的障がい（またはその疑い）のある女性など、障がい女性の利用は極めて困難である。その結果、DV 被害を受けた女性障がい者が配偶者暴力相談支援センター・婦人相談所などに保護を求めても、「他法、他施策でと、障害福祉課などの相談を勧められ、DV 防止法の保護の対象としての支援に結びつかないことが多い」[43]という。このように女性障がい者は、DV 被害者支援にのりにくい現実がある。

　また、障がい女性が出産や子育てを行う場合、それまで必要だった支援の他に、新たな支援が必要となることが多い。例えば、伊藤は、次のように下肢にまひをもつ女性の体験を紹介している。

「子どもの定期検診に行くために、ガイドヘルパー登録をしようとしましたが、彼女自身の介助ということにならないため、ガイドヘルパーを使うことができませんでした。「子どもを抱いていては車いすをこぐことができないから、ガイドヘルパーに押してもらうだけなんだけど、ガイドヘルパーを派遣できないと却下されてしまった」」[44]

　これは、ガイドヘルパーの利用が本人の介助に限られていたことから生じる制約である。障がい女性が出産や子育てを望んだ場合、それまで必要であった介助の他に、上記のように何らかの出産・子育てにかかわる支援も必要となる。現行の障がい者支援には、ジェンダー視点に基づいた施策や実践がほとんど見られないため、様々な制約が生じることとなる。その背景にあるのは、性別役割分業が貫徹している社会において、子育ては女性（母親）の役割とされてきたことが挙げられる。その一方で、障がい女性は、性のない存

---

(43)　前掲注(31)50頁
(44)　前掲注(24)117頁

在と見られたり、「妊娠した時、障害児を産むのではないか？子どもを育てられるのか？といった理由で、医者と母親から堕胎を進め（ママ）られた」[45]といった声に象徴されているように、そもそも出産・子育てをする存在として想定されてこなかったといえよう。このように障がい女性の出産・子育て支援は、十分に整備されておらず、障がい福祉施策、子育て支援などの制度の谷間に置かれてきた。

しかし、国の「第3次男女共同参画基本計画」においては、「子育てをする障害のある女性」が初めて取り上げられている。そこでは、「子育てをする障害のある女性に対しての支援の仕組みが不十分であることや、障がいに加え、子どもとの関わりに関する知識等を習得する環境が整わない場合には子育ての困難を抱えるケースのあること等の問題が指摘されている。子育てをする障がいのある女性への理解や、支援に何が必要なのかについて地域での理解を深めるための取組みを行う」とされ、障がい女性の子育て支援に向けた取り組みが目指されている。具体的な福祉制度施策への反映が希求される。

（5）おわりに

以上、女性障がい者の抱える多様な生活困難の一端を見てきた。女性であり、障がい者であるという生を生きる女性たちが抱えるニーズは、縦断的な制度の狭間に置かれ、支援は行き届き難い。とはいえ、徐々にではあるが、障がい女性は「見える存在」となりつつある。近年、前述した「障害者制度改革推進会議」や、新「障害者基本計画」（2013年度）を検討した「障害者政策委員会」、障害者差別禁止法策定に向けて設置された「差別禁止部会」での議論において、女性障がい者について言及されている[46]。しかし、現行の施策に、単に障がい女性を「付け加える」ような施策のあり方であってはならない。例えば、DPI女性障害者ネットワークでは、都道府県の「男女

---

(45) 前掲注(31)17頁
(46) 前掲注(24)加納恵子「障害者差別禁止法に求めるもの──聞こえ始めた「障害女性」の声」ノーマライゼーション11月号、2012、20〜23頁、『新「障害者基本計画」に関する障害者政策委員会の意見』2012年12月17日、障害者政策委員会

共同参画計画」[47]及び「DV防止計画」[48]において障がい女性をどのように位置づけているか、調査を行っている。それらの結果からは、障がい女性についての記述は一定程度みられているが、「その位置づけは明確ではなく、問題もあると考えられること、またDV被害者の保護や防止については計画に書かれていても、実態としては障害女性に支援が届いていない」ことが明らかとなった[49]。計画に女性障害者について明記されていても、その内実は様々であり、「障害女性の家庭生活訓練」など女性役割を担えるようになることを目的とした生活訓練が見られた。また、介護の担い手である女性の負担を軽減するために、障がい者の自立が目指されるという、必ずしも障がい者が主体として位置づけられていないものも散見されている。複合差別を照射し、障がい女性の現状と課題を把握した上で、実効性のある支援が提供できるような施策が求められる。さらに社会においては、障がい女性の問題は、「複合差別、人権侵害の問題として、看過できない重大な問題」[50]であり、それらは女性総体の問題であるとの認識が必要であろう。そうした認識に基づき、制度横断的に女性を包摂した「女性支援」制度施策・実践を展望したい。

[堀千鶴子]

4　性暴力被害を受けた女性たち

(1) 性暴力と法制度の矛盾

　性暴力は法的には刑法上の「性犯罪」と定義され、基本的には明治刑法(1907年制定)を第二次世界大戦後も踏襲している(刑法176条以下)。刑法の性犯罪には、強制わいせつ、強姦、準強姦および準強制わいせつ、集団強姦等とその未遂(以上、刑法176条〜179条)、強制わいせつ等致死傷(181条)、淫行勧誘(182条)および強盗強姦及び同致死(241条)が定められ、強姦、強制わいせつ、準強姦・準強制わいせつは被害者の告訴がないと検察が起訴でき

---

(47) 都道府県の男女共同参画計画は、男女共同参画社会基本法に基づき策定義務が定められている。
(48) 都道府県のDV防止計画は、DV法2条の3に基づき、策定義務を負っている。
(49) 前掲注(31)45頁
(50) 前掲注(26)21頁

ない「親告罪」である（180条、二人以上の共同加害行為の場合は除く）。2004年刑法改正により厳罰化が行われ、強姦の法定刑の下限が２年から３年に引き上げられ、集団強姦が新設された。しかし、177条強姦罪は犯罪の成立に「暴行脅迫」要件を必要としており、裁判では、被害者がけがをするほど抵抗しないと「暴行脅迫」があったとは認められていない。この構成要件の見直しをはじめ、強姦罪の法改正に向けた検討はほとんど行われていない[51]。

　また、ストーカー行為規制法のストーカー行為罪（13条）、売防法の売春周旋（6条）、児童買春・ポルノ禁止法の児童買春罪（4条）、児童買春周旋、勧誘罪（5条、6条）、児童ポルノ提供等（7条）、児童買春等目的人身売買等（8条）、刑法の人身売買罪（226条の2）、児童福祉法の児童に淫行させる行為（34条）、軽犯罪法の公衆の面前での身体の露出、のぞき見（1条20号）のほか、自治体の迷惑行為防止条例（盗撮、痴漢、ストーカー行為）や青少年健全育成条例（18歳未満への淫行）でも性暴力が犯罪化されている。もっとも、売防法では、売春とその相手方となること（買春）を禁止しているにもかかわらず（3条）、売春した女性は「勧誘」として刑事罰を受けるが（5条）、買春者は処罰されない矛盾したしくみになっている。

　一方、国際的動向の影響を受けて、1990年代以降、日本においても犯罪被害者運動が展開し、2000年に犯罪被害者保護二法（刑事訴訟法・検察審査会法改正ならびに犯罪被害者保護法）が成立した。それに伴い、性犯罪の6カ月という告訴期間が撤廃された。被害者保護法では、被害者が刑事裁判で証人として出廷する時の付き添いや遮蔽措置、ビデオリンク（被害者は別室に設置されたモニターで証言・意見陳述を行う）などが採用され、2008年には民事訴訟法にも適用が規定された。また、2004年には犯罪被害者等基本法が、2005年には犯罪被害者等基本計画が策定され、被害者の権利を守るための方策として、刑事裁判への被害者参加制度や被害者を特定する事項の秘匿が制度化

---

[51]　2012年7月、内閣府男女共同参画会議女性に対する暴力専門調査会が「女性に対する暴力を根絶するための課題と対策」を公表し、刑法強姦罪の見直し等を提言した。「第3次男女共同参画基本計画」（2010）に基づくものである。同報告では、非親告罪化と性交同意年齢の引き上げについては刑法改正の方向が示されたものの、強姦罪の構成要件（暴行・脅迫を用いて）については両論併記に終わっている。

された。

　しかし、他方でDVや児童虐待は犯罪化されていない。DVはDV法の保護命令違反で初めて犯罪となり[52]、DV自体は独自の犯罪を構成しない。また、児童虐待は児童虐待防止法で禁止されているが（3条）、罰則はなく犯罪化されていない。さらに、セクシュアル・ハラスメントは一般的に「相手の意に反した性的嫌がらせ」と定義され、強姦や強制わいせつを含む行為である。だが、男女雇用機会均等法11条に「職場における性的な言動に起因する問題」として事業主の雇用管理上の措置義務を規定するにすぎない。職場や大学・学校などにおけるセクハラでは、強姦行為であっても、セクハラの範疇に入った途端、セクハラとしての救済にとどまり、犯罪化されない結果をもたらすことが多い。DVや児童虐待も既存の犯罪の適用で対処することになるが、ここにも法的限界がある。強姦罪には夫婦間の適用除外（夫の強姦には強姦罪を適用しない、例外とする）の規定はないのだが、従来の学説・判例では例外として解釈しているものと考えられる。児童虐待については、刑法ではそもそも近親姦を規定していない。さらに、13歳以上の被害者の場合には強姦罪の「暴行脅迫」構成要件および親告罪（188条）がそのまま適用される。子どもにとって親や祖父を訴えることは極めて困難であり、暴行脅迫がなくても親は容易に子を強姦できるのだ[53]。

（2）統計と実態のギャップ

　刑法の「性犯罪」（強姦・強制わいせつ）の動向については、警察庁の犯罪統計によって示されてきた。近年、警察の強姦認知（被害届、逮捕など）および検挙件数は減少しており（平成23年認知件数1,185件、検挙件数993件）、2004年の刑法改正による厳罰化の効果とも言われているが、被害届を出さず、告訴をしない「暗数」が多いのではないかという疑問が生じる。また、被害者

---

(52)　保護命令を申立できるのは「身体的暴力または生命身体に対する脅迫」に限定されており、夫からの性暴力だけを理由として保護命令は申立できない。
(53)　前掲注(51)のとおり、「女性に対する暴力専門調査会」報告では、非親告罪化ならびに性交同意年齢の引き上げを提言するとともに、保護責任者からの行為の加重刑罰や「指導的立場にある者の性犯罪」についても検討されたが、犯罪化の提言には至っていない。

と加害者の関係については、警察の統計では「面識なし」が58.6％、「面識あり」（親族、知人・友人、職場関係者、その他）が41.3％と「面識なし」が多い。

ところが、内閣府「男女間における暴力に関する調査」結果からはまったく異なる「実態」が見えてくる。同調査では第1回（1999年）以来、DVと同時に性暴力被害についても調査を行っており、最新の調査結果（2011年）では、「異性から無理矢理性交された経験」がある女性は7.7％を占め、過去5年以内の被害経験がある女性は16.4％に上る。

同調査で注目すべきは、性暴力の加害者との関係を聞いており、「全く知らない人」よりも「顔見知り」が多いことを明らかにした点である。2011年調査結果を見ると、加害者が「全く知らない人」であるのは17.2％に過ぎず、「よく知っている人」61.9％と「顔見知り程度の人」14.9％を併せると、「面識があった」が76.8％となっている。なお、加害者が「顔見知り」（配偶者・元配偶者、親族、職場関係、学校・大学関係、知人、その他）が多いという調査結果は、第1回以降変わらない。

内閣府の調査結果は、警察庁の統計とその背後にある「強姦神話」を突き崩すものである。「強姦神話」とは、「見知らぬ男が路上で突然襲う」「女性のノーはイエス」「女性は生命の危険を冒してまで抵抗するものだ」など、社会で信じられている、間違った思い込み（常識となっていること）を言う。そもそも、強姦罪が被害者による告訴を必要とする親告罪であり（刑法180条）、警察の統計は被害届や告訴など、警察が認知したケースを母数としていることに注意が必要である。「強姦神話」が流通している日本社会では、加害者ではなく被害者の落ち度（過失）が責められ、被害者非難が何の疑いもなく行われている。警察や検察の対応は強姦神話に囚われており、警察や検察による二次被害は後を絶たない。また、弁護士による「告訴取り下げ」と示談を求める被害者への働きかけも行われている。その結果、強姦の被害を受けた女性たちは沈黙を余儀なくされ、被害届の提出にも告訴にも躊躇することになる。とりわけ、夫や親・きょうだい、職場の上司、教師など、優位に立つ者との「面識あり」の関係では訴えることはさらに困難である。「社会の常識」とされてきた、「見知らぬ他人」による強姦が普通の強姦である

という「神話」は内閣府の調査で打破されたと言える。

　内閣府がDVや性暴力など「女性に対する暴力」を対象に初めて実施した24時間ホットライン「パープルダイヤル」(2011年)、その後継として全国女性シェルターネットが独自に行った「パープルホットライン」(2012年)への相談にも、強姦や強制わいせつなど性暴力被害の相談が多く寄せられ、しかも、初めて相談する人が多かったという[54]。また、親きょうだいや職場関係、配偶者、交際相手などの「よく知っている人」が加害者である割合が圧倒的に多かった。それだからこそ、警察への通報・相談が少なく、匿名性が保障された24時間ホットラインへの相談へのニーズが高いと言える。

(3) 刑事裁判における強姦被害の理解の欠如

　性暴力犯罪を裁く刑事裁判の公判廷では、被害者は原告でも被告でもなく証人に過ぎなかった[55]。しかも、公開の法廷では事件とは無関係な男性たちが傍聴席を占め、ポルノを見るような視線にさらされ、プライバシーが暴露されるなど、被害者の不安や恐怖は想像に難くない。前述のとおり、被害者の心理的負担の軽減を図る被害者保護立法の進展はあったものの、裁判員裁判を含めてなお被害者のプライバシー保護には問題が残る[56]。

　さらに、刑事裁判においては裁判官による「被害者非難」が横行しており、その結果、被害者の供述の信用性が否定されて強姦無罪判決が続出しており、その影響が危惧される。とくに、近年、最高裁での無罪判決が相次ぎ（痴漢逆転無罪判決2009年4月14日、強姦逆転無罪判決2011年7月25日）、判例として下級審に大きな影響を与えはじめている[57]。最高裁のこの2つの判決は、

---

[54] 社会的包摂ワンストップ相談支援事業「よりそいホットライン」にもDV以外の性暴力被害相談が寄せられている。第1部第1章注(19)参照

[55] 犯罪被害者等基本計画に基づき改正された「犯罪被害者等の権利利益の保護を図るための刑事訴訟法等の一部を改正する法律」によって、被害者に刑事裁判に参加して被告人質問、意見陳述などができる「被害者参加制度」が新設された（2008年12月施行）。

[56] 裁判員裁判におけるビデオリンクで被害者が顔を見られたくないと希望したが、裁判所に「表情を含めた陳述に意味がある」として却下された例が紹介されている。読売新聞大阪本社社会部編『性暴力』中央公論新社、2011

いずれも、被害者の供述の信用性が疑われた結果、最高裁で逆転無罪となったものである。2011年の最高裁逆転無罪判決は、被害者の供述を簡単に信用してはならず、慎重に判断すべきとする。そこでは、被害者が「叫んだり、助けを呼ぶこともなく」「逃げ出したりもしない」「言われるままに後ろをついていった」のは「不自然で容易に信じがたい」し、「わずかな抵抗をしさえすれば強姦されずにすんだはずだ」とまで言っている。被害者の証言はまったく信用されず、被害者は裁判官により「とんでもない嘘つき」と貶められたのも同然である。裁判官がその日常生活や生育過程で接した社会通念を基に形成してきた「常識」では、女性は必死に抵抗するはずであるし、どこでもすぐに大声を上げて助けを求めるものであり、逃げ出すに違いないのである。このような裁判官の個人的な「常識」に合致しない被害者の証言を信用してはいけないというのが、これらの最高裁判決の理屈なのである。そこには、精神医学や心理学などの科学的知見に基づく性暴力被害者の状況・リアリティについて理解しようという姿勢はまったく見られない[58]。

1990年代後半以降、被害者支援団体やフェミニストカウンセラー、精神科医、弁護士等の努力により、セクシュアル・ハラスメントの民事裁判において被害者の精神的被害についての配慮が行われるようになり、性暴力被害を受けた被害者の経験に基づく「経験則」を尊重する判例も登場するようになった。だが、上述の最高裁の無罪判決はその流れを一挙に元に戻し、長年にわたり築きあげてきた女性たちの努力と蓄積を無化しかねないものである。

もっとも重要なことは、このような判決が出ることで、性暴力の被害を受けた当事者たちの声を封じ、性暴力被害の潜在化と深刻化をもたらすことである。

---

(57) 最高裁の二つの判決のジェンダー・バイアスについては、谷田川知恵「性暴力と刑法」ジェンダー法学会編『講座ジェンダーと法 第3巻 暴力からの解放』日本加除出版社、2012、185頁以下参照
(58) 性暴力被害のリアリティが理解されない理由については、宮地尚子「性暴力とPTSD」ジュリスト1237号、2003、166頁以下参照

（4）性暴力被害を受けた女性たちの声とはじまった支援

> 事件後、母が私に言った言葉。
> 「もう誰にも話さないでちょうだいね」
> この一言が、ずっと私の頭に残っていた。
> 社会や周りの人たちから思い知らされた常識や厳しさ。
> 変わってしまった身体・考え方やものの見方、家族や恋人・友人との関係。
> 「私は何ひとつ、恥ずかしいことも悪いこともしていない」
> 隠すことなんてないはずだ……。
> それなのに……いままでの私の生活をすべて否定されたように感じ、自分の存在さえも否定してきた。
> 1日たりとも事件の影響を受けずに過ごした日はない。もちろん、忘れたことも。

　これは、日本で初めて実名で性暴力被害を公表した小林美佳さんの著書『性犯罪被害にあうということ』（朝日新聞出版、2008）の冒頭に書かれた読者へのメッセージである。小林さんは性暴力被害者のことを知ってほしい、事実を受け止め、理解してほしいと言う。理解とは、それぞれの中にある、感じている事実を伝え、受け止めることだと言う。また、性暴力やDV被害を受けた人によくかけられるメッセージに「あなたは悪くない」という言葉があるが、では「悪くない」のに、なぜ「「人に言えない恥ずかしいことをした」という気持ちを抱えて生きることの屈辱と、理不尽な罪悪感をいつも持って」いなければないのか、引用したような「母」の言葉に社会の「圧力」を感じなければならないのかと小林さんは問いかける。

　ここでも、なぜ女性たちが制度の谷間に落とし込まれるのか、私たちの社会の固定的な「常識」や「社会通念」とそれに基づく法制度やその運用が問われている。

　一方、性暴力被害を受けた女性たちを支援する新しい動きも始まっている。2010年4月、大阪の阪南中央病院に「性暴力救援センター・大阪」（SACHICO）が開設され、国内初めての被害直後からの総合的支援センターが動

き始めた。その後、すでに開設されていた愛知に加えて、東京、佐賀、北海道などで緊急時のワンストップセンターが活動を開始している。ただし、警察主導の愛知は利用者が少なく、当事者の立場に立った総合的支援を行う大阪、東京のセンターは民間による運営であり、公的補助金はまったくなく、財政面や人員確保での困難を抱えている。第3次男女共同参画基本計画では各都道府県に1カ所支援センターの設置を掲げているが、国の財政支援による自治体での設置促進を図るなど、具体的な施策が早急に求められる。

　SACHICOは開設から2年後に報告書をまとめているが[59]、電話・来所とも増加の一途をたどっている。10代から20代前半の若い年代での性暴力被害が多いこと、顔見知りの加害者が64％を占めること、警察に通報しないケースも多いこと（46％）、性虐待被害が多いこと、しかし、加害者逮捕は少ないことなどが確認されている。

(5) まとめにかえて

　本稿では、性暴力が法律によって犯罪化されていても、強姦罪の構成要件のように法律の規定のために被害が認められない場合があること、あるいは強姦罪の暴行脅迫要件が適用されないのは13歳未満に限られるといった法律の不備のために未成年であっても13歳以上は制度の狭間に落ち込んでしまうこと、裁判官や検察官の法解釈のジェンダー・バイアスや、性暴力への無理解のために司法の場で被害を認められない場合が多いこと、強姦神話に基づく被害者非難が支援の障壁になり、被害者を苦しめていること、そもそも買春やDV（保護命令違反を除く）、児童虐待、セクシュアル・ハラスメントなどは犯罪化されていないことなどを示してきた。また、性暴力被害を受けたことで安全な日常生活や人間関係を失うとともに、自尊感情を傷つけられ、精神的疾患に苦しみ、職さえ失って経済的困窮に陥る場合があることも指摘しなければならない。外国人女性や障がいのある女性、セクシュアル・マイノリティへの性暴力被害は、二重の差別構造の下、さらに深く潜在化してい

---

(59)　性暴力救援センター・大阪『当事者の視点に立った支援とは、「開設1周年の集い」報告と、その後のSACHICO』2012

る。性暴力被害を受けた女性たちが「被害者」としての支援を正当に受け、被害からの回復を図る権利が保障されていない現状の背後には、性暴力被害への無理解と偏見がある。さらに言えば、性暴力を女性や子ども、セクシュアル・マイノリティの人びとの「人格と身体の統合性の侵害」＝人権侵害として厳しく対応しようとしない日本社会のありようが問われているのである。このような性暴力容認社会を変革し、被害を受けた人の「被害から回復する権利」を保障するために、包括的な性暴力禁止法の制定が必要である。

［戒能民江］

第 2 部　女性支援のジレンマ

第1章
婦人保護事業の現在

堀 千鶴子

1 混迷する婦人保護事業

　売防法成立後50年以上にわたり、同法に規定される婦人保護事業は、買売春、性暴力被害、DV、貧困等々、多様で複合的なニーズをかかえ、現行の社会福祉制度からこぼれ落ちた女性たちを受け止めてきた。売防法は、刑事特別法であり、売春業者への処罰とともに、売春女性に対する刑事処分、補導処分、保護更生を規定している法律である。そのため婦人保護事業の根底にあるのは、「性行又は環境に照らして売春を行うおそれのある女子（要保護女子）に対する保護更生」である。つまり、売防法に基づく婦人保護事業は、女性の人権尊重や福祉といった理念から成立したとは言い難い。一方で、婦人保護事業は厚生行政の所管であり、中でも婦人保護施設は社会福祉法に基づく第1種社会福祉事業に規定される社会福祉施設である。婦人保護事業は、その誕生から「保護更生」と「福祉事業」といった両面を有していた。

　婦人保護事業は、単身女性を対象とする唯一の社会福祉事業として、厚生労働省通達による対象者拡大[1]を繰り返しながら、実態的に女性支援の中核を担ってきた。特に、DV法成立以後、婦人保護事業はDV被害者支援の中

（1）　現行婦人保護事業の対象は、①売春経歴を有する者で、現に保護、援助を必要とする状態にあると認められる者。②売春経歴は有しないが、その者の生活歴、性向又は生活環境等から判断して現に売春を行うおそれがあると認められる者。③配偶者からの暴力をうけた者（事実婚を含む）。④家庭関係の破綻、生活の困窮等正常が生活を営む上で困難な問題を有しており、かつ、その問題を解決すべき機関が他にないために、現に保護、援助を必要とする状態にあると認められる者。⑤人身取引被害者、と拡大されている。

核として位置づけられ、機能の拡大が希求されていった。とはいえ、婦人保護事業は依然として売防法に規定されたままであり、片居木が指摘するように「売春性、転落危険性に焦点化する保護更生的公共性」[2]といった事業の方向性は何ら変わるものではない。婦人保護事業の対象拡大は、現場の実態の追随であり、政策的要請であり、婦人保護事業の「生き残り策」であったかもしれない。しかし、そうした拡大をすればするほど、婦人保護事業とは誰に対して何を支援するのか、その専門性とはなにか、混迷の度合いは深まっているのではないか。本章では、さまざまに錯綜した状態にある婦人保護事業の中でも、特に入所機能をもつ婦人相談所（相談部門・一時保護所）、及び婦人保護施設に焦点をあてて素描し、婦人保護事業の現状の一端を明らかにしたい。なお、婦人相談員も婦人保護事業を担う重要な存在であるが、それらは第3部第1章を参照されたい。

2　婦人相談所の現状

（1）婦人相談所の業務とその体制整備

　婦人相談所は、都道府県に義務設置とされ、女性を対象とした相談支援の中核的な機関である。さらに、婦人相談所には一時保護所の設置が義務づけられていることから、公営シェルターとしての機能も担っている。しかし、売防法における婦人相談所の設置目的は、あくまで「要保護女子」（＝売春女性、売春するおそれのある女性）に対する「保護更生」であり、法的な理念と実際の利用者の求める支援との間には大きな齟齬が生じている。こうした齟齬は、DV法以後、DV被害者の増加と、それに伴う「DV被害者優先の支援」[3]といった状況の中で、さらに顕著となっている。

（2）　片居木英人「婦人保護事業における「要保護女子」拡大解釈行政の問題点 ── いわゆる「四五通達」は何を意味したか」日本社会福祉学会第60回秋季大会（2012）報告要旨

（3）　これらについては、湯浅範子「婦人相談の現場に戻って DV法と婦人保護事業のこのごろ」婦人新報1237号、日本キリスト教婦人矯風会、2003年10月、12～13頁。
　　原田恵理子「婦人相談員という仕事の未来は？ ── 婦人相談員の調査から」杉本貴代栄他編『私はソーシャルワーカー』学陽書房、2004、108頁など、現場の支援者からの指摘がある。

現在の婦人相談所の業務には、「啓発活動」「相談」「必要な調査」「医学的・心理学的・職能的判定及びこれらに必要な指導」「婦人保護施設への収容保護及びその廃止の決定」「一時保護」などがある[4]。DV法第3条では、「相談、相談機関の紹介、医学的又は心理学的、その他の指導、被害者・同伴家族の安全確保、一時保護、自立生活の促進や保護命令制度の利用、被害者を居住させ保護する施設についての情報の提供、助言、連絡調整、その他の援助」が規定されている[5]。さらに、人身取引被害者に対しては、「相談、一時保護、関係機関への連絡調整、帰国手続き」などが挙げられている[6]。このように婦人相談所には、幅広い機能が求められている。実際、婦人相談所の利用者は、「人身売買とか、分けられないんですね。いろんなケースが複合していて。高齢者問題、DV、人身売買とか、パスポート偽造で結婚して子どもがいるという状態だったり、(略) 複合してきている」[7]という。利用者の抱えるニーズの多様化に伴い、婦人相談所には多様で、専門的な支援機能が必要とされている。

　しかし、婦人相談所の組織的な業務運営の整備は、必ずしも進んでいるとはいえない（表1）[8]。支援に際しては、マニュアルさえあれば良いというものではないが、それらを整備することは、支援過程を可視化し、その方法を共有することによって、組織内における一定水準の支援を保障することにつながる。最も多くの婦人相談所で策定しているのは、「DV被害者の保護支援」であり、8割近い。「ケースの要保護性の判断基準や保護の実施方法」「緊急対応」「電話相談」が整備されているのは約5割、それ以外の項目については半数以下である。特に、「一時保護退所を退所した後のアフターケア・支援の方法またはプログラム」「性暴力被害者（性的虐待を含む）に対するケ

（4）「売春防止法」、「婦人保護事業実施要領」による。
（5）　DV法第3条は、配偶者暴力相談支援センター（以下、DVセンター）の業務であるが、現在の婦人相談所は、ほとんどがDVセンター機能を兼ねている。
（6）「婦人相談所における人身取引被害者への対応について」厚生労働省雇用均等・児童家庭局家庭福祉課長通知、2004
（7）　拙稿「婦人相談所の現状に関する一考察」城西国際大学紀要15巻3号、2007、54頁
（8）『厚生労働科学研究費補助金政策科学推進研究事業　女性・母子の保護支援における婦人相談所の機能評価に関する研究』研究代表者森川美絵、2012、17頁

第1章　婦人保護事業の現在

表1　組織的な業務運営の整備状況（マニュアル等の整備の有無）

	あり		なし	
ケースの要保護性の判断基準や保護の実施方法	28	59.6%	19	40.4%
DV被害者の保護支援	37	78.7%	9	19.1%
人身取引被害者の保護支援	6	12.8%	41	87.2%
緊急対応（暴力加害者からの追及への対応等）	27	57.4%	15	31.9%
電話相談	25	53.2%	19	40.4%
一時保護中の保護女性に対するケア・支援の方法またはプログラム	19	40.4%	28	59.6%
一時保護中の同伴児童に対するケア・支援の方法またはプログラム	13	27.7%	33	70.2%
一時保護所（委託先含む）を退所した後のアフターケア・支援の方法またはプログラム	5	10.6%	42	89.4%
外国人に対する支援・関係機関連携の方法	15	31.9%	32	68.1%
要保護妊婦へのケア・支援の方法またはプログラム	4	8.5%	43	91.5%
性暴力被害者（性的虐待を含む）に対するケア・支援の方法またはプログラム	5	10.6%	42	89.4%
市（区）町村との連携	20	42.6%	26	55.3%
広域支援・広域連携	9	19.1%	38	80.9%
一時保護中の同伴児童や18歳未満女子に対する児童相談所との連携	7	14.9%	40	85.1%
司法機関との連携や保護命令申立に関する支援方法	12	25.5%	34	72.3%
医療機関との連携方法	11	23.4%	34	72.3%

出典）『厚生労働科学研究費補助金政策科学推進研究事業　女性・母子の保護支援における婦人相談所の機能評価に関する研究』研究代表者森川美絵、2012、17頁より一部抜粋

ア・支援の方法またはプログラム」は1割、「要保護妊婦へのケア・支援の方法またはプログラム」にいたっては1割にも満たない。DV被害者支援体制は組織として整備されつつあるが、多様な生活課題を抱えた女性たちに対する支援体制の整備は、さほど進展していない。婦人保護事業の現場に、妊娠・中絶、性暴力被害など多様なニーズを抱えた女性が現れていることは、かねてより言及されている[9]。しかし、そうした利用者への支援体制の整備

は滞りがちである。業務運営マニュアルの整備状況からも、支援における「DV被害者優先」という傾向が推測できる。各相談所における、支援体制整備の促進が待たれるが、さらに言えば、ナショナル・スタンダードの観点から、支援の格差が生じない支援体制の整備が必要といえよう。

（２）職員体制の実態 ── 職員数、雇用形態別職員数、同伴児童ケア担当職員配置から

　婦人相談所の支援体制を概観するために、まず職員体制についてみることとしたい。

　婦人相談所（相談部門）の職員体制の特徴としては、第１に、地域によって職員数、職員規模にばらつきが大きいことが挙げられる。１カ所の職員数は最も多い所で52.6人、最も少ない所では1.9人、平均職員数は12.5人であり[10]、その差は、顕著である。さらに、職員数「20人以上」の機関は少なく、「15人未満」の職員規模の機関が７割を占めている（表２）。同様に、一時保護所（以下、保護所）の職員数は、最も多い所で27.2人、最も少ない所では2.6人、平均職員数9.2人である[11]。相談部門と同じように、１カ所における職員数「20人以上」の保護所は少なく、約９割が「15人未満」である（表２）。このように相談部門・一時保護所ともに職員規模は、自治体によってばらつきが生じている。

　第２に、雇用形態別では、非常勤職員数の多さが上げられる。表３−１にあるように、2011年４月１日現在、相談部門では常勤職員数、非常勤職員数に、ほとんど差がみられない。そのうち、利用者と直接関わる「直接処遇職員」[12]に限定してみると、非常勤職員の比率は６割となる。特に、「婦人相

---

(9)　婦人相談員の鈴木は、日頃接触している相談ケースとして、外国人問題、性・性被害に関わる相談などについて挙げている。また、妊産婦からの相談がめだってきていることにも言及している。鈴木文子「婦人相談員として10年」杉本貴代栄、須藤八千代編『私はソーシャルワーカー』学陽書房、2004、91〜93頁
(10)　前掲注（８）13〜14頁
(11)　前掲注（８）13〜14頁
(12)　相談指導員、心理判定員、婦人相談員、電話相談員を含む。なお、直接処遇職員合計542人のうち、常勤職員は222人、非常勤職員は320人である。

表2　婦人相談所（相談部門・一時保護所の職員数）

職員数	相談部門	割合	一時保護所	割合
5人未満	1	2.1%	7	14.9%
5～10人未満	17	36.2%	25	53.2%
10～15人未満	18	38.3%	9	19.1%
15～20人未満	8	17.0%	3	6.4%
20人以上	3	6.4%	3	6.4%
合計	47	100.0%	47	100.0%

出典）表1に同じ　14頁より作成

表3－1　婦人相談所（相談部門）雇用形態別職員配置状況 (2011年4月1日現在)

	所長	相談指導員	心理判定員	医師	事務職員	婦人相談員	電話相談員	その他	合計
常勤	50	145	55	4	138	22	0	39	453
非常勤	0	9	19	25	12	210	82	92	449

出典）厚生労働省雇用均等・児童家庭局資料より作成

談員」「電話相談員」では、非常勤職員数の多さが顕著である。

　一方表3－2にみられるように、一時保護所の職員数においても、「直接処遇職員」[13]では常勤職員数が若干多いが、全体としてみると非常勤職員数が上回っている。なお、「主任指導員」はすべて常勤であるが、「同伴児童担当職員（保育士）」では、すべて非常勤職員である。このように婦人相談所（相談部門・一時保護所）の業務は、非常勤職員によって支えられている。非常勤職員であっても、相談に携わる職員は専門性の高いソーシャルワーカーとして位置づけることが重要である。しかし、近年では、婦人相談員の雇用に年限を設ける「雇い止め」を行う都道府県が多く、相談スキルの蓄積やスーパーバイザーとしての機能が果たせない状況が生まれている。こうした非常勤職を「使い捨てる」ような状況は、組織として援助技術の蓄積を阻み、畢

---

(13)　主任指導員、指導員、保健師、看護師、保育士、心理担当職員、同伴児対応職員を含む。なお、直接処遇職員数373人のうち、常勤職員数203人、非常勤職員数は170人である。

表3－2　一時保護所雇用形態別職員配置状況

(2011年4月1日現在)

	施設長	主任指導員	指導員	保健師・看護師	栄養士	その他	保育士	心理担当職員	調理員	同伴児対応職員		合計
										保育士	その他	
常勤	38	46	119	16	8	52	4	17	27	0	1	328
非常勤	0	0	97	11	5	192	5	28	35	14	15	402

出典）表3－1に同じ

竟、支援内容の向上を阻むものである。

　第3に、同伴児童のケアを行う職員配置の少なさである。近年、DV被害母子の一時保護所への入所が増加している。例えば、2010年度に一時保護された女性は6,357人のところ、同伴家族は5,509人にも上る。そのうち、98％が18歳未満の子どもである[14]。DV被害女性が同伴している子どもは、暴力を目撃、あるいは直接、暴力被害を受けていることもあり、子どもに対するケアが必要とされている[15]。しかし、図1にあるように、一時保護所で同伴児童のケアを行う職員（保育士又は児童指導員）が配置されているのは、47カ所のうち25カ所である[16]。その中で、常勤職員を配置しているのは8カ所（延べ23人）のみであった。非常勤職員を配置しているのは23カ所（延べ36人）、常勤・非常勤共に配置しているのは6カ所にすぎない[17]。もともと同伴児童をケアする職員配置は少ないが、さらに常勤職員配置の少なさが顕著である。一時保護を必要としている女性は、逼迫した生活から逃れ、心身の休養・回復、自らの生活課題の解決・緩和への取り組み、一時保護後の生活設計などで精一杯の状態にある。同伴児童のケアは、母・子の両者にとって重要な支援である。しかし、売防法では、対象者は単身女性が想定されており、同伴児童の一時保護所入所は想定されてこなかった。DV法によって、

---

[14]　厚生労働省雇用均等・児童家庭局調べ
[15]　子ども自身が、障がいを有しているなど、専門的な支援が必要な場合もある。『平成20年度児童関連サービス調査研究事業報告書　婦人保護施設における児童ケアと親支援に関する調査研究』財団法人こども未来財団、2009年3月
[16]　本厚生労働科学研究費調査研究による。
[17]　本厚生労働科学研究費調査研究による。

第1章　婦人保護事業の現在

図1　同伴児童のケアを行う指導員の配置

（複数回答・単位：施設）

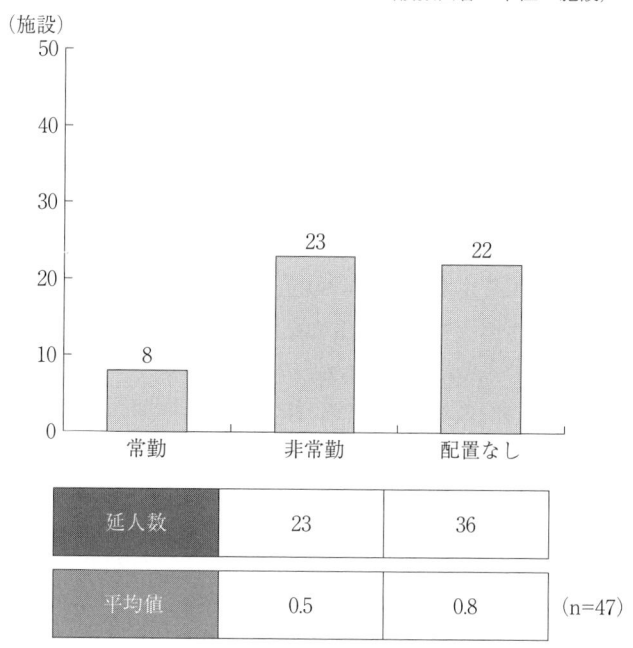

	常勤	非常勤	配置なし
	8	23	22

延人数		23	36
平均値		0.5	0.8

（n=47）

出典）本厚生労働科学研究費調査研究による

　婦人相談所一時保護所および婦人保護施設において暴力被害家族を保護することが可能となったが、保護所において同伴児童を対応する指導員は必置ではなく、基準を満たしている場合「配置することができる」[18]といった位置づけである。その結果は、先に一瞥した通りである。他方で、「お子さんをみるのはお母さん方ですからね」[19]「入所された方が責任をもって子どもを保護していくという形になりますので、私どもが直接子どもさんを一時保護

---

(18) 「婦人相談所一時保護所における配偶者からの暴力被害者等に同伴する児童の対応等を行う指導員の配置について」厚生労働省雇用均等・児童家庭局長発、2007年3月
(19) 『平成21年度児童関連サービス調査研究等事業報告書　婦人保護施設・一時保護所における児童と親のニーズと支援に関する調査研究』財団法人こども未来財団主任研究者：武藤裕子、2010、28頁

するという事ではないと思っています」[20]といった婦人相談所職員の語りに象徴的なように、「子どものケアは母親の責任」といったスタンスも厳然として存在している。子どものケアを婦人相談所の業務に明確に位置づけるとともに、職員に「女性役割、母親役割」観が内在していないか、そうした個人的価値観が支援に影響していないか吟味していくことも大切だと思われる。

（3）相談支援状況 —— 相談件数、相談内容から

そもそも婦人相談所は、どの程度周知され、利用されているのだろうか。婦人相談所利用状況及び相談内容について明らかにしておきたい。

売防法施行直後から、婦人相談所の相談者数は必ずしも高いものではなかった。たとえば、婦人保護事業開始直後である1958年度の相談者数は15,277人、60年度では16,913人であった[21]。婦人保護事業開始当初の対象女性は、売春女性であったが、例えば58年度末までに転廃業した集娼地区の売春女性は46,980人[22]であり、それらと比べると、相談者数の少なさがうかがえる。さらに、図2に明らかなように1985年度から2000年度における相談者数は5万人台から3万人台を推移していたが、01年度に初めて10万人台を超えた。以後、13万人台を増減し、2010年度では133,455人[23]であった。01年度以降の相談者数の増加は、DV法の成立によって、婦人相談所がDV被害者支援に位置づけられ、周知されたことが推察される。

来所相談受付件数をみると、2010年度では、25,450件であったが、1カ所で最も多い相談受付件数は2,783件、最も少ない相談件数は44件、平均541.5件である[24]。相談受付件数について、大きな偏りがみられる。

婦人相談所[25]において受け付けた来所相談の主訴は、図3のようである。なお、データでは、主訴を一つとして把握しているが、例えば、暴力被害と

---

(20) 前掲注(15)167頁
(21) 『社会福祉行政業務報告 昭和35年度』厚生統計協会、84頁
(22) 売春対策審議会編『売春対策の現況』1959、66頁
(23) 厚生労働省雇用均等・児童家庭局調べ
(24) 厚生労働省雇用均等・児童家庭局調べ
(25) ここでは婦人相談所及び、婦人相談所に配置されている婦人相談員が受け付けた来所相談件数を含む。

図2　婦人相談所相談者数

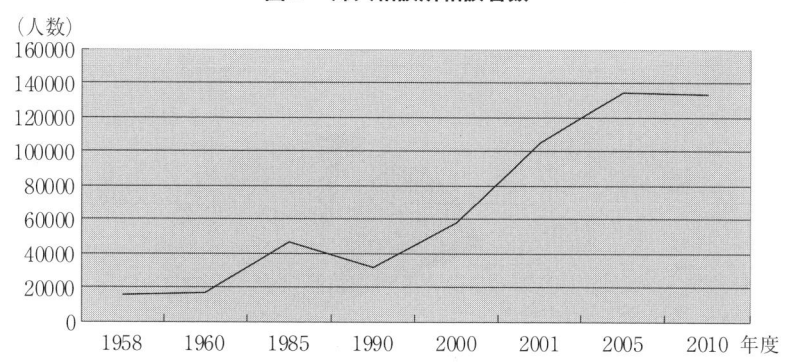

(注)　2010年度には、暴力被害男性37名が含まれている。
出典)　1958年度については、売春対策審議会『売春対策の現況』、厚生統計協会、1960年度については『社会福祉行政業務報告』、厚生統計協会、1960年以降については厚生労働省雇用均等・児童家庭局資料より作成

ともに経済的な問題、住居の問題を有するなど、実際には利用者の抱える問題は複合的である。主訴では「夫等からの暴力」が最も多くおよそ6割である。さらに、「子・親・親族からの暴力」「交際相手等からの暴力」を合わせると65％を超え、相談内容の多くが暴力に関するものとなっている。その他、数値としては、さほど高くないが「暴力以外の家族親族の問題」「住居問題・帰住先なし」「医療関係（精神、妊娠・出産を含む）」、「経済関係」「男女・性の問題」など、多様な相談が寄せられている。「男女・性の問題」のうち、「売春強要」「5条違反」を併せた売春に関わる主訴は、36件（0.1％）である。相談主訴が、暴力に関わる相談で占められているという実態は、「配偶者暴力相談支援センターとしての機能を担う以上、常に加害者からの追及を警戒しなければなりません。DVケース以外の来所相談を受け付けない訳ではないのですが、間口の広い相談の場にすることは難しいのです。」[26]といった言葉にあるように、婦人相談所の「配偶者暴力相談支援センター」（以下、DVセンターと略）化の表れといえよう。婦人相談所は、DVセンター機能を有したことで、2枚看板－婦人相談所とDVセンター－を掲げたが、DVに関

---

[26]　「婦人保護事業の原点と現点」（第7回）福祉新聞2006年7月3日付

第2部　女性支援のジレンマ

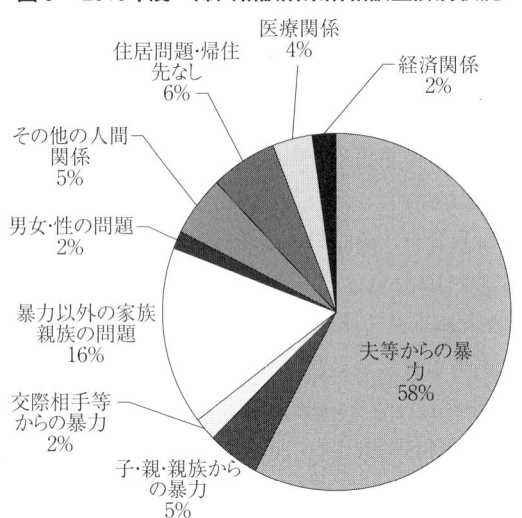

図3　2010年度　婦人相談所来所相談主訴別状況

- 医療関係 4%
- 住居問題・帰住先なし 6%
- 経済関係 2%
- その他の人間関係 5%
- 男女・性の問題 2%
- 暴力以外の家族親族の問題 16%
- 交際相手等からの暴力 2%
- 子・親・親族からの暴力 5%
- 夫等からの暴力 58%

（注）　婦人相談所及び婦人相談所配置の婦人相談員が受け付けた件数を含む
出典）厚生労働省雇用均等・児童家庭局調べ

わる相談の割合が多くを占め、実態的に看板は1枚にみえる。さらに、「売防関係がなくなったということではないが、公的な相談に表れない、数字に表れなくなった」[27]という職員の語りがあるように、婦人相談所の統計からは、買売春は見えにくくなっている。しかし、婦人保護事業の現場に、買売春に関わる女性がいなくなった訳ではない。これらについては、再度、婦人保護施設の項で触れたい。相談主訴状況からも、婦人相談所のDVセンター化という「ねじれ構造」がみてとれる。

3　婦人相談所一時保護所の現状

（1）一時保護所の現状と課題

　婦人相談所における一時保護は、様々なニーズを抱え、追い詰められた女性たちに、安全な場所の提供、生活再建への支援などのために行われるが、

---

(27)　前掲注（7）54頁

その一方で、一時保護の目的には、売防法に基づく「更生指導」がある。売防法に基づく限り、婦人相談所の一時保護は、利用者の行動や考え方を修正しようとする「更生指導」といった目的から逃れられない。以下、「福祉的支援」と「更生指導」の狭間にある、一時保護所の運営状況について本厚生労働科学研究費調査を中心にみていきたい。なお、以下の括弧内は調査における自由記述である。

一時保護所における運営体制や支援のあり方の課題は、主として以下のような7点が挙げられる。第1に、定員数の地域格差がある。最も少ない保護所の定員数は5人、最大定員数は47人であり、その差は非常に大きい。さらに図4からみると、定員［10人～14人］規模の施設が16カ所と最も多く、比較的、規模の小さな一時保護所が多いことがうかがえる。

第2に、一時保護所の構造的な問題がある。例えば、「相談を受けるところと一時保護所が併設のため、相談窓口の周知と秘匿性のかねあい」の難しさや、「個室でないため、DV被害者と他の何らかの暴力被害者、様々な主訴の人が同室して」おり、利用者に十分な配慮が難しいといった構造的な問題である。実際、居室については、図5にあるように、47カ所の保護所のうち、［母子用個室］を設置しているのは28カ所、［単身用個室］を設置している施設は18カ所であり、個室化はさほど進んでいない。

第3に、一時保護所の利用制限がある。具体的には、年齢制限、疾病や障害による制限、妊娠や出産による制限などがある（図6、7）。女性に対する年齢制限には「18歳未満の場合は、基本的に児童相談所」対応、「65歳からは高齢者対応」といった、年齢別の制度・施策の振り分けによる。これらは、ニーズに応じた支援機関の選択というより、縦割り行政的な「他法他施策」優先策といえよう。一方で、同伴児童の年齢制限がある。保護所は共有スペースも多く、男児の場合、「就学前」「小学校低学年」「中学生まで」など、発達の度合いによって利用制限がみられる。女児の場合は、年齢制限がない保護所が多いが、「就学前まで」といった制限もある。また、「新生児は保育設備がなく、人的対応ができないため難しい」といった、物理的、人員不足を背景とした制限もみられた。

疾病や障がいを有している利用者についての制限もある。［車いすを使用

図4　一時保護所定員数（2010年度）

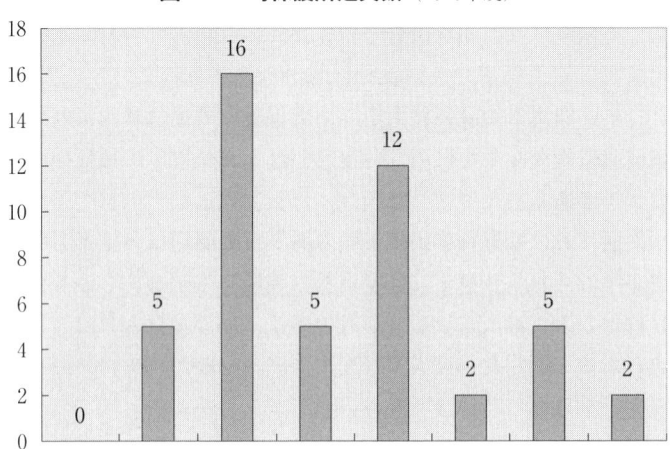

定員	施設数
4人以下	0
5〜9人	5
10〜14人	16
15〜19人	5
20〜24人	12
25〜29人	2
30人以上	5
不明	2

図5　居室構成（複数回答・単位：施設）

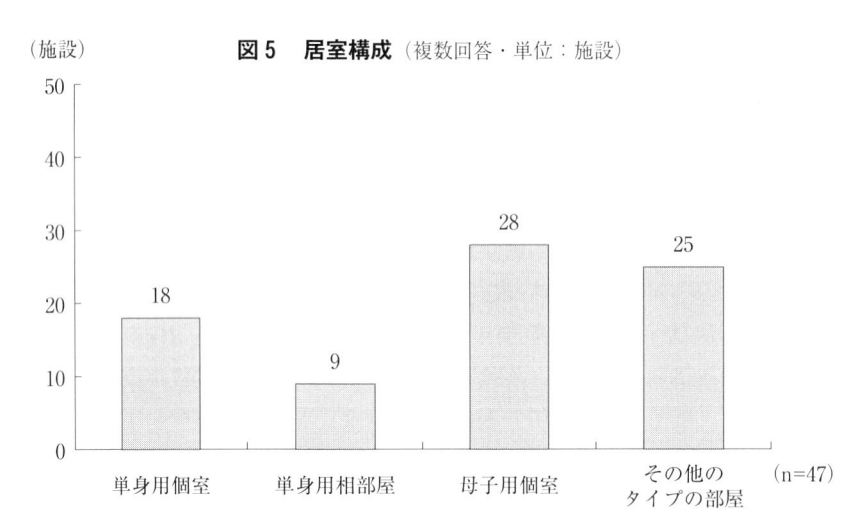

タイプ	施設数
単身用個室	18
単身用相部屋	9
母子用個室	28
その他のタイプの部屋	25

(n=47)

している利用者］について［受け入れは難しい］という保護所は、約6割（27カ所）であった（図7）。車いすであっても受け入れが可能な条件としては、［自立生活が単独でできる］というものであった。加えて、［精神疾患（またはその疑い）・知的障がい（またはその疑い）のある利用者］の受け入れにつ

図6　本人の年齢制限（単位：施設）

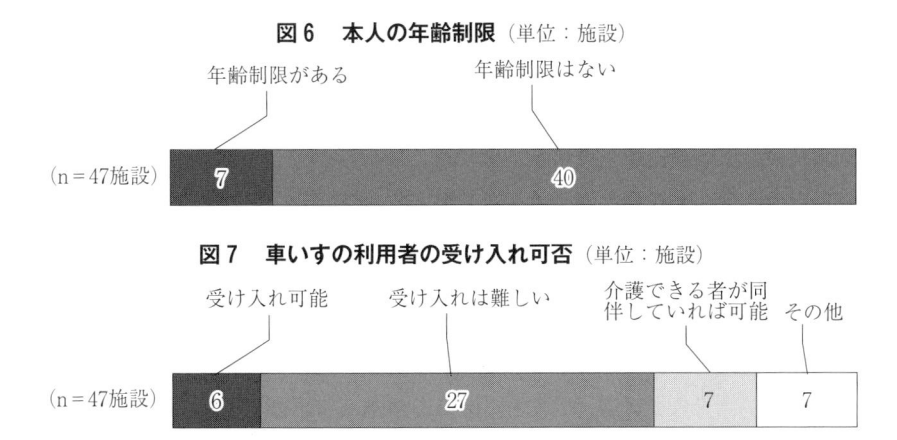

（n＝47施設）　年齢制限がある 7　年齢制限はない 40

図7　車いすの利用者の受け入れ可否（単位：施設）

（n＝47施設）　受け入れ可能 6　受け入れは難しい 27　介護できる者が同伴していれば可能 7　その他 7

　いても、［集団生活が可能である］［身辺処理の自立］を、利用条件としている保護所が多い。また、両障がいとも、「障がい者施策の対応を優先」といった保護所もある。これもまた、「他法他施策優先」によるものといえよう。障がい女性は、障がい者差別とともに、性暴力被害など、女性というセクシュアリティゆえの困難に直面しやすい（第1部第4章第3節参照）。「男女共同参画基本計画」や「配偶者からの暴力の防止及び被害者の保護のための施策に関する基本的方針」では、障がいのある人々へのサービス整備や、物理的な障壁、制度的な障壁の排除を求めている。障がいが一時保護の障壁とならないような制度的・人的・物理的整備が必要といえよう。

　さらに、妊産婦の受け入れについても制限がみられた。「出産前」の受け入れについてみると、「妊娠8カ月未満まで」「妊娠9カ月まで」など、妊娠月数についての制限とともに、「受診していること」や「人手を借りず日常生活を送ることができる身体条件」などの条件もみられる。「出産後」については、「医療的ケアが必要ない」「身辺自立ができていること」を条件として挙げている保護所もある。また、「本人が責任を持って子の養育（世話）をすること」といった条件もある。妊娠・出産についての支援は、女性支援にとってきわめて重要であり、婦人保護事業においての重要な支援であるが、実際には、利用困難な状況が幾重にも存在している。

　第4に、DV被害者と他の理由による利用者を同じ一時保護所で支援して

いるため、それぞれに対応した支援実施の難しさがある。一例を挙げれば、「一時保護する対象はDV被害者が多く、安全確保の面で、他の理由で入所している者の行動制約がある」。DV被害者に対する安全確保のための外出制限が、入所中の規則として全ての女性に適応されてしまう。それらは、DV被害者を基準としたルールであり、DV以外のニーズをかかえる女性たちにとっては、不必要な行動制限を強いられることとなる。

　第5に、多様な課題を有する利用者への支援方法についてである。その一つには、精神疾患や障がいのある女性に対する支援の困難がある。例えば「精神疾患を抱えている方が多いが、専門の職員が配置されていないため、ケース処遇に不十分な点がある」「障がいや疾病があり、服薬管理を要する女性や、乳幼児を同伴する養育能力の低い女性が急増しており、対応に苦慮している」という。多様なニーズを有する女性たちへの支援方法について、組織として体制整備し、共有する必要がある。

　第6に、人員不足や配置の不備についてである。人員不足や適切な職員配置の困難が「きめ細やかなケースワークや見守りが困難」、「支援が行き届かない」といった状況を生じさせている。上述した、同伴児の利用制限の要因の一つに、こうした人員不足が挙げられていた。職員不足が、支援の内容を規定しており、切実な課題である。

　第7に、入所中のプログラムの未整備である。現在、「入所期間が長期化する場合、同伴児の学習保障やケアが十分にできていない。また、利用者のケアの充実のためのプログラムが未整備である」という。多くの場合、利用者及び、同伴児童両者に対するプログラムともに未整備である。同伴児童については、入所中は通学が制限されることが多いため、特に学習支援は重要な課題である。しかし、図8にみられるように、学習支援プログラムを実施している保護所は、全国47カ所のうち27カ所であった。支援内容としては、「ドリル」や「プリント」などを使用するものが多く、専門的な体制作りが必須である。一方で、小学校区から専任の教諭が派遣される「訪問教育担当教諭」による、「学年及び学習進度に応じた個別学習」を実施するといった新たな試みを行っている保護所もあった。学習支援のあり方も、地域による差が大きい。さらに、未就学児を対象としたプログラムを実施している保護

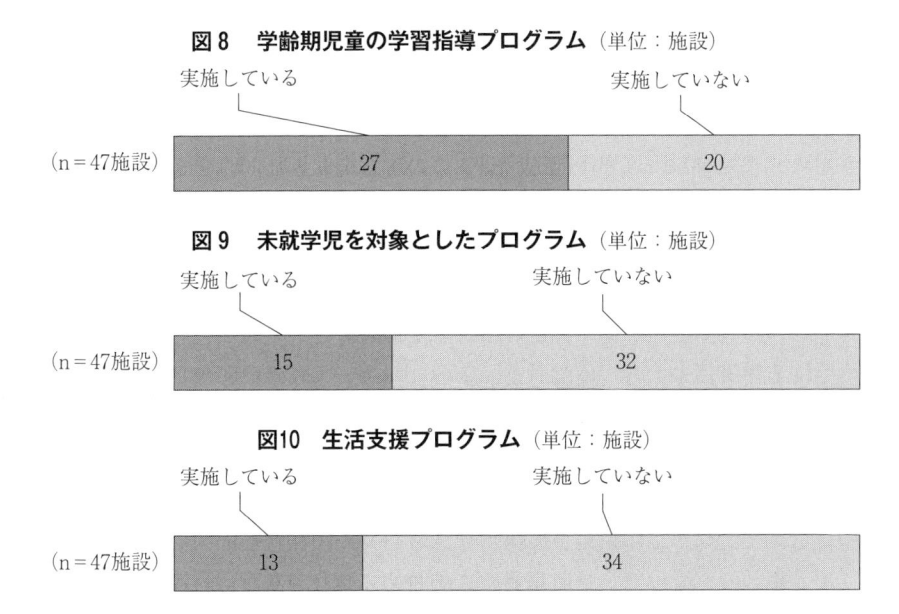

図8　学齢期児童の学習指導プログラム（単位：施設）

(n＝47施設)　実施している 27 ／ 実施していない 20

図9　未就学児を対象としたプログラム（単位：施設）

(n＝47施設)　実施している 15 ／ 実施していない 32

図10　生活支援プログラム（単位：施設）

(n＝47施設)　実施している 13 ／ 実施していない 34

所は、15カ所と少ない（図9）。子どもにとっては、それまでと環境の異なる集団生活、自由な外出もままならない生活である。未就学児に対してもプログラム整備は重要といえよう。

　利用者に対する生活支援プログラムを実施しているのは、47カ所の保護所のうち、13カ所に過ぎず（図10）、プログラムの整備を促進することは今後の課題である。

　ここで挙げた課題は、ほんの一部であり、保護所の課題をすべて網羅しているわけではない。しかし、保護所の定員数、利用条件、提供される支援など、地域間格差は幾重にも生じている。格差は、施設規模、構造といった物理的レベル、サービス内容といった支援レベル、など多岐にわたる。格差の解消に向けて、ナショナル・スタンダードの観点から、一定水準の一時保護のあり方を検討していくことが求められる。

4　婦人保護施設の現在

　婦人保護事業開始直後から、言及されている課題の多く ── 婦人保護施設

の空室化、利用者における「本来ケース」の少なさ、障がい女性の入所の多さなど——は、未だ存在している。他方で、DV法施行以後、婦人保護施設はDV被害者支援に位置づけられ、施設をとりまく状況には、大きな変容がもたらされている。以下、婦人保護施設の現在をとらえていきたい。

（1）婦人保護施設の概況

2012年4月1日現在、全国には49カ所の婦人保護施設がある。売防法の規定では、婦人保護施設は、都道府県に任意設置とされており、施設を持たない県は8カ所にも上る。施設がない場合、社会資源の選択肢が限られ、一時保護後の生活再建策が限られることにもつながる。

婦人保護施設の設置経営主体別状況[28]は、公設公営施設（22カ所44.9％）、公設民営施設（9カ所18.4％）、民設民営施設（18カ所36.7％）といった3種類に分類できる。さらに、施設形態には、①婦人保護施設単独（21カ所）、②婦人相談所相談部門・一時保護部門と併設、（21カ所）、③一時保護所と併設（7カ所）といった3種類がある。これを設置経営主体でみると、①の7割は民設民営であり、②では9割が公設公営、③では、公設公営が4割、公設民営、民設民営が、それぞれ約3割であった[29]。施設形態と設置経営主体状況は大きく関連しており、婦人保護施設の実態を理解するためには、設置経営主体別にみていくことが不可欠である。特に、②婦人相談所相談部門・一時保護部門と併設、③一時保護所と併設では、「一時保護はずっと満室に近い状態ですから、婦人保護の長期の施設を一時保護用に使わざるを得ない状況になっています。どうしても緊急なDV被害者の方を優先しますので、婦人保護の定員を丸々一時保護用に使っている」[30]といった語りにみられるように、実態として婦人保護施設を一時保護所として利用している所もある。

---

[28] 婦人保護施設における公とは、地方公共団体であり、民とは、社会福祉法人を指している。

[29] ①の単独型では、民設民営施設が7割（16カ所）、②の人相談所相談部門・一時保護部門との併設では、公設公営施設が9割（19カ所）である。③では、公設公営3カ所、公設民営・民設民営が2カ所ずつであった。厚生労働省雇用均等・児童家庭局調べによる

[30] 前掲注(15)

このように婦人保護施設の実際は、設置経営主体によって大きく異なっており、今や「婦人保護施設」として一括りに把握することは困難となっている。しかし、本稿では、特に②③の相違について分析はできていない。そのため、②③を合わせて一時保護併設施設と表記している。

（2）婦人保護施設数・定員数・充足率の状況

前述したが婦人保護事業開始直後から、現在につながるような婦人保護施設の課題は浮かび上がっていた。その一つが、婦人保護施設の在所率の低さである。売防法が完全施行された1958年度末の婦人保護施設数は62カ所、定員数2,450人のところ、在所者数は1,150人であり、在所率は46％であった[31]。このように事業開始当初から、施設の充足率は高いものではなかったが、その後、さらに、減少の一途をたどっている。以下、施設数・定員数とともに確認しておきたい（図11）。施設数は、1960年の65カ所をピークに徐々に減少し、2011年度では49カ所に過ぎない。婦人保護施設は、社会福祉施設として非常に規模の小さな領域となっている。定員数についても、1965年の2,485人から、2011年には1,379人に減少しており、定員規模の縮小が続いている。同様に、在所率の減少も顕著である。1959年10月1日現在の在所率は57.6％、最高を見せたのは1960年の59.6％であり、もともとさほど高い割合ではなかったが、1980年には43％にまでおちこみ、2011年では30.2％となっている[32]。このように施設数・定員数・在所率とともに、年々減少傾向にある。DV法施行以後も、こうした傾向に歯止めがかかっていない。後述するようにDV被害者の入所割合は増加しているが、総数としては、利用者数は減少傾向を見せている。そこからは、DV以外の課題を抱える女性の入所が困難となっていることが、推察される。実際、「狭義のDV被害者（加害者が夫・内夫のみ）以外は、かなり入所困難となっています。このことによって、従来、婦人保護施設に入所できていた女性たちが辿り着きにくくなって」[33]い

---

(31) 前掲注(22)82〜83頁
(32) 1959年については、前掲注(31)、1960年については『婦人の保護』1960年12・1月合併号53頁、1980年は『社会福祉行政業務報告』、2011年については厚生労働省雇用均等・児童家庭局調べ

第 2 部　女性支援のジレンマ

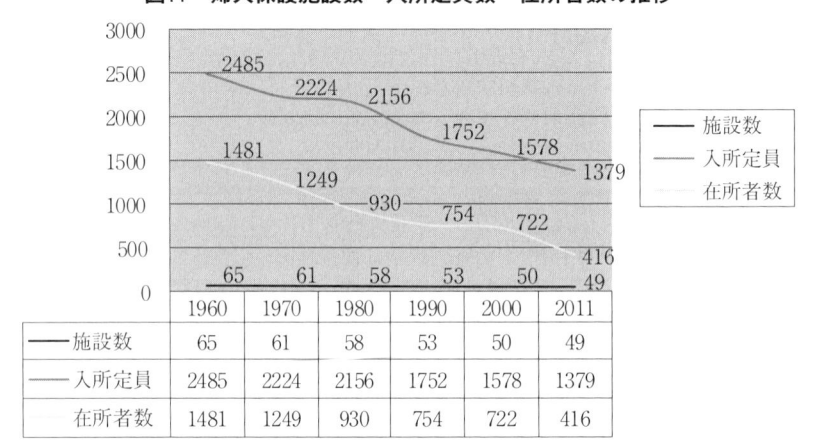

図11　婦人保護施設数・入所定員数・在所者数の推移

	1960	1970	1980	1990	2000	2011
施設数	65	61	58	53	50	49
入所定員	2485	2224	2156	1752	1578	1379
在所者数	1481	1249	930	754	722	416

(注)　1960年、70年の在所人員は12月31日現在、80年、90年、2000年については10月1日現在、2011年については年間平均入所者数である。
出典) 2000年までは『社会福祉施設調査報告』各年度、2011年については厚生労働省雇用均等・児童家庭局資料より作成

るという現場の声がある。

　このような、婦人保護施設の在所状況をさらに検討すると、2つの点が明らかになる。第1には、経営主体別の相違である。経営主体別に充足率をみると、2011年度では民営施設の充足率39.3％に対して、公営施設の充足率は5.9％に過ぎず、その差はあまりにも大きく、公営施設の充足率の低さは際立っている[34]。こうした格差の検討は、婦人保護施設入所者の減少とともに検討課題である。

　第2には、在所者の地域格差が大きいことである。2011年度、最も高い在所率は千葉県、次いで神奈川県、東京都である[35]。さらに、施設を設置している都道府県で、在所者数が10人以下の都道府県は、30カ所にも上ってい

---

(33)　湯浅範子「婦人相談の現場に戻って　DV法と婦人保護事業のこのごろ」婦人新報1237号、日本キリスト教婦人矯風会、2003、12〜13頁
(34)　『社会福祉施設等調査』2011年度より算出。ただし、ここでは、定員・在所者数を調査していない施設は除外されており、対象施設数は45カ所である。
(35)　前掲注(34)、なお在所率は、以下の通りである。千葉県73.1％、神奈川県52.9％、東京都49.6％。

る。在所者が0人の県もある。このように在所状況には、地域ごとの差が生じているが、それは施設の経営主体にも関連している。というのは、在所者が10人以下の施設の内、19カ所は公設公営施設である。地域性とともに設置経営主体のありようが、在所率に大きな影響を及ぼしていることがうかがえる。このような状況は、婦人保護施設の危機といえる。在所率の低さは、婦人保護施設の必要性や意義を損なうものではないが、かつて第2次臨時行政調査会による行政改革で婦人保護事業が国庫補助金の削減対象に上げられたように、「施設不要論」と直結する危険性をはらんでいる。在所率の低さについて、その理由や今後の方向性を含めた検証を行うことは喫緊の課題である。

(3) 利用者の状況
① 入所理由から

次に、利用者の状況について概観してみたい。2010年度の婦人保護施設利用者の入所理由は、図12のようである。ここでは入所理由は、一つが選択されているが、実際にはさまざまな要因が絡み合い、問題は複合的である。最も多数を占めているのは「夫等からの暴力」であり、婦人相談所において明らかになったような、利用者におけるDV被害者の増加は、婦人保護施設においても目立っている。次いで「帰住先なし・住居問題」、「医療関係」と続く。これらの理由からは、行き場のない、きわめて切迫した状況に置かれた女性たちの姿が浮かび上がる。なお、東京5カ所の婦人保護施設が実施した実態調査（以下、「実態調査」と略）では、「帰住先なし」（調査報告書では、「居所なし」と表記）の背景には、「様々な要因が含まれ」、サラ金問題とのかかわりや、「ADLの問題ばかりではなく、暮らし作りができない状況」があることを指摘している[36]。「帰住先なし」（居所なし）の背景には、多様な生活困難がある。また、「医療関係」についても、同資料から補足しておきたい。2009年度の通院状況をみると、利用者数247名のうち、内科（56.3％）の受診率が最も高いが、精神科の受診率（47.0％）も高い受診となっている[37]。

---

(36) 社会福祉法人東京都社会福祉協議会婦人保護部会編『女性福祉の砦から』2008、21頁

図12　2010年度婦人保護施設入所時における主訴別内訳

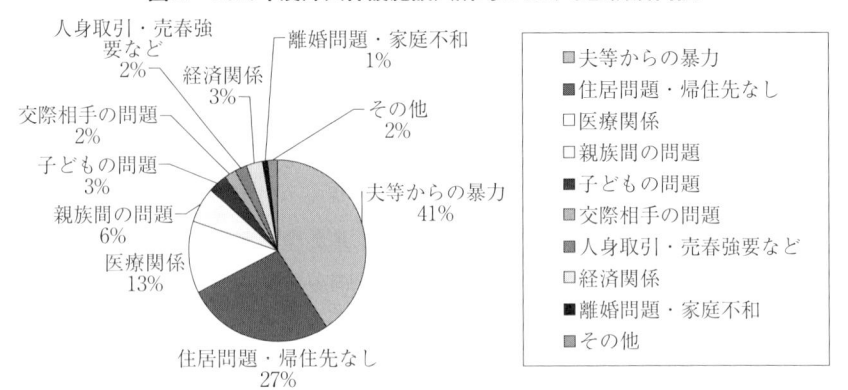

凡例:
- 夫等からの暴力 41%
- 住居問題・帰住先なし 27%
- 医療関係 13%
- 親族間の問題 6%
- 子どもの問題 3%
- 交際相手の問題 2%
- 人身取引・売春強要など 2%
- 経済関係 3%
- 離婚問題・家庭不和 1%
- その他 2%

出典）厚生労働省雇用均等・児童家庭局調べ

　さらに、通院・服薬が必要であった者の割合は9割を超え、通院付き添い回数は、延べ839回にも上っている[38]。こうした付き添い回数の多さについては、「知的障がい（理解力の乏しさ）、精神的不安定、重篤な疾病（生活習慣病を含む）、外国人など、個別支援」[39]が必要な利用者の増加を挙げている。今や婦人保護施設には、「医療関係」の主訴に対する生活支援が必要となっている。

　再度、図12から入所理由をみると、「人身取引、売春強要など」は2.2%となっている。皮相的には、非常に低い数値にみえる。しかし、前述の「実態調査」によれば、利用者のうち3割が、風俗営業や街娼型、ホームレス売春など、何らかの形態による売春[40]経験者であった[41]。実態調査では、売春経験は「安心できる施設環境の中で信頼関係が構築された後に、聞き取りか

---

(37)　『婦人保護施設 実態調査報告書 2008年度・2009年度』東京都社会福祉協議会　婦人保護部会　調査研究委員会、38頁。2009年度利用者計247人のうち、内科通院者139人、精神科116人であった。
(38)　前掲注(37)38頁
(39)　前掲注(37)39頁
(40)　なお、前掲注(37)15頁では、あえて「売春」ではなく、「性売」という言葉を造語し、使用している。
(41)　前掲注(37)14頁

ら把握」したものであり、「表面化していないものも存在している」ことを指摘している(42)。多くの場合、買売春経験は、表だって語られることはなく、心の中に封印されている。婦人保護事業の公的な統計等では、売春を主訴とする「本来の利用者」は見えなくなっているが、女性たちの生活困難の背景には、買売春問題が潜在していることが推察できる。

こうしてみると、確かに女性たちの施設入所の理由は、「夫等からの暴力」が最多となっている。しかし、利用者が抱える困難は、家族に関わる問題、住居に関する問題、セクシュアリティに関わる問題、経済に関わる問題、医療に関わる問題など多様で複合的であり、DVに特化されない、多様な支援の提供が必要とされている。

② 在所期間

婦人保護施設における利用者の在所期間は、入所者の6割が「6カ月未満」であり、その中でも「1カ月未満」の者が3割を超え、短期化の傾向が強くなっている(43)。在所期間は経営主体別に特徴があり、特に公設公営施設は、短期傾向にあるというデータがある(44)。一方で、10年以上を超える長期入所者もおり、「精神障がいや病気により入退院を繰り返しており、安定するまでに長期（10年以上）を要し、入所した時の年齢が比較的高く（40代後半以上）、就労困難で老人ホームへの移管には早すぎる」(45)といった存在も見逃してはならない。長期が予想される利用者に対しては、継続的で丁寧な日常生活支援が必要であり、それらは主として民営施設によって担われているといえよう。

---

(42) 前掲注(37)31頁
(43) 2011年度婦人保護施設の入所者の在所期間は、「1月未満」35.8％、「2月未満」9.9％、「3月未満」5.3％、「6月未満」10.8％、「6月以上1年未満」9.7％、「1年以上3年未満」15.7％、「3年以上5年未満」2.6％、「5年以上10年未満」2.5％、「10年以上20年以上」2.5％、「20年以上」5.2％である。厚生労働省雇用均等・児童家庭局調べ
(44) 拙稿「婦人保護施設の現実」林千代編著『「婦人保護事業」50年』ドメス出版、2008、147〜148頁
(45) 前掲注(37)17頁

(4) 支援の諸相
① DV法以後の支援提供の難しさ

　婦人保護施設の基本方針は、「健全な環境のもと」で、「社会において自立した生活を送るための支援を含め、適切な処遇を行うよう」[46]努めるものとされている。具体的な支援としては「就労及び生活に関する指導及び援助」[47]を行うとされている。多くの婦人保護施設では、就労支援、生活支援をはじめ、退所に向けた支援など、様々な支援を提供している。しかし近年、特に一時保護所併設施設においては、就労支援や生活支援などの提供が難しくなっていることが指摘されている。一時保護所併設施設の職員からは、DV法施行以前には、施設において作業的なプログラムや、施設外就労、地域との交流などがあったが、「今はそんな事は絶対に認められません。(略)DV被害者に照準を合わせるとそうせざるを得ないという事で、そういう所に婦人保護施設の利用者を入所させてもほとんど効果的な支援ができないのが実態」[48]と述べられていた。また、「一時保護から来る(入所する)方が主ですから、短い期間でみなさんの生活支援という事はまだまだ」[49]、「1年なり2年の長期プログラムの中で、最初から生活の立て直しを図る必要のある人については、手がつけられない」[50]といった語りもある。このように、一時保護所併設施設、特に公営施設では「一時保護中心施設」化している所が少なくない。そこには、「一時保護に対応しながら本入所の就労を支援する人的・物理的環境にない」[51]など、「本入所」＝「婦人保護施設入所者」を支援する環境にないという状況がある。就労だけでなく、生活支援もまた、同様である。現状の一時保護所併設施設のあり方は、本来の婦人保護施設としての機能を阻んでいる。

---

(46)　「婦人保護施設の設備及び運営に関する基準」第2条
(47)　前掲注(46)第12条
(48)　前掲注(15)164頁
(49)　前掲注(19)27頁
(50)　2005年8月、9月に実施した婦人相談所職員(婦人保護施設併設)インタビューによる。
(51)　前掲注(26)

第1章　婦人保護事業の現在

②　利用者が求める支援

　最後に、利用者が求めている支援について触れておきたい。施設利用者が直接回答したアンケート調査[52]では、現在受けている支援として、「食事・清掃など」「買い物支援」「本人の通院付き添い」などの生活支援、「離婚調停・裁判の支援」「相談機関への同行」などの課題解決、生活再建に向けた「生活保護受給支援」などが挙げられていた。

　一方で、女性たちが求めているが、さほど実施されていない支援としては、「日中の保育」「夜間保育」「土日祝日の保育」がある。例えば、自由記述欄には、「日中、子どもの面倒をみるだけでおわってしまい、クタクタです。それに加えて、書類書きなど全く時間がとれず、寝る時間をけずって、作業をやらなくてはいけないため、保育をしてくれる（ついている）施設を望んでいます」[53]といった切実な内容が記されていた。また、「子どもの通学通園支援」「子どもの心のケア」といった子どもに対する支援も望まれている。

　アンケートでは、施設生活において「安心できる」「衣食住が守られている」「仕事、家事に追われる時間がなくなったため、子どもと接する時間が充実している」「施設職員が私たちの被害をすべて受け入れてくれ、理解しているようなので落ち着ける」など満足している点も回答されているが[54]、ここでは改善要望に着目し、さらに自由記述から紹介しておきたい[55]。「冬のお湯が使える時間が制限されている事。手洗や洗い物で手がひびわれ、大人はいいけど子どもには手洗いの時は改善して欲しい。（略）飲料水もお茶しかない」「テレビが22時でみれなくなる（略）少しでも気を紛らわすのにテレビを見て笑ったりしたいのに（略）」「消灯時間を10時→11時」「買い物、散歩等の時間をながくしてほしい」など、自由の制限に対する改善が求めら

---

(52)　調査の概要は以下の通りである。2009年8月、全国の婦人保護施設、及び婦人相談所のうち、利用者に対してアンケートが配布可能と回答された13施設にアンケート用紙を郵送した。アンケート用紙には説明文を付け、封筒も同封し、利用者個人が返送できるようにした。有効回答者31名、回収率は19.5％となった。詳細は、前掲注(19)参照のこと。
(53)　前掲注(19)81頁
(54)　前掲注(19)79～81頁
(55)　前掲注(19)81～82頁

れていた。また、「プライベートな時間が少ない為その時間が欲しい」といった極めて基本的な生活への要求がある。施設という集団生活であっても、可能な限り QOL を配慮した生活の場を提供することは必要である。こうした「制限」の背景には、旧態依然とした社会福祉施設におけるパターナリズムや劣等処遇観とともに、売防法に基づく「保護更生」「更生指導」に則った運営方針、処遇観が垣間見られるのではないだろうか。

5　まとめにかえて

　以上みてきたように、本章では、入所機能を有する婦人相談所及び婦人保護施設に限定し、婦人保護事業の現状の一端を概観してきた。婦人保護事業は、様々な課題を有しているが、そこから浮かび上がるのは、格差の重層化である。こうした格差は、DV 法によって加速している。婦人相談所においても婦人保護施設においても、「保護更生」と「福祉事業」といった両価値という理念の下、制度の不備、物理的・人的制約の中で、職員は、より良い支援を目指し奮闘している。例えば、緊急対応として始められた子どもの受け入れは、今や常態化している。しかし、制度も運用も、実態に追いついていない。そうした中で、「（親と子どもに）一緒に対応せざるを得ないですよね」[56]といった語りにあるように、職員の熱意や努力によって、支援は提供されている。言い換えれば、そこにもまた、「任意の熱意や努力によって提供される支援」といった格差が存在してしまう。支援の公平性を担保するナショナル・スタンダードといった観点から、婦人保護事業のシステムを再構築することは、大きな課題である。そのためには、DV 法を婦人保護事業の「追い風」とするだけでなく、婦人保護事業そのものの専門性はどうあるべきか、「保護更生」から脱却した新たな理念、ビジョンを描いていくことが、何より不可欠である。そうした地平が描けてこそ、DV 被害を始めとした多様なニーズをかかえた女性たちを支援する、新たな婦人保護事業の構築となろう。

---

(56)　前掲注(15)168頁

第1章　婦人保護事業の現在

【参考資料】　婦人相談所運営指針の項目（素案）

Ⅰ　婦人相談所の役割と機能
　1　婦人相談所の役割と機能
　2　婦人相談所の業務
　　　相談業務（アセスメント）
　　　判定業務
　　　緊急対応（緊急保護）
　　　一時保護・一時保護委託
　　　他機関との調整・連携
　　　婦人保護施設入所措置・措置解除
　　　法的手続き支援
　　　保護命令支援
　　　啓発活動
　3　婦人相談所の支援方法
　　（1）相談業務
　　　　多様な相談への対応
　　　　ソーシャルワークの展開（インテーク、アセスメント、プランニング等）
　　　　相談の方法（面接、電話）
　　　　心理的支援（カウンセリング）
　　（2）記録とケース管理
　4　各職員の職務内容
　5　職員の資質向上（資格、研修）
Ⅱ　権利擁護
　　　利用者からの意見や苦情を受け付ける環境の整備
　　　苦情解決の仕組み
Ⅲ　アセスメントによるニーズ把握
　1　アセスメントの目的
　2　面接の目的と方法
　3　アセスメントの実際
　　　　エコマップ・ジェノグラム、アセスメントシートの活用によるニーズ把握
　4　医学的、心理的、職能的判定
　5　プランニングシートの活用
Ⅳ　一時保護
　1　一時保護の目的
　2　アセスメントによる一時保護の要否判定

3　緊急保護
4　一時保護入所の手続き
5　一時保護所の運営
　　　女性（同伴児童）に対する日常生活支援の提供
　　　　　入所時の利用者への説明（一時保護の目的、日課、生活等）、安全確保、健康診断、服薬管理、医療ケア、学習支援
　　　アセスメントによるニーズ把握と支援計画（プランニング）による支援方針の策定
　　　一時保護所中の女性に対する支援プログラムの策定
　　　　　DV被害女性に対する支援
　　　　　障がい女性に対する支援
　　　　　妊産婦に対する支援
　　　　　外国人女性に対する支援
　　　　　人身取引被害女性に対する支援
　　　　　性暴力被害女性に対する支援
　　　　　セクシュアル・マイノリティに対する支援　　　等
　　　一時保護中の同伴児童に対するプログラム
　　　　　学習支援、精神的ケア　等
　　　医療的ケア・心理的ケア
　　　法的手続き・法的支援
　　　経済的支援、退所後の居所確保に関する支援
　　　権利擁護
　　　　　利用者からの意見や苦情を受け付ける環境の整備
　　　　　苦情解決の仕組み
6　一時保護委託
7　一時保護退所後のアフターケア
8　記録とケース管理
Ⅴ　他機関との調整・連携
Ⅵ　婦人保護施設への入所措置・措置解除
Ⅶ　啓発活動
評価のあり方：第三者評価、運営協議会等による評価

（堀千鶴子作成）

【コラム3】 婦人保護施設の女性たち ── 生きる権利の回復へ

「お母さんが殴る。こわい！ 頭の中で今でも怒鳴る声がする。姿が浮かぶ。なんで私ばかりがいじめられたのだろう」「夜になるとお父さんが自分を誘う。お風呂の中にも入ってくる。こわい！ お母さんは気づいているのに、助けてくれなかった」最も信頼すべき両親から虐待や性暴力を受けてきた女性たちの声である。今、婦人保護施設を利用している女性たちの80％近い人が暴力（性暴力）被害を受けている。しかも、逃げ場がなくそこにいるしかなかった子ども時代に被害を受けていたことが多い。やりきれない怒りを覚える。被害を受けた心の傷は大人になっても癒えない。今でも恐怖感に襲われるのだ。その恐怖は底のないどろ沼のように深く、回復には限りなく豊かであたたかい愛と信頼と時間と自分を取り戻す環境が必要なのだ。

婦人保護施設は1956年に制定された「売春防止法」と2001年に制定された「配偶者からの暴力の防止及び被害者の保護に関する法律」＝DV防止法を根拠法にしている。2004年には人身取引行動計画により被害者の保護の機能が課せられた。「売春防止法」に位置づけられている婦人保護事業は日本でただ一つ女性を支援している事業である。売防法の婦人保護事業の対象になっていた女性たちと今、支援を必要としている女性たちの現状には大きな乖離があるように思える。これは57年間変わっていない「売春防止法」の限界ともいえる。「売春防止法」は売春した女性と売春業者への刑事処分を規定する刑事特別法である。しかも、女性のみが罰せられる片罰法でもある。支援を必要としている女性たちがこの法律によって明らかに社会的な差別を受けているのである。一つの例を挙げよう。「あそこは売春婦が住んでいるんですって。そんな人たちが作った作品なんか汚くて買えないわ」これは、数年前に施設利用者の作品が地域住民から非難された実態である。同じ女性でありながら差別を受けなければならない社会的な疎外感は、法律そのものにあるように思えてならない。貧困な成育歴、未成熟な養育、居場所のない劣悪な家庭環境、知的・精神的な障害を抱えた生きづらさが個人の問題であろうか？まさに社会が支援すべき対象者なのである。

「父親が誰だかわからない子どもを産んだ私は、母親としての資格はないよね」「売春で生きてきたことは情けないけれど、仕方がなかった。汚い身体だよね」「売春は好きでやったんじゃない。お金が欲しかった。殴られたり脅されたり、怖かった。でも、いるしかなかった」自らの身体を売買して生きてきた女性たちの声である。今、「ここに来てよかった」そう話す女性は、「やっと自分に戻れた気がする」「社会で生きてゆくリズムが取れるようになり、自信がついた」という。「場所があり、人がいて、相談ができて、ゆっくりと自分らしい生き方と出会え、ぽっと灯りがついた気がする」と話していた。婦人保護施設で、当たり前のことが奪われてきた人生を取り戻し始めている。

どの女性にも女性として生きる権利が保障される法律を心から望みたい。新たな法律は早急に整備されるものであってほしい。

（横田千代子：婦人保護施設いずみ寮施設長）

第2章

自治体の支援モデルと可能性

戒能民江

1 地方自治体の男女共同参画行政と女性支援

　1999年制定の「男女共同参画社会基本法」(以下、基本法)は、国および地方自治体(地方公共団体)の男女共同参画政策の理念及び政策枠組みを提示した。地方自治体に男女共同参画政策推進の法的根拠が初めて付与されたことになる(9条)[1]。同法によれば、地方自治体は、国の施策に準じた施策および地方自治体の地域的特性に応じた施策の策定と実施の責務を有する。同法は5つの基本理念を掲げているが、その第1に「男女の人権の尊重」をあげており、苦情処理のために必要な措置(17条)および民間団体への支援(20条)も規定している。苦情処理機関については、審議の過程においてオンブズパーソン設置の明記が強く主張されたにもかかわらず見送られた。また、民間団体への支援については、有識者等で構成する「男女共同参画推進連携会議」の設置と全国会議に置き換えられたままである[2]。

　男女共同参画社会基本法に基づき、国は「男女共同参画基本計画」策定義務を負う(13条)。「男女共同参画基本計画」第三次改訂が2010年に行われたが、特記すべきは基本法施行後10年間の反省に立って、実効性のあるアクショ

---

(1) 古橋源六郎「男女共同参画社会基本法制定上の経緯と主な論点」大沢真理編集代表『21世紀の女性政策と男女共同参画社会基本法』ぎょうせい、2000、118頁
(2) 前掲注(1)125頁以下参照。大西祥世・江橋崇『自治体女性行政の比較研究』2000、73頁は、「地域における女性の人権の確保、特に自治体が関連する人権侵害の場合の救済について、あえて空白に」したと指摘しているが、その要因については踏み込んでいない。

ンプランをめざしたことである⁽³⁾。最終的に策定された「第3次男女共同参画基本計画」(以下、第3次基本計画)では、「改めて強調する視点」として「様々な困難な状況に置かれている人々への対応」および「女性に対するあらゆる暴力の根絶」が明記され、喫緊の課題として「より多様な生き方を可能にする社会システムの実現」および「雇用・セーフティネットの再構築」が指摘されている。たとえば、「女性に対するあらゆる暴力の根絶」(第9分野)では、被害者に対するきめ細かい支援や切れ目のない支援の実施が具体的施策に掲げられている。地方自治体の男女共同参画政策においても「第3次基本計画」に準じた政策展開が求められている。

2　DV法制定後の自治体の女性支援

(1)「基本計画」と自治体のDV政策

　地方自治体における女性支援政策展開の引き金となり、今後の可能性を拓く契機となったのは、2001年DV法の制定である。

　2004年DV法改正によって、地方自治体は国とともに、DV防止および被害者の自立支援を含めた適切な保護を図る責務を有することとなった(2条)。その責務を果たすために、都道府県は「基本計画」策定義務を負い(2条の3)、市町村に対しては2007年改正により「基本計画」策定の努力義務を課した(2条の3の3項)。DVセンターについては、都道府県はDV法制定当初からセンター「機能」設置義務を負っているが(3条)、市町村は2004年改正でDVセンターを設置できることなり、さらに2007年改正で努力義務化された(3条2項)。ただし、2013年3月現在、全国の市区町に設置されたDVセンターは49カ所にとどまる⁽⁴⁾。

　2007年DV法改正に伴い改訂された国の「配偶者からの暴力の防止及び被害者の保護のための施策に関する基本的な方針」(以下、基本方針)には、地方自治体における「基本計画」策定の際に考慮すべき「基本理念」(基本的

---

(3) 男女共同参画会議『第3次男女共同参画基本計画策定に当たっての基本的な考え方(答申)』4頁
(4) 「第3次男女共同参画基本計画」では、2015年までに市町村におけるDVセンターの数を100カ所とする成果目標を掲げている。

視点）が示されている。「被害者の立場に立った切れ目のない支援」が第一に明記されたことは画期的である。次に、関係機関の連携、安全の確保、地域の状況の考慮が基本的視点として掲げられている。また、「基本方針」は都道府県と市町村との役割分担についても明記した。都道府県DVセンターには被害者支援の「中核」として、専門的支援を要する事案や処遇の難しい事案を扱うべきことが求められ、さらに、その役割として一時保護の適切な実施、市町村への支援、広域対応が示されている。また、市町村は被害者にとってもっとも身近な行政主体であることから、相談窓口の設置、情報提供、緊急時の安全確保はもちろんのこと、地域での自立に向けた継続的支援が市町村に期待されている。

　地方自治体の基本的なDV政策が示されている都道府県及び市区町の「基本計画」は公表されているが、内容の検討はほとんど行われていない。加えて、自治体ごとの政策評価も一部の自治体を除いて実施されていないと思われる。その意味では、毎年進捗状況を検討し、その結果を県の施策に反映するという先進的な試みを継続してきた「千葉県DV防止・被害者支援基本計画管理委員会」が廃止されたことは、行政の後退を象徴するものである。

総務省の行政評価

　総務省行政評価局は、2007年から2009年にかけて、DV政策評価を実施した[5]。そこでは、支援センターの整備状況、相談受け付け対応状況、保護の実施状況、自立支援の実施状況、関係機関の連携状況、保護命令の発令状況について、それぞれの政策効果が把握されている。本政策評価のためのアンケート調査では、国、地方公共団体の実務者だけではなく、全国の民間シェルターの担当者および被害当事者（婦人保護施設および母子生活支援施設入所者）をも対象としており、行政の実務者と民間シェルター担当者および被害者との間に政策効果の評価の相違が大きく、官と民、とくに、官と被害当事者間の認識のギャップが注目される。たとえば、相談に関する取組みについて、「不十分である」とするのは「官」では45％に対して、民間は79％に及ぶ。同評価では、①市町村の相談件数の把握など、基本的なデータ集約の未

（5）　総務省『配偶者からの暴力の防止等に関する政策評価書』2009参照

整備、②迅速な一時保護および保護の取組みの遅れ、③就業支援、住宅の確保、子どもの就学手続、住民基本台帳の閲覧制限など自立支援の遅れ、④関係機関の連携の遅れなどが指摘されており、相談件数や一時保護件数、婦人保護施設と母子生活支援施設における保護件数などの地域間格差にも注目している。ただし、good practice としての事例紹介は断片的に行われているにとどまる。本節では、特色ある DV 政策を展開している地方自治体を取り上げ、特に、民間団体との連携に注目して、地方自治体における女性支援政策の現状と課題を明らかにしたい。

（2）民間と連携した自治体の DV 被害者支援

地方自治体の先進事例についての情報収集と共有は、内閣府「配偶者からの暴力防止と被害者支援全国会議」での事例報告など数えるほどしかなく、しかも当該全国会議は廃止されてしまった。その後、内閣府は、「配偶者からの暴力被害者支援のための官官・官民連携促進ワークショップ」事業を2011年度から開始し、市区町村の取組み事例の収集・共有も同時に行われるようになった。内閣府の調査によれば、地方自治体における関係機関との連携といったとき、多くは、庁内の各部局との連携や法務局、警察、男女共同参画センターなど公的機関間の連携にとどまっており、民間支援団体との連携は約 3 割に過ぎない[6]。

内閣府事例調査や本厚生労働科学研究費調査研究によると、先進的な DV 対策を進めている地方自治体に共通するのは、民間団体との連携・協働を積極的に推進していることでる。

民間団体は1980年代後半以降、DV 法制定に先駆けて地域における被害者支援活動を展開し、実績と経験を積み重ねてきた。民間団体では被害者の視線に立ち、被害者に寄り添う支援を心がけている。被害者のニーズや状況を把握した上での、相談から自立支援までの長いスパンの継続的支援であること、このような継続的支援を行うため、必要に迫られて地域の関係機関との

---

(6) 内閣府『地域における配偶者間暴力対策の現状と課題に関するアンケート調査報告書』2011、21頁〜25頁

ネットワークを形成してきたこと、行政にはない多様な発想や柔軟で迅速な対応が可能なことなど、民間団体ならではの特徴ある支援を行ってきた。DV対策後発部隊である地方自治体にとって、地域での支援を開拓してきた民間団体の取り組みから学ぶことは多い。地方自治体が、従来の行政の枠を超えた発想で実効性ある DV 対策を打ち出すためには、民間団体との連携協働は欠かせないものであったと言える。また、行政の効率性の観点からも、行政にはない既存の資源を活用し、行政のカバーできない面を民間に委託することで新たな効果を生み出せるという利点がある。ただし、民間団体と行政との関係性や民間団体の正当な評価が常に問題になるが、この点については後述する。

　自治体の被害者支援施策における行政と民間との連携については、いくつかのモデルが想定される。ここでは、限られた事例の中から、①民間主体支援・行政財政支援型モデル、②行政主導型行政・民間連携モデル、③民間主導型行政・民間連携モデルの3類型を抽出し、民間団体との先進的な連携取組み例として、鳥取県（①型）、長崎県（②型）および岡山市（③型）について検討する。

1）　民間主体支援・行政財政支援型 DV 対応モデル
（a）　民間シェルターがひきだした鳥取モデル

　鳥取県の DV 被害者支援施策は、その先進性と県独自の事業（県単事業）による民間団体への財政支援策により、「鳥取モデル」と呼ばれ高く評価されてきた。鳥取県が DV 対策に乗り出したのは1999年であるが、民間団体の支援活動が先行していた。

　1997年に個人宅をシェルターに開放した民間の被害者支援活動が開始されている[7]。ところが、関係機関から保護依頼が相次いで個人宅では手狭になったため、別の家を借り上げて2000年に「女性と子どもの民間支援みもざの会」としてスタートしたという経緯がある。支援の過程で行政の二次被害に直面

（7）　女性と子どもの民間支援みもざの会編『どう守る人権～DV 被害者支援7年間の記録～』2004、7～8頁、87頁

した「みもざの会」は、2001年に鳥取県男女共同参画推進条例に基づき設置された苦情処理機関「鳥取県男女共同参画推進員」制度を利用して、行政のDV被害者に対する二次被害を申し立てた。それをきっかけに県知事を座長とする「女性と子どもを守る懇談会」が生まれ、知事に対して現場からの声を届けるチャネルが出来上がった。

民間団体の支援の経験を活かした鳥取県独自の施策としては、①シェルター入所直前（生活保護受給前）の医療費、入院費の補助、②DV法の対象外の恋人、親・きょうだいなどからの被害者保護費の負担、③ステップハウス委託費、④同行支援経費の補助、⑤民間スタッフ養成経費の補助などがある。これらは、被害者のニーズに即した支援であるが、DV法上の支援体系に含まれていないため、民間団体が「持ち出し」で費用負担を行ってきた。当時の県知事は、民間がボランティアとして献身的に支援を行っているが、民間だけに委ねてはいけないのであり、行政としてできる実践をしなければならないと考え、「リーズナブルなものは政策として計上してきた」こと、そして、「政策として実現しなければならないことを順に積み重ねてきた」結果、鳥取モデルと言われるようになったと語っている[8]。

このように、鳥取県では、民間シェルターの支援活動が先行したが、ボランティアの無償活動に任せるのではなく、相談、保護、生活再建支援の全過程における民間団体の支援活動に対する財政援助を県が行う「民間主体支援・行政財政支援型」を定着させたと言える。豊富な予算の下（23年度の予算総額は8,500万円（国の負担金および光交付金を含む））、県独自のDV被害者支援事業（県単事業）によって、相談から自立支援まで「切れ目のない支援」をめざしている（表1）。県が予算を用意して民間団体が実際の支援のほとんど（一時保護を除く）を担うしくみになっているので、県の民間団体（2ヵ所）への財政援助は国内では群を抜いて手厚い。県単独助成は977万円（21年度）であり、シェルター家賃、警備費用、一時保護移送費、自立支援費（アパート家賃）、夜間電話相談経費等、きめ細かい支援を支えるための財政援

---

(8) 全国シェルターシンポジウム2006 inはこだてにおける全体シンポジウムでの鳥取県知事（当時）の発言。同実行委員会他編『全国シェルターシンポジウム2006 inはこだて報告集』14〜15頁

助が行われている。さらに、2011年の光交付金で、シェルターの建物の新築、増改築費用について1,000万円を限度に支援し、ステップハウスの買い上げには2,000万円を限度に支援している。

(b) 現場主義と支援の効率性

人権尊重と現場主義を唱えるDV法制定時の知事が民間団体からの積極的な働きかけに真摯に応えた結果、極めて早い時期から行われた先進的な取組みが政策としてルーティン化し、年ごとに強化・拡充されてきた。

このような先進的取組みの継続的実施の要因として、第1に、現場の声を尊重する知事のスタンスとそれに基づく民間への財政支援体制の確立があげられる。それは民間への信頼の姿勢と言ってよい。つまり、DV被害者支援事業は民間が対応したほうが適切であるという認識が前提にある（現場主義と行政効率性の確保）。第2に、DV法制定に先立ち、知事のリーダーシップのもと、全県的な取組みを行う組織的基盤を整備し、継続的取組みを可能とした（2000年）。本課である「子育て支援総室」の「家庭福祉室」には2名のDV担当を置いて責任部署を明確化した。当時副知事だった現知事の下でもDV政策を支える組織体制は維持されている。その結果、首長の交代によっても、県のDV政策は継続されてきた。

ただし、県婦人相談所一時保護所の「一時保護件数」は停滞しており、県婦人相談所と民間団体との連携協力関係が必ずしも良好であるとは言えないようである。民間シェルターによれば、鳥取県の施策や民間シェルターの評判を聞きつけた他県から、直接民間シェルターへ保護依頼のアクセスがあった場合は、婦人相談所は一時保護委託を行わなかったという[9]。また、鳥取県における女性支援のしくみの全体像とそこにおける民間団体の位置づけが明確に示されているわけではなく、行政による「丸投げ」という批判もある。しかし、行政主体の被害者支援システムの行き詰まりが指摘される現在、相談から生活再建支援までの被害者支援を思い切って民間に任せ、行政は財政支援に徹するという「鳥取モデル」は再度注目されるべきであろう。

---

(9) 前掲注(7)21頁参照

第 2 章　自治体の支援モデルと可能性

表 1　鳥取県独自の DV 被害者支援事業

相談段階	夜間電話相談、シェルター・警察への避難時のタクシー代補助、シェルター入所直前の医療費助成
一時保護段階	DV 法対象外の被害者保護（国の委託単価と同額補助）、入所中の同行支援（交通費、運搬通信費助成）、通訳経費（1 回 1 万円）、託児支援（就職活動などで託児所利用時の助成、1 回 5,000 円）
退所段階	退所後の自立のために借用する住宅の敷金および家賃（3 カ月まで）の助成、ステップハウスの運営委託、同行支援、保証人の損失補償
民間シェルター支援	シェルター家賃の助成、夜間警備設備支援（防犯カメラつき警備委託費助成、施設の新築・増改築経費助成（1,000 万円上限）、畳替え、トイレ修繕等助成、ステップハウス運営団体の物件取得費支援（2,000 万円上限）
研修・啓発	民間スタッフ養成、相談員のスーパーバイズ、個別ケア体制整備、予防啓発ファシリテーター養成、外国人被害者支援員（通訳）養成

2）　行政主導型行政・民間連携モデル
（a）　長崎モデルの構築

　県自らが「長崎モデル」と謳って、総合的被害者支援事業を展開しているのが、長崎県である[10]。

　長崎県は、2007年度に児童相談所、婦人相談所、身体障害者更生相談所、知的障害者更生相談所及び精神保健福祉センターの 5 機関を統合し、「長崎県こども・女性・障害者支援センター」（以下、県センター）を設置し、こども、女性、障がい者、心の問題について総合的に支援する体制を整えた。一時保護所と婦人保護施設はセンターとは別の場所にあるが、センター化したことで、児童相談所や障害者福祉、精神保健との連携が緊密になった。

　長崎県の DV 対応は福祉ラインが主として担当している。主務課はこども政策局こども家庭課（家庭福祉班）に置かれ、DV 対策は「婦人保護事業」として位置づけられている。県センターにこども・女性支援部を設置し、そ

---

(10)　長崎モデルについては、長崎県こども政策局こども家庭課「DV 対策における「長崎モデル」の推進〜民間との協働による被害者の自立支援等について〜」内閣府『共同参画』29号、2010、2〜3頁参照

れぞれ児童相談所および婦人相談所機能（配偶者暴力相談支援センター機能含む）を果たしている。

　2010年に女性支援課に専任の女性課長が増員配置されたことが、女性支援政策強化の転換点となった。長崎県は第二次DV基本計画改訂を契機に、相談・一時保護機能の一体化体制の強化、一時保護入所中の生活の質の向上、子ども支援の拡充、退所者の就労支援事業など、相談から退所後の自立支援までの総合的支援をめざす「長崎モデル」を打ち出すこととなったのである。その柱となるのは、一時保護体制の充実と民間団体との連携による生活再建事業の推進であり、中でも注目されるのは、国の各種交付金を活用した一時保護体制の整備、とくに、子どもへの支援の拡充と、民間団体との連携による一時保護所退所後の生活再建支援事業の展開である。

　総合的支援体制の確立のために、まず一時保護体制の整備が行われた。一時保護所の職員体制（女性保護班）の充実を図った（ソーシャルワーカー2名、心理判定員1名、保育士1名、看護師1名、精神科医師1名（県センター所長が兼務））。さらに、各種交付金の活用により、室内の物干し場の整備、パソコン練習室・電話室の設置、風呂場の個室化、退所時の物資支援など、入所者の生活向上を図った点に特徴がある。また、中国語のできる相談員や薬の管理や保健指導を行う看護師も配置した(いずれも非常勤)。また、入所中にソーシャルスキルトレーニングなどの自立支援を行っている。

(b)　ユニークな子ども支援

　特筆すべきは、同伴児の増加に伴い、一時保護中の子ども支援を充実させたことである。長崎県は、全国で唯一、専任教員の派遣（加配）による訪問教育の実施を2005年度から開始し、2006年度からは保育士を配置した。訪問教育の実施は、子どもに迷惑をかけているという自責の念から母親を解放し、正規の学習課程を履修することによって、子どもが地域の学校に移った時にそのまま対応できるというメリットがある。2010年には室内運動場（ミニ体育館）が完成し、訪問教育に活用されている。他県にはない独自の一時保護中の訪問教育事業は「長崎モデル」の目玉となり、議会の予算審議もスムーズに進んだという。

　2011年度には、「長崎モデル」はさらに強化され、ステップハウスの拡充

と民間団体への運営委託、暴力の被害を受けた子どもの心理回復プログラム支援スタッフ養成事業、市町村へのDVセンター設置などを推進している。

(c) 県独自の生活再建支援事業の展開 ── 何が一番必要か

長崎県では国のスキームを活用しながら、行政が民間に委託する形で独自の生活再建支援事業を展開しており、前述の「長崎モデル」の中核に位置付けられる。

DV被害者の場合、一時保護所等入所前に職業経験がない場合や離職後長期間にわたる場合が多いこと、DVにより精神的ダメージを受けていることなどから、DV被害者が一時保護所や婦人保護施設、母子生活支援施設などを退所した後の生活再建には困難が伴う。メンタル面へのDVの影響を考慮しながら、退所後の手続や家事育児の支援を含めた生活面での支援、就労支援をしなければならない。経済的不安や心身の状況、子どもについての悩み、夫の追跡、社会的孤立など、DV被害の影響や特質を考慮するならば、退所後即座に就労することは難しく、きめ細かな支援が求められる。丁度、2009年に追加経済対策「安心こども基金」の拡充（ひとり親家庭対策の強化）により、婦人保護施設等の退所者の自立支援に関する国のスキームが示された。長崎県では、都道府県がNPOに事業委託できることを利用し、婦人保護施設等退所者等の就労支援事業を計画した。長崎県事業実施要綱を策定し、「就労支援チーム」を設置して、21年度からの3年計画（2009年度スキーム策定、2010年度具体的支援の開始、2011年度ハローワーク等の労働部門との連携方策の検討と具体化）を策定した。また、2010年度からは「光交付金」を活用して、「地域生活に一歩を踏み出す元気（生活力）をつけること」を目的とした「DV被害者自立支援事業（母と子の元気回復プログラム）」を開始した。さらに2011年度には、家具・電化製品付きで事務室と正規雇用1名、パート2名を確保したステップハウス運営事業を始めている。いずれの事業もNPO法人「DV防止ながさき」に委託しており、現在は、民間への委託によるステップハウス運営事業（予算1,591万円）、DV被害者自立支援事業（予算1,300万円）および婦人保護施設等退所者等就労支援事業（予算500万円）を展開し、文字どおり「切れ目のない支援」をめざす「長崎モデル」となっている（図1・2参照）。

第2部　女性支援のジレンマ

図1　DV被害者等の自立支援チーム

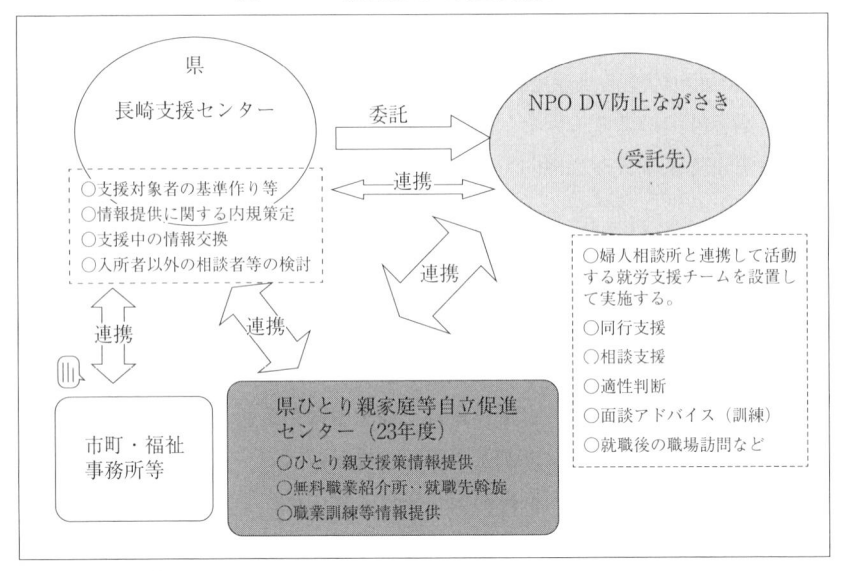

県　長崎支援センター
- ○支援対象者の基準作り等
- ○情報提供に関する内規策定
- ○支援中の情報交換
- ○入所者以外の相談者等の検討

↓委託　**NPO DV防止ながさき（受託先）**
- ○婦人相談所と連携して活動する就労支援チームを設置して実施する。
- ○同行支援
- ○相談支援
- ○適性判断
- ○面談アドバイス（訓練）
- ○就職後の職場訪問など

（連携）

市町・福祉事務所等

県ひとり親家庭等自立促進センター（23年度）
- ○ひとり親支援策情報提供
- ○無料職業紹介所・・就職先斡旋
- ○職業訓練等情報提供

出典）長崎県資料

図2　DV被害者自立支援事業（母と子の元気回復プログラム）

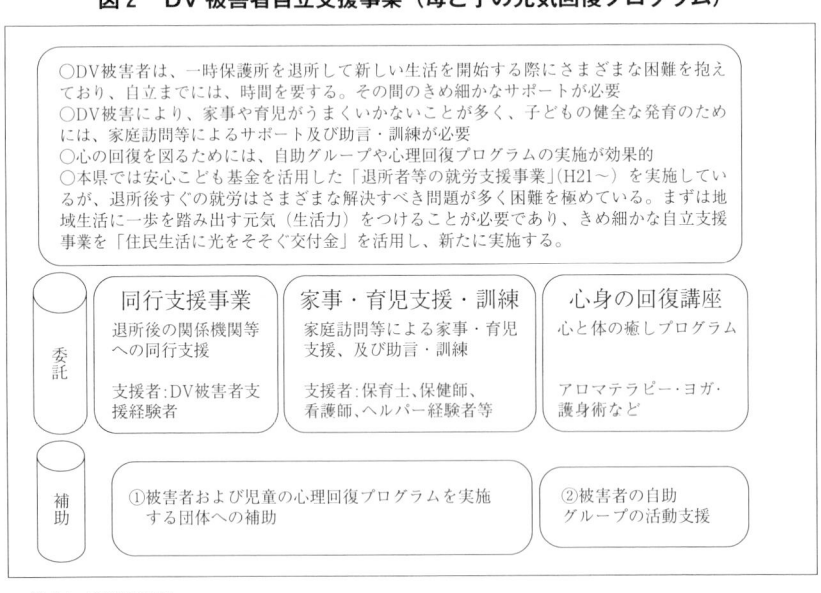

- ○DV被害者は、一時保護所を退所して新しい生活を開始する際にさまざまな困難を抱えており、自立までには、時間を要する。その間のきめ細かなサポートが必要
- ○DV被害により、家事や育児がうまくいかないことが多く、子どもの健全な発育のためには、家庭訪問等によるサポート及び助言・訓練が必要
- ○心の回復を図るためには、自助グループや心理回復プログラムの実施が効果的
- ○本県では安心こども基金を活用した「退所者等の就労支援事業」（H21〜）を実施しているが、退所後すぐの就労はさまざまな解決すべき問題が多く困難を極めている。まずは地域生活に一歩を踏み出す元気（生活力）をつけることが必要であり、きめ細かな自立支援事業を「住民生活に光をそそぐ交付金」を活用し、新たに実施する。

委託

同行支援事業	家事・育児支援・訓練	心身の回復講座
退所後の関係機関等への同行支援	家庭訪問等による家事・育児支援、及び助言・訓練	心と体の癒しプログラム
支援者:DV被害者支援経験者	支援者:保育士、保健師、看護師、ヘルパー経験者等	アロマテラピー・ヨガ・護身術など

補助
①被害者および児童の心理回復プログラムを実施する団体への補助
②被害者の自助グループの活動支援

出典）長崎県資料

第2章　自治体の支援モデルと可能性

(d)　なぜ民間か

　事業を民間団体に委託した理由について、行政の担当者は「事業を実施するには、女性問題やDVについての正しい理解を持ち、実際に支援を行っている団体でなければ二次被害を防止できないという観点から」民間団体を業者として選定したと述べている[11]。ここでも、行政担当者の現場主義と民間団体との信頼関係の形成がポイントとなっている。当時の行政主担当者はまったく異なる部署からDV担当に異動して最初に行ったことは、DVの「学習」であったという。民間団体「DV防止ながさき」は2002年から活動を開始し、相談、啓発、予防教育に力を注いできたが、その啓発講座に行政担当者が参加したことから民間と行政との関係が形成されていった。また、長年婦人相談員を務めたNPOメンバーが行政と民間の橋渡し役を務めたこともプラス要因となった。婦人相談員としての経験が民間支援活動に生かされ、民間での支援活動の経験が行政の施策に反映されるというプラスの循環であり、同様の例は、少ないながら他の自治体でもみられる。行政の主担当者の熱意と現場に足を運んで実態をつぶさに把握するための努力が民間を動かし、行政と協働しようとする民間の姿勢と支援活動の実績が行政の民間理解をいっそう深め、行政と民間との連携を促進したと言える。ただし、それまで県には民間との協働という発想はなく、民間の実績も行政によって正当に評価されてこなかったという。そのような状況を変えるだけの熱意と女性問題への共感をもった複数の女性職員が行政主担当者として実際の政策立案にあたったことが、民間と行政の協働の推進力となったと言える。

(e)　生活再建支援の難しさ

　生活再建支援の柱は、①同行支援、②家事育児支援などの日常生活支援、③心身の回復支援、④キャリアカウンセリング、職場開拓や同行訪問などの就労支援である。長崎モデルの特徴は、DVの特質や影響を考慮して、必要とされる支援内容を、日常生活支援、メンタル面での支援および就労支援と定め、自立支援協議会や自立支援チームの設置など民間と行政が連携して組織的に動いていることと、3年計画で段階的に事業を進めていることとであ

---

[11]　前掲注(10) 3頁

るが、画期的なことは、一時保護所と民間団体との連携によって、一時保護所入所中から支援の申出を受けるしくみを整備したことである。

　民間団体に委託して本事業を実施したことで、一時保護所の職員だけではできなかった、民間ならではの柔軟できめ細かな支援が可能になっただけでなく、閉鎖的になりがちな一時保護所であるが、退所後のフォローを民間団体に依頼することで、継続して見守りができるとともに、入所中の助言や処遇の改善にもつながったという。支援メニューは当初の想定を超えて、幅が広がっているということである[12]。

　実際の支援を通して課題として浮かび上がったのは、以下の点である。①短期間の支援では就労につながらない。就労の前段階の支援が長期間必要である。また、多くの女性たちが社会的に孤立しており、高齢、うつ、トラウマ、住所を知られたくないなどさまざまな問題を抱えている。実際の支援では人間関係の作り方、他人とのかかわりの仕方について時間をかけているという。②退所者向けの居場所づくりなど、訓練や起業につながるような取り組みが必要であり、在宅の仕事も開拓しなければならない。③育児能力が低下している女性の子育て訓練を行う中間施設が必要であり、ネグレクト等虐待につながらないような施策・支援が必要である。④就職につながる専門学校入学を果たしても、授業料が続かないという不安が強く、経済的支援が必要である。

(f)　長崎モデル成功の要因と課題

　長崎モデル成功の要因は次の点に求めることができる。第1に、行政の主務担当者（キーパーソンの存在）が現場の実態をよく把握し、現状に即した課題設定を明確に行っていること（現場主義）。第2に、年度ごとの課題設定が明確であり、国の交付金の使途が具体的にイメージされているので、随時交付が発表される国の地方交付金等を活用した新政策がただちに展開できること。第3に、DV基本計画策定に伴い、年度ごとの目標を設定し、計画的に政策展開をしていること。第4に、民間団体との連携による事業展開を

---

(12)　NPO法人DV防止ながさき「自立支援をいっそう進めるために～DV防止ながさきの活動と官民連携事業について～」前掲注(10) 4～5頁

積極的に行っていることである。

ただし、民間団体への委託費はその後の事業拡大により増加していると思われるが、民間団体の経済的基盤の確立には至らず、民間団体や民間団体メンバーの経済的自立が未確立である。また、行政と民間の役割分担が必ずしも明確ではないという問題がある。

3）民間主導型行政・民間連携 DV 対応モデル
（a）女性市民が牽引する市民協働

岡山市が DV 被害者支援に乗り出したのは2001年の DV 法制定前後であり、全国的にもかなり早い。2004年 DV 法改正に伴い、市町村は DV センター機能設置が可能となったが、岡山市は2004年12月、いち早く DV センターを設置した。少数ながら、各地で市町村の DV センターが設置されるようになったのは、2007年法改正により努力義務化されてからであり、岡山市の先進性がうかがえる。

岡山市は「市民協働」理念に基づく DV 政策を展開してきたが、「市民協働」の DV 政策を後押しし、支えているのは民間団体である。

岡山市における市民協働の取組みは1997年に遡る。岡山市の DV 被害者支援対策は、女性市民主導の下、男女共同参画条例制定と女性センター設置運動と連動して展開した。1995年北京で開催された第4回世界女性会議の後、男女共同参画の機運が全国に広がり、女性市民の活動が活発化したが、岡山も例外ではなかった。

1997年岡山市を会場に「日本女性会議」が開催されることになり、女性たちがまず行ったことは、従来の行政主導型運営から女性市民参画型への転換であった。実行委員会方式に組みかえ、実行委員長は立候補制とした。分科会も自主的に運営され、行政側の抵抗を排して「女性に対する暴力分科会」を設置したという。さらに、女性を議会に送りだすためにバックアップスクールで候補者を養成し、1999年の統一地方選挙では女性議員が増加した。

（b）男女共同参画条例に DV 被害者支援を盛り込む

その後、女性たちは、市議会の女性議員と連携しながら、女性センター設立・男女共同参画条例制定・男女共同参画基本計画策定の3本柱で運動を進

めていった。まず、2000年には岡山市男女共同参画社会推進センター（さんかく岡山）が新設され、行政・市民協働による条例の検討が開始された。

　2001年制定の「岡山市男女共同参画社会の形成の促進に関する条例」（以下、男女共同参画条例）策定にも市民は積極的にかかわった[13]。「さんかく岡山」での「市民活動支援事業」を活用して、市民たちは、条例作成のための基礎的データ作成や条例研究など、条例づくりの準備を開始し、「条例市民案」をまとめあげた。最終的には、有識者等による審議会で検討されてきた条例案と市民案を市が調整して、条例素案が作成された。

　2001年制定の男女共同参画条例は、同年に制定施行されたDV法に欠落していた部分を入れ込んだところに特徴がある。2001年段階で「男女共同参画相談支援センター」（2004年以降はDVセンター機能を持つ）が設置され（22条）、岡山市独自事業として、緊急一時保護（22条）や保護命令有効期間中の被害者の保護（24条、ステップハウス機能）および自立支援（24条）について規定した。また、職務関係者の二次被害防止や人材育成、民間支援団体への援助も定められている。女性支援の観点からみると、男女共同参画条例は、男女共同参画センターではなく「男女共同参画相談センター」として相談業務を重視したこと、センターでの相談対象をDVに特化することなく、性差別、性暴力、セクシュアル・ハラスメント被害まで幅広いこと、DV法の一時保護決定までの緊急対応と保護命令の有効期間中の保護システムを整備し、DVの特質を踏まえた危険回避策を講じたこと、抽象的ではあるが、自立支援規定を置いたことなど、本条例の先見性は改めて注目されるべきであろう。市民と行政の協働による条例策定であったからこそ、きめ細かな被害者支援策が実現したと言える。

(c)　女性運動の戦略

　男女共同参画条例制定運動とほぼ同時期に、DV被害者支援を目的とする民間団体が活動を開始し、行政・民間・議員のリンクによるネットワークが形成される。

　2001年に民間団体「DV防止サポートシステムをつなぐ会」が設立された。

---

[13]　GOVERNANCE2001年11月号、106～109頁

文字通り、バラバラだった諸機関・団体を「つなぐシステム」づくりを目的とし、市議会の女性議員や市民、相談員などが参加している。「つなぐ会」は市との協働事業としてストックハウスの運営や啓発などを行っているが、その活動が政策策定の基盤となっている。議員が市民とともに活動することによって、行政との連携も強化されてきたという。

一方、被害者への直接支援は2004年に活動を開始した別個のNPO法人「さんかくナビ」が担っている。

「さんかくナビ」はDV被害者支援事業と訪問介護事業を中心に、男女共同参画社会推進事業、子育て支援事業、在宅福祉サービス事業など、多角的な事業展開を行っている（2004年設立）。デートDV防止プロジェクトでは、岡山県との共同事業を展開しており、岡山県・岡山市等のDV被害者支援の中核的存在になっている。このように、「さんかくナビ」は、県や市の委託事業など、行政との連携と補助金の獲得、そして何よりも、代表をはじめとするスタッフの個人的努力に負いながら多角的事業をこなしているが、赤字経営は免れず、財政状況は厳しい。

岡山市では、1990年代以降の女性センター設置運動から男女共同参画条例制定運動、女性議員送り出し運動と、常に女性たちは戦略的に運動を展開してきた。まず、男女共同参画の拠点を作るとともに女性議員を市議会に送りだし、次に、拠点を基盤に市議会議員と連携して条例制定を進め、条例の中にDV法を上回る女性支援条項を盛り込んだ。それに併行して、女性たちは、議員やセンター相談員を巻き込んだネットワーク（「つくる会」）で行政や諸機関との連携の基盤整備を行った上で、直接支援の民間シェルターを立ち上げた。当時、岡山市では行政の女性管理職登用が積極的に行われており、女性を含めた局長と超党派女性議員との意見交換が行われていたという[14]。現場の実情や市民の声を反映した女性議員の政策提言について、行政トップと女性議員が率直に意見交換する場が確保されていたのである。このように

---

(14) ただし、現在は女性幹部登用の「氷河期」であるという。女性支援に尽力してきた女性議員は任期が終了し、市の女性幹部も減少している。岡山市における管理職の女性比率は4.9で、政令市では最下位である（2010年現在）。2011年2月10日ヒアリングによる。

極めて戦略的に、市民―議会―行政のリンクによる女性支援のネットワークが形成された。

(d) 岡山モデルの形成要因と課題

　岡山市における行政・民間の連携協働は民間主導型といってよい。岡山市モデルの形成要因をまとめると、以下のとおりである。第1に、民間団体の代表者というキーパーソンの存在と民間団体が不断に行政に働きかけてきたことである。第2に、DV問題を男女共同参画行政に位置付け、DV対応を含む条例制定と相談機能を持った女性センター設置を実現したこと。DV被害者支援の明確な法的根拠（条例）と拠点（センター）が極めて早期に確立したことで、岡山市は具体的な事業を実施することができた。第3に、市議会女性議員の存在は大きい。女性議員を巻き込んだ運動の展開により、市の行政と民間との連携が強化された。

　しかし、民間団体は限られた資源のなかで多面的な被害者支援を行っており、民間団体の孤軍奮闘という感は免れない。男女共同参画予算が年々減少しており、市独自の自立支援事業はなかなか具体化に至らない。岡山市のDV政策は男女共同参画事業として展開してきたが、自立支援事業の具体化のためには、市レベルでの男女共同参画ラインと福祉ラインの連携・統合を図る必要がある。また、民間団体への財政支援の強化も課題である。民間団体との対等な連携・協働関係形成のためには、市のいっそうの主体性の発揮を期待したい。

3　ま　と　め

（1）共通項は何か？

　鳥取県、長崎県および岡山市の先進的なDV対応取組み事例を検討してきたが、これらの自治体の共通点は以下のようにまとめることができる。

　第1に、被害「当事者」の視点に立つこと、言いかえれば、被害当事者のニーズが重視されていることである。緊急避難してきた当事者に今必要な支援は何か、「自立支援」というが、自立を迫る前に当事者は何を求めているのか、普段の暮らしと感情を取りもどすためには専門家とどうつながればよいのかなど、いずれも、被害者および支援者のニーズに対応しようとするス

タンスに立とうとしている。

　第2に、女性支援政策（具体的にはDV被害者支援）の推進力（エンジン）となるキーパーソンの存在である。鳥取県の場合は当時の県知事であり、長崎県の場合は当時の行政主担当者である。知事は政策基調を方向づけて最終的な政策形成の判断を行い、行政主担当者は具体的な政策プランニングを行う実務者であるというレベルの違いはあるにしても、これらのキーパーソンなしには政策化は進まなかったであろう。また、岡山市の場合は民間団体の代表者がキーパーソンと言える。岡山市では、女性市民が組織的に運動を展開することによって、ネットワークの力を活かして行政や議会を動かしていった。

　第3に、いずれの自治体でも、民間団体が被害者支援活動を先行させており、豊富な経験と実績でカウンターパートとして行政の信頼を勝ち取っていたことが指摘できる。いずれの民間団体も1990年代後半から2000年代前半にかけて活動を開始している。全国的には、1995年北京世界女性会議を契機に民間シェルターなどの被害者支援活動が活発化したのだが、このような潮流が背景にある。

　第4に、キーパーソンの徹底的な「現場主義」をあげなければならない。「現場主義」とは、現場から学び、適切な課題を設定することである。鳥取県知事（当時）は「（被害者支援にあたっている）現場の皆さんから伺って、これを政策として実現しなきゃいけないなってことを実は順に積み重ねてきた」と語っている。また、長崎県の行政主担当者（当時）は、インタビュー（2011年2月）の中で、どの部署に異動してもまず現場を歩くのだと「現場主義」を強調した。とりわけ、行政など第三者にとってはDV被害や被害者の実情はなかなか理解しがたく、当事者のすぐそばにいる支援者・支援機関に聞いてはじめて、DV被害の実態や被害者の状況を実感できる。そこから、どんな支援が必要か、何が足りないのかもようやく皮膚感覚で理解できるようになるのだと思う。

　第5に、民間団体との連携協働や活用を重視する姿勢が自治体にあることである。言いかえれば、市民社会の力を信頼し、市民社会の成熟へ向けて市民を支援しようとしているかどうかの違いである。ただし、上下関係でとら

えていないか、行政が都合よく民間を使っていないか、丸投げではなく、パートナーとして対等な関係となっているか、常に検証が必要である。

（2）地方自治体行政と女性支援政策の今後

　自治体関係者からよく聞くのは、地域に民間がないという話である。たしかに、民間団体、とくに民間シェルターは大都市周辺などに偏在しており、被害者支援活動を行っている民間団体などまったくないという地域のほうが多いかもしれない。しかし、啓発や支援スタッフ養成講座など、市民への働きかけはどの自治体でもできることである。また、DV被害や性暴力被害が1件もない、母子家庭などいませんというところはないはずだ。間接的でもよいから、当事者からの支援ニーズの把握をしているだろうか。

　一番問題なのは、自治体が女性支援の必要性を認識していないことである。女性差別や女性の人権侵害に関心が低いということであろうか。子どもはともかく、大人の女性は何か問題を抱えていたとしても、それは自己責任だ、家族の責任だと考えられがちである。

　さらに、行政の内向きの姿勢が強まっているように感じられる。地方分権の名のもとに、都道府県は市町村に責任を負わせようとし、市町村は何をどう進めたらよいか見当もつかないので、最低限のことだけをこなそうとする。また、関係機関との連携といっても行政内部での連携にとどまり、「開かれた連携」の発想に乏しいようである。地域の医師会や弁護士会ならいざ知らず、民間シェルターなどは連携先として眼中にもないのではないかと疑いたくなる場合がしばしばある。これは、無意識とは言え、旧来の官と民の上下・優劣関係をひきずった発想である。県と市町村、行政と民間は、役割の違いはあれ、連携するうえで、あくまでも対等な関係であることを確認したい。県と市町村との連携では、住宅や子どもの学校など、当事者への直接支援以外の部局の理解や認識が不十分なことが、支援をスムーズに運ばせない要因となっている。県庁内の認識・理解を促進するためには、県の主管課や婦人相談所による庁内への働きかけが重要になってくる。

　1999年の「男女共同参画社会基本法」制定以後、自治体女性行政が男女共同参画促進行政へと変化し、少数ながら、労働、女性に対する暴力問題について、女性の権利保障のための政策を実施するところも出てきた。また、多

くの自治体の女性センター（男女共同参画センター）には相談機能が設けられ、苦情処理機関が設置されるところもある。たとえば、横浜市では横浜市男女共同参画推進条例に基づき、「性別による差別等の相談」を行っている。セクシュアル・ハラスメントなどの相談の申し出を受けた場合、専門相談員が調査を行い、必要に応じて人権侵害の改善に向けた要請・指導を関係者に向けて行っている。また、同様のしくみをもつ川崎市の「人権オンブズパーソン」制度も注目される。

　男女共同参画社会基本法の制定は地方自治体の男女共同参画行政を曲がりなりにも推し進め、引き続き制定されたDV法は地方自治体のDV政策を促進させた。とくに、2004年DV法改正法による都道府県の「基本計画」策定義務化と2007年改正法による市町村の「基本計画」策定およびDVセンター機能設置の努力義務化は、DV被害者支援にまで地方自治体の政策範囲を拡大する契機となった。

　たとえば、大都市圏以外に位置する小規模市の先駆的な試みとして注目されるのが、徳島県鳴門市の「女性子ども支援センター　ぱぁとなー」である。1999年に女性政策室を設置し、DV法が制定された2001年には女性相談事業を開始している。2007年にはDV被害者からの相談が急増し、女性相談事業を拡大した。2010年にDVセンター機能を果たす女性支援センターが設けられ、現在に至っている。係長および女性政策全般担当者のほか、専門相談員、精神保健福祉士、家庭児童相談員、子ども支援担当をセンターに配置しており、女性支援に加えて母子併行支援やトランス・ジェンダー相談、自助グループ活動など多面的な支援を実施しているところに特徴がある。センター内で毎日行われるケース会議での情報共有により、係長を中心とした緊密な連携が現場では取られており、人脈を通じた地域の社会資源ネットワークも機能しているようである。小規模市ならではの取組みであろう。また、近隣自治体との広域支援協定や県下の民間シェルターとの一時保護委託契約を締結するなど、自治体や民間団体との連携を強めて、被害者の立場に立った切れ目のない支援をめざしている。

　女性支援センター設置は現市長のマニフェストでの公約であった。ここでも首長のリーダーシップが発揮され、政策の具体化を牽引するキーパーソン

の存在が指摘できる。ご多分にもれず、鳴門市も財政難に直面しているが、光交付金や緊急雇用対策事業などの公的資金の活用など工夫をこらしながら、事業を拡大してきた。センター設置を契機に相談件数は飛躍的に増加しており、窓口対応職員で構成される庁内連絡委員会設置により庁内の連携も進んだとのことである。ワンストップセンター機能が十分果たされていると思われる。ただし、県の関係機関との連携には苦労している様子であった。

　現段階では、地方自治体の女性支援がDV被害者支援に特化する傾向があるとはいえ、実際にDV被害者支援を行うことで、本書第1部第1章で述べたように、DV被害者の抱える困難の複合的様相と女性のライフコースにおける困難の連鎖（負のスパイラル）と複合化への政策的対応が地方自治体においても認識されるようになってくるだろう。国の政策によるセーフティネットの整備とともに、安全の確保から生活再建支援に至るまで、地方自治体による女性支援の取組みがますます重要になってくる。

第3章

外国人女性支援：脆弱性と政策のはざまで

齋藤百合子

　日本に在住する外国人女性は、外国人であることと女性であることの二重の差別により、暴力に対して声を上げにくい。だから外国人女性のDV被害は日本人女性よりも高い比率で起こっているかもしれないと、移住者の人権に関する国連特別報告者ブスタマンテは訪日調査報告書に記している[1]。

　公営シェルターを利用する外国人女性のかかえる困難や脆弱性はどのようなものなのか。またDV法および関連通達の変遷の中で外国人女性はどのように取り扱われてきたのか、あるいは対象とされてこなかったのか。

1　外国人女性の保護と支援に関する調査から見る課題

　女性に対する暴力は、配偶者からの暴力以外にも女性に対する性犯罪、買売春・人身取引、セクシュアル・ハラスメント、ストーカーなどがある。これは日本政府が2008年に提出した国連女子差別撤廃条約第6回報告書に記した女性に対する暴力の理解である（外務省CEDAW日本報告、パラグラフ48）[2]。

---

(1)　移住者の人権に関する国連特別報告者ブスタマンテは2010年3月に来日し、「移住女性は、外国人として、女性として、二重の差別に直面している。その子どもたちも、しばしばこの差別の結果に耐え忍んでいる。日本ではドメスティックバイオレンス（DV）が非常に高い比率で起こっているが、移住女性の場合、配偶者ビザの更新許可を得るため、夫に依存せざるを得ないという、移住女性の置かれている状況の脆弱性により、さらに高い確率でDV被害を受けていることが予測される。そのため外国籍妻は、とりわけ弱く不平等な状況に置かれている。ビザを失い、退去強制されるのではないかとの怖れから、外国籍妻は家から逃げることができない。夫はこうした支配的な立場を利用して、暴力をふるう場合がある」（ブスタマンテ　2011：5）国連文書A/HRC/17/33/Add.3（2011年3月21日）原文は英語。移住連 Task Force が翻訳。

この報告に対し、国連女子差別撤廃委員会は「移民女性、マイノリティ女性、及び社会的弱者グループの女性」が「配偶者等からの暴力や性暴力の通報につながるような」不安定な立場にあること、そしてその実態を把握するための情報やデータの提供が不十分であること（CEDAW委員会、パラグラフ31）[2]、を指摘した。人身取引に関しては、日本政府は2004年に人身取引対策行動計画[4]を策定（2009年に改正）し、2005年には刑法や入管法などの人身取引加害者処罰と被害者保護をより明確にするための法改正を行った。こうした取組みは、女性差別撤廃委員会でも歓迎された（同、パラグラフ39）。

　本節では、本厚生労働科学研究費調査研究における、人身取引課題を含めた外国人女性に対する暴力被害からの保護および支援に関する公営シェルター（一時保護所）調査と民間シェルター調査の2つの調査結果から、外国人女性支援に関する次の5つの事項を取り上げて考察する。それらは、①官民シェルター利用調査および人身取引統計から見える外国人女性の傾向、②言語コミュニケーション、通訳に関する課題、③同伴児童に関する課題、④在留資格に関する課題、⑤制度上の課題、⑥生活支援、自立支援に関する課題である。公営シェルター利用者における外国人女性の比率を見ると、全体の7.47％を占める（厚生労働省、2010年度）。日本総人口に占める外国人登録者の割合は約2％であることを考えると、公営シェルターでの外国人女性の入所者の比率は高い[5]。

　外国人女性の定住化、永住化の増加によって、外国籍から日本国籍へと国

---

(2)　女子差別撤廃条約実施状況第6回報告。2008年に提出した。
(3)　女子差別撤廃条約第6回報告書に対する委員会最終見解仮訳
(4)　内閣官房 「人身取引対策行動計画2009」に記された婦人相談所の役割は、母国語によるサービスのため、必要な通訳の確保や専門通訳者養成研修事業の実施による通訳者養成、婦人相談所に配置されている心理療法担当職員らによるカウンセリングや医療ケア、加害者への損害賠償請求時の法的援助の情報提供や弁護士等関係者との連絡調整、帰国に関する連絡調整など多岐に渡る。
(5)　外国人のシェルター利用者の対日本人比率が高いことは、民間のネットワーク組織である移住連・女性プロジェクトが2011年に実施した「移住（外国人）女性DV施策に関する自治体調査」（以下、移住連DV調査）でも、47都道府県すべての公営シェルターで外国人を保護したことがあり、外国人利用者が全体の利用者数に占める割合の8〜9％で人口に相対した比率ではかなり高いと指摘している。

籍を変更する可能性が高まるとも考えられ、外国人利用者への対応は避けて通れない課題であろう。

（1）官民シェルター利用者調査および人身取引統計から見える外国人女性の傾向

（a） シェルター利用外国人の国籍の多様化

公営シェルター調査における外国人利用者の国籍は、利用者数457名のうち、日本国籍および無回答以外の36名（7.8％）が外国籍であり、国籍別では、フィリピン16名、中国7名、韓国5名、ブラジル2名、ペルー2名、ボリビア1名、インドネシア1名、タイ1名、台湾1名であった。なお、日本国籍の回答の中には外国籍から日本国籍への変更を行った利用者が7名おり、内訳は中国・韓国・フィリピンが各2名、台湾が1名であった。

民間シェルター調査における外国人利用者25名の国籍は、フィリピン16名、ブラジル、中国、ロシアが各2名、ペルー、台湾、オランダが各1名ずつであった。民間シェルター調査における利用者の年齢は20代がもっとも多く、次いで30代、40代で、50代以上の利用者はなかった。また10代は18歳以下の利用者が1名いた。

全体に東アジア、東南アジア、南米出身者が多いが、ロシアやルーマニアなど欧州出身の被害者も散見され、多国籍化が顕著であった。主な在留資格は、「日本人配偶者等[6]」、「定住者[7]」、「永住者[8]」である。民間シェルター調査項目の「利用者の課題」（複数回答）で最も多かったのは「夫からの暴力」（25人中24名）であった。これに加えて、「生活困窮」（25人中10名）、「義母および義父母からの暴力」（25人中3名）と、配偶者以外の家族からの暴力

（6） 日本人の配偶者若しくは民法第817条の2の規定による特別養子又は日本人の子として出生した者で、日本人の配偶者、実施、特別養子が該当。在留期間は5年、3年、1年又は6月（法務省HP「在留資格」）。

（7） 法務大臣が特別な理由を考慮し一定の在留期間を指定して居住を認める者で、インドシナ難民、南米日系人3世、中国残留邦人等が該当。在留期間は5年、3年、1年、6月又は法務大臣が個々に指定する期間（5年を超えない範囲）（法務省HP在留資格）。

（8） 法務大臣が永住を認める者（入管特例法の「特別永住者」を除く）（法務省HP在留資格）。

や生活困窮が入所の経緯となった女性もいた。

(b) 保護命令申立て手続きにみる外国人女性の脆弱性

民間シェルター調査での外国人女性25人の保護命令についての回答を見ると、保護命令の必要性は「なかった」(17人) が多いが、「あった」も 8 人いた。「必要性あり」の 8 人のうち、実際に保護命令を申立て、発令を受けたのは 3 名（1 名は接近禁止のみ、2 名は接近禁止および子への接近禁止）で、保護命令の必要性がありながら 5 人は申立をしなかった（1 人は取下げ）。その理由は、「離婚と引き換えに取り下げた」「それどころではなかった」「夫が親権者指定を申立てしたので対応に追われた」「同伴児が夜中にタクシーで帰宅してしまったため（夫の追跡を逃れて）他所に移動する必要があった」などである。また、保護命令を申立てる強い希望があったのにもかかわらず申立てを断念した女性は「胎児認知[9]などへの悪影響（胎児非協力への恐れ）を考えてしなかった」と回答した。外国人女性は一時保護所で無事に保護されても、在留資格の更新や子の認知に夫が協力しないことを恐れて、保護命令制度の活用に二の足を踏みがちであることが垣間見える。

(c) 人身取引被害者の保護実績

公営シェルター調査での人身取引被害者の受け入れ経験の有無をみると、47施設中27施設で「ある」と回答し、20施設は「ない」と答えていた。厚生労働省雇用均等・児童家庭局が2012年 3 月31日付で公表した「婦人相談所等における人身取引被害者への対応[10]」によれば、1991年から2011年までの人身取引被害者の保護実績は343人[11]で、平均保護日数は36.7日である。本調査の公営シェルター調査では、全国47カ所の一時保護所の公営シェルターのうち、33カ所（70.2％）で利用期間を設定し、そのうち32カ所が「原則として14日」（97.0％）としている。本調査では全国の婦人相談所の約 7 割が

---

(9) 婚姻していない日本人父と外国人母とのあ間に生まれた子は、母の胎内にいる間に日本人父が認知すること（胎児認知）で、日本国籍を取得できる。
(10) 厚生労働省「婦人相談所等における人身取引被害者への対応」http://www.mhlw.go.jp/seisakunitsuite/bunya/kodomo/kodomo_kosodate/dv/dl/ht2408.pdf
(11) 被害者343人の国籍（台湾と中国は別に統計が取られている）は、フィリピン152人、インドネシア77人、タイ73人、台湾18人、中国 7 人、韓国 9 人、またコロンビア、ルーマニア、バングラデシュがそれぞれ 1 人、そして日本が 4 人であった（厚生労働省　2009）。

これまでに人身取引被害者の保護実績があり、その滞在日数は原則14日とされている利用期間より長い36.7日であったが、人身取引被害者の中長期的な保護および支援期間の中長期化が課題として浮かび上がった。

さらに警察庁が毎年発表している人身取引加害者および被害者の統計では、2009年の人身取引被害者の中に12名の日本国籍者がいたが、その中には国籍法改正[12]により日本国籍を取得した元外国籍の被害者も含まれていると、民間研究機関が明らかにしている[13]。日本国籍を持つ者[14]でも、外国にルーツを持つ人びとがいること、それらの新日系人は人身取引の被害に巻き込まれやすい傾向にあることが指摘されている。

（2）言語コミュニケーションおよび通訳の課題

公営シェルター調査の「外国籍利用に対する支援の課題」についての自由記述では、「日本語がわからず言葉が通じない場合コミュニケーションがとれず、支援がすすまないことがある」、「通訳確保」など職員と入所者との間のコミュニケーションに関する課題が多くあげられた。

同調査では、外国人DV被害者の通訳の必要性に「対応できる」が47施設

---

[12] 2008年12月に国籍法が改正され、出生後に日本人に認知されていれば父母が結婚していない場合にも届出によって日本の国籍を取得できるようになった。法務省「国籍法が改正されました」http://www.moj.go.jp/MINJI/minji163.html（2013年1月2日アクセス）

[13] 一般財団法人アジア・太平洋人権情報センター（ヒューライツ大阪）資料館アーカイブ「2010年に警察庁が保護した人身取引の被害者は37人～うち日本国籍者は12人で男性被害者3人」（2013年1月2日アクセス）http://www.hurights.or.jp/archives/newsinbrief-ja/section3/2011/03/201037123.html

[14] 2010年7月3日のウェブ版日刊ベリタでは、「"新日系フィリピン人"が人身売買のターゲットに」との記事で、婚姻をしていない日本人の父親とフィリピン人の母親から出生した娘（18歳）が、ブローカーの手引きで、フィリピンで日本国籍を取得して来日を果たしたが、休みなしで働くホステスの仕事だったという。娘の後に来日した母親（40歳）も娘と別の場所で劣悪な労働を強要された後、電話で連絡をとりあって二人が逃げて救援を求めることができ、事件の発覚につながったことを、日本で発生した人身取引被害の帰国支援を日本政府からの委託を受けて実施している国際移住機関（以下、IOM）のインタビューから構成した記事として掲載している。2010年7月3日　ウェブ版日刊ベリタ http://www.nikkanberita.com/read.cgi?id=201007031011006（2013年1月3日アクセス）

中44施設、「対応できない」が3施設であった。利用可能な「対応言語」は19言語で、もっとも多い言語が中国語（38施設）、英語（34施設）、タガログ語（33施設）で、これらの3言語は47施設中30施設で対応していた。他に韓国語（17施設）、ポルトガル語（13施設）、タイ語（12施設）、スペイン語（11施設）、インドネシア語（7施設）、ロシア語（6施設）、その他（12施設）で、それぞれの公営シェルターでの通訳需要に対応したものと思われる。また「通訳者派遣依頼先」は、道府県庁や警察、国際交流協会、民間団体や個人契約の通訳などさまざまな機関に依頼していた。

(a) 専門通訳者養成研修事業と現場のニーズの理解

多国籍化するDVや人身取引被害者の発生に対応するため、厚生労働省雇用均等・児童家庭局は2009年4月に都道府県知事宛に人身取引被害者及び外国人DV被害者を支援する専門通訳者養成研修事業の実施に関する通達[15]を出した。同通達は、国の予算で、専門的知識をもつ通訳者を養成する研修を、都道府県が実施するよう助言する内容である。

しかし、移住連DV調査によれば、この「人身取引被害者及び外国人DV被害者を支援する専門通訳者養成研修事業」について、47都道府県のうち41都道府県はこの事業を知っているが、今後この事業実施を計画しているのは4都道府県にとどまっている。事業計画を敬遠する理由は、「外国人利用者が少ないので常時専門の通訳を各言語について用意する必要がない」、「外国人相談者のほとんどが日本人の配偶者で日本語でのコミュニケーションが可能である」との回答が多く、自治体において、相談および通訳の専門性が十分認知されていない現状を指摘している[16]。

外国人女性の保護や支援を実践する専門家会議[17]では、「一時保護中は一番混乱している状態であり、通常の生活の場での必要性とは比較できないほ

---

[15] 厚生労働省雇用均等・児童家庭局「人身取引被害者及び外国人DV被害者を支援する専門通訳者養成研修事業の実施について」2009、http://www.gender.go.jp/e-vaw/kanrentsuchi/03/r_49_0406002.pdf（2012年12月30日アクセス）
[16] 移住労働者と連帯する全国ネットワーク・女性プロジェクト（移住連・女性プロジェクト）「移住（外国人）女性DV施策に関する自治体調査と提言」2011、http://www.migrants.jp/v1/Japanese/content.php?no=9051（2012年12月30日アクセス）
[17] 本調査研究の一環として、2011年12月18日に開催した。

ど通訳の必要性があるといえる。そのため"一時保護中、ひとり最低一回は通訳を介して問題を整理したり、支援について説明を行う"というような基準の設置が必要である」との民間シェルタースタッフからの指摘や、「同伴児に通訳をさせない、同国人の利用者に通訳をさせないという鉄則の周知」や、「DV被害者や人身取引被害者の通訳派遣の際には同国人コミュニティのつながりを避けた派遣への配慮、守秘義務の徹底を含む通訳の質の向上のための研修や、通訳のコーディネートを担う機関の設置の検討」、「通訳を利用しやすい制度の検討」、「専門性のある民間の通訳に対する報酬の検討」など、専門通訳の重要性と必要性を担保する制度の充実および専門通訳の待遇などの課題が指摘された。

(3) シェルター利用時の外国人女性の同伴児の課題

　シェルターに入所する女性の同伴児の課題もある。民間シェルター調査における外国人女性25名中22名（88％）は同伴児を連れていた。同伴児36名の内訳は、乳児（1歳未満）2名（女児）、未就学児（7歳未満）21名（女児3名、男児18名）、小学1～3年6名（女児4名、男児2名）、小学4～6年6名（女児のみ）、中学生1名（14歳）であった。子どもの日本国籍が確認できたのは18名、外国籍11名（中国4名、ペルー3名、フィリピン2名、ロシア1名、ブラジル1名）であり、同伴児の国籍未記載も7名あった。

　公営シェルター調査では、利用者の国籍別の統計はない。しかし、単身の利用者と同伴児のいる利用者の割合は半々であり、同伴児に対する保育や、学齢期の子どもへの支援も看過できないものになっている。

　子どもを同伴せざるを得ないほどの緊迫感をもって公営シェルターの利用を希望する被害者にとって、公営シェルターの同伴児の利用制限は、影響が大きい。とくに都道府県47箇所中45施設において、男子の同伴児は「小学生以下」、それも「小学校3年まで」や「第2次性徴概ね小4まで」などの制限がある一方、乳児は男女とも「生後2カ月以上」との制限がある。また、未就学児を対象としたプログラムを実施している公営シェルターは全体の31.9％（15施設）にとどまり、実施していない公営シェルターは全体の68.1％（32施設）を占める。学齢期児童の学習指導プログラムの実施は57.4％（27施

設）あるが、多くはドリル学習などにとどまる。

　日本人女性の同伴児への支援が十分でない中では、外国人利用者の同伴児に特化した、日本語学習などのプログラムはみられなかった。

　民間シェルター調査における外国人女性が直面する課題に、「夫から外国籍女性の娘への性虐待や夫の親戚から娘への性暴力の疑い」（3名）があった。夫の親族からの娘への性暴力の疑いを回答した女性は、自身も過去に人身取引被害に遭っていた。女性に対する暴力の連鎖ないし複合的な暴力被害の発生状況が本調査から浮かび上がった。

（4）正規の在留資格を持たない外国人女性に関する課題

　正規の在留資格を有しない外国人女性の背景には、難民、仮放免中、婚姻等による在留特別許可申請中夫の協力を得られないために在留手続きができずにいるなどさまざまな事情がある。また、非正規滞在者の妊娠出産の際は、正規の在留資格がないと医療補助が受けられないなど不利益が生じる。2004年に外国人女性のDV被害と社会的資源について調査研究を行った李は、正規在留資格を有しない外国人女性の脆弱性を指摘し、特にDV被害者はハイリスクなケースとなり、相談員の支援がより困難になることを指摘している[18]。

（a）公営シェルターでの非正規滞在者への対応

　公営シェルター調査では在留資格を問うていないが、正規の在留資格がない外国人女性が入所した場合、どのように対処するかの設問に対する回答から、3つの対応に分類することができる。

　第1に、DV被害を優先した対応である。「DV被害者、又は暴力被害者であれば受け入れている」、「一時保護等の必要性が優先される場合は他者同様に対応する」、「一時保護する（在留資格の有無は一時保護の条件ではない）」などの記述がある。

　第2に、条件付きのDV被害者対応である。「緊急保護が必要と判断すれ

---

[18] 李節子「在日外国人女性のドメスティック・バイオレンス被害に対する社会的資源——その現状と課題」2004、34頁、http://www.awf.or.jp/pdf/0160.pdf（2013年4月7日アクセス）

ば一時保護は行うが、必ず入国管理局に連絡し、入国管理局の判断にまかせる」などの対応である。「これまで受け入れたことがない」公営シェルターでも、在留資格取得もしくは回復の可能性を探るために「入管に相談する」「特別在留許可申請を支援する」など、外国人当事者が抱える課題にできるだけ対応する姿勢を示している。

第3は、「帰国を促す」、「入管への出頭を促す」、「入管に通報する」など、DV被害者支援よりも非正規滞在という正規の在留資格を持たない外国人への対応を優先する対応である。

2008年の国の「配偶者からの暴力の防止及び被害者の保護のための施策に関する基本的な方針」には「外国人等の人権の尊重」を「職務関係者による配慮」として求めている。また、正規に在留資格がない外国人DV被害者への対応に該当する部分は、法務省入国管理局通達（2008）に「旅券等を所持しない場合や、退去強制事由や収容中の容疑者に関する手続きにおいて、DV被害者本人の意思及び立場に十分配慮しながら、個々の事情を勘案して、人道上適切に対応すること」と記されているのみで、外国人DV被害者に対する「職務関係者による配慮」や「人権の尊重」および「事情を勘案した人道上適切な対応」とはどのような配慮や対応なのかは、明確ではない。どのような理由であれ、公営シェルターに保護されたことは、女性たち（および母子）が何らかの暴力被害に遭っていたからである。DV施策の基本方針を効果的に実践するため、また二次被害を防止するために、政府の対応指針に基づいた、現場での対応および研修が望まれる。

(b) 民間シェルターでの非正規滞在者への対応

民間シェルターでは、入所者の対応を在留資格の有無ではなく、外国人女性の窮状に即した対応を実践してきた。とくに一時保護の場合は「仮放免の状態でも（在留資格はまだない）、民間シェルターはその母子を保護する」、「長期的支援が必要とわかっても保護する」、「一時保護の場合、在留資格の有無に関わらず関与してきた」と外国人女性支援の専門家会議での発言も明確であった。しかし、非正規滞在者が一時保護から母子生活支援施設に移り、中長期的な支援の段階になると、在留資格がないために生活保護を申請できずに生活支援に困難を極めるのが現状であるという。

とくに、外国人DV被害者（および母子）に対して「外国人＝在留資格の有無」を基準とするのではなく、人道的観点からの救済や支援が必要だと思われる。さらに、2012年7月以降の新しい在留管理制度では、在留特別許可申請者、難民申請者、超過滞在者、仮放免などの正規の在留資格を持たない滞在者は在留カードが発行されず、外国人は住民基本台帳に登録できないために教育、保育、保健などの社会福祉制度や行政サービスから排除され、これまで以上に厳しい状況に置かれるのではないか危惧される。

これらの現状の課題に対応するためには、人道的な観点から、外国人DV被害者および母子に関しては、DV法上に、「国籍を問わず」だけでなく「在留資格を問わず」と明記することが必要である。この点は、今後のDV法改正のポイントになると考えられる。また、生活保護などの柔軟な運用など、政策として明確にするべきであろう。

(5) 制度的な課題

一時保護所には、DV法だけでなく、売春防止法および人身取引対策行動計画[19]による一時保護措置が課せられている。DV被害者、人身取引被害者、帰住先無しの要保護女子、売春防止法違反による入所者が同じ場所で生活し、それぞれに自立支援を行うが、それぞれ支援方法方針が違うため利用者が格差を感じたり、支援内容に制限があったりする。

さらに多くが外国人女性である人身取引被害者の支援は、一時保護所調査からも「宗教・母国の生活習慣の違いなどから特別な支援が必要となる」「国際法務、犯罪関係の面が大きく、警察、入国管理局、IOM等関係機関の捜査・支援が主であり、手段に乏しい女性相談所の支援の域を超えていると思われる」など、特別な支援業務に対する重い負担感が記されている。人身取

---

(19) 人身取引対策行動計画の「3.人身取引被害者の保護」（内閣官房2009：9〜10頁）において、婦人相談所が人身取引被害者の一時保護を行い、衣食住の提供、居室や入浴、食事の配慮、夜間警備体制の整備の他、必要に応じた支援を行うこと、必要な場合には民間シェルターへの移送を行うことのほか、支援に関する婦人相談所の役割が明記されている。このことは、人身取引被害者の保護件数は少ないとは言え、増加するDV被害者の保護支援事業のほかに対応しなければならず、婦人相談所は多文化、多民族、支援事業の多様化との高度な対応を迫られているのである。

引被害者支援については婦人相談所から独立させた施設の検討が必要であろう。上記専門家会議では、「人身取引被害者の支援を行う特別な施設を全国ブロック単位で設置し、感染症への対応もきちんと行うべき」とする具体的提言が出された。人身取引対策行動計画（2009）では、中長期化する人身取引被害者の滞在に伴う負担の軽減を図るための検討を実施することが明記されている[20]。しかし、内閣官房HPで公開されている2012年5月までのフォローアップ[21]には中長期化する人身取引被害者への対応状況についての進捗を見ることはできない。

（6）生活再建、自立支援に関する課題

利用期間・利用経路と退所先

民間シェルター調査における外国人女性25人の利用期間は、2週間以上1か月未満（11人）が最も多く、他は2週間未満である。利用経路は、直接本人希望による入所は3人のみで、他は福祉事務所（7人）、婦人相談所（5人）、配偶者暴力相談支援センター（5人）、男女共同参画センター、保健センター、女性のための相談窓口、市町村相談窓口、市役所など関係機関からの依頼である。

さらに民間シェルター利用後の退所先は、民間賃貸住宅（7人）が最も多く、母子生活支援施設（5人）、婦人相談所（2人）、その他福祉施設（2人）で、母子生活支援施設など公的機関を利用する外国籍利用者は36％に留まる。外国人女性の場合、「帰郷・帰宅」が夫のもとに戻るのか出身国に戻るのかは不明だが、民間賃貸住宅を利用したり、友人や親族に世話になったりしながら生活再建を図っていると推測される。だが、DV被害に遭う前の脆弱性が軽減されない限り、社会的な脆弱さは継続する。

---

(20) 内閣官房「人身取引対策行動計画2009」、11頁　http://www.cas.go.jp/jp/seisaku/jinsin/kettei/2009keikaku.pdf（2013年1月6日アクセス）

(21) 内閣官房「人身取引対策行動計画2009」フォローアップ、10頁　http://www.cas.go.jp/jp/seisaku/jinsin/jinshintorihiki_keikaku2009_fu2405.pdf（2013年1月6日アクセス）

2　外国人 DV 被害者をめぐる制度的変化

（1）DV 法改正に見る外国人被害者への対応の変化

　1980年代頃から増加した国際結婚で日本に移住した外国人女性の相談に対応してきた民間団体や当事者の外国人女性らからは、DV、夫が在留資格更新手続きに協力してくれないこと、離婚を考えても「日本人の配偶者」としての在留資格を失うために DV に甘んじなければならないことなど、厳しい現状が訴えられていた[22]。しかし、2004年第1次改正ではじめて、国籍を問わず被害者が保護・支援されることが DV 法に明記された。改正 DV 法では、「配偶者からの暴力に係る被害者の保護、捜査、裁判等に職務上関係のある者（以下、「職務関係者」）は、その職務を行うに当たり、被害者の心身の状況、その置かれている環境等を踏まえ、被害者の国籍、障害の有無等を問わずその人権を尊重するとともに、その安全の確保及び秘密の保持に十分な配慮をしなければならない」[23]（第23条）と盛り込まれた。

　2007年7月の DV 法第2次改正では、外国人被害者に関わる条項に変化はなかったが、第2次改正 DV 法が施行された2008年の「配偶者からの暴力の防止及び被害者の保護のための施策に関する基本的な方針」において、職務関係者が配慮すべき「外国人等の人権の尊重」として、国籍や在留資格の有無を問わずに DV 被害者がおり、人権に配慮した職務執行が必要であることのほか、適正な在留資格がない外国人に対しては　個々の事情を勘案して、人道上適切に対応する努力が求められている[24]。

　加えて、第2次改正 DV 法施行後の2008年7月10日に、法務省入国管理局

---

[22]　日本弁護士会（以下、日弁連）も、2003年9月の『「配偶者からの暴力の防止及び被害者の保護に関する法律」の見直しに関する意見書』において、外国人 DV 被害者を「DV 防止法においては、日本国籍若しくは在留資格があることは要件とされていない。したがって形式的には、在留資格のない外国人被害者も DV 防止法による保護の対象である」としている。

[23]　内閣府男女共同参画局 HP 「配偶者からの暴力の防止及び被害者の保護に関する法律」http://www.gender.go.jp/dv/dvhou.html（2012年12月30日アクセス）

[24]　内閣府男女共同参画局 HP「配偶者からの暴力被害者支援情報」の「基本方針（全文）」34頁より。http://www.gender.go.jp/e-vaw/law/index2.html（2012年12月30日アクセス）

長は「「配偶者からの暴力の防止及び被害者の保護に関する法律」及び「配偶者からの暴力の防止及び被害者の保護のための施策に関する基本的な方針」(以下、DV施策基本方針)に係る在留審査及び退去強制手続きに関する措置について」の通達[25]を、法務省入国管理局の関係機関宛に出した。その内容は、外国人DV被害者に関する在留審査に関するもので、在留資格を有していた外国人が配偶者の暴力に起因し在留期間更新ができない場合や、在留資格の取消事由に該当(入管法第22条の4第1項目各号)する場合の在留審査、また旅券等を所持しない場合や、退去強制事由や収容中の容疑者に関する手続きにおいて、DV被害者本人の意思及び立場に十分配慮しながら、個々の事情を勘案して、人道上適切に対応することが明記されている。

(2) 新外国人在留管理制度の導入 ── 外国人DV被害者への影響

　DV法改正により、国籍や在留資格に関して配慮されるようになった一方で、2009年に出入国管理および難民認定法(以下、入管法)および住民基本台帳法、外国人登録法の改正が行われた。この新しい外国人在留管理制度は、DVなど、女性に対する暴力被害を受けた外国人女性たちの脆弱性をさらに増長しかねない内容となっている。

　新しい外国人在留管理制度とは、2009年に改正された入管法および住民基本台帳法、外国人登録法が2012年7月に完全施行されたものである。その背景には、少子高齢化社会における労働力不足、留学生など高度人材の確保、増加する定住外国人への対応[26]などがある。新たな外国人在留管理制度の主な内容は、これまで市町村に届け出ていた外国人登録を廃止し、法務省が一元化して中長期間在留する外国人を継続的に把握するものである。法務省入国管理局はホームページ[27]で①中長期在留外国人には在留カードを交付

---

(25) 法務省管総第2323号 http://www.gender.go.jp/e-vaw/kanrentsuchi/04/h_05_2323.pdf (2012年12月30日アクセス)
(26) 総務省「多文化共生の推進に関する研究会報告書2007」において、地域における多文化共生の推進に向けて、地方自治体が外国人住民に対する外国人住民への行政サービスの的確に提供するために、外国人住民を的確に把握する重要性を指摘していることが、住民基本台帳法改正の背景として、「外国人台帳制度に関する懇談会報告書」(2008)に記されている。

する、②在留期間の上限をこれまでの3年から5年にする、③有効な旅券と在留カードを所持する外国人の出国後1年以内の再入国が許可される、④新しい在留管理制度の導入により外国人登録制度が廃止される、の4項目のみを記している。また総務省のホームページには、「外国人住民が新たに住民基本台帳法の適用対象に加わります」との見出しの下、改正のポイントとして、外国人住民も世帯全員が記載された住民票が作成されるようになること、国民健康保険など、各種行政サービスの届出と一本化が図られ手続きが簡素化されるなど利便性が向上することが記載されている。

　しかし、この新在留管理制度について、中長期滞在の外国人女性に関連する以下の3点が主な問題点として指摘されている。

① 　中長期滞在外国人および特別永住者には特別永住証明書を交付し、常時携帯を、罰則をもって義務づけたこと。また、そのカードに埋め込んだICチップに個人情報が集積され、利用や閲覧に制限がないことから個人情報保護に問題がある[28]。

② 　日本人、永住者又は特別永住者の配偶者として「日本人の配偶者等」又は「永住者の配偶者等」の在留資格を有する外国人は、「配偶者の身分を有する者としての活動を継続して6月以上行わないで在留している」[29]場合、これについて「正当な理由」があるときを除き、在留資格取消しの対象となる[30]。しかし、相手方の不貞行為やDVの被害が原因で別居を余儀なくされているものまで取消の対象となりかねず、外国

---

(27) 法務省入国管理局「日本に在留する外国人のみなさんへ　2012年7月9日から新しい在留管理制度がスタート！」http://www.immi-moj.go.jp/newimmiact_1/index.html（2013年1月8日アクセス）

(28) 日本弁護士連合会「外国人の在留管理を強化する入管法等の「改正」法案に対する会長声明」2009、http://www.nichibenren.or.jp/activity/document/statement/year/2009/090424.html（2012年12月30日アクセス）

(29) 出入国管理及び難民認定法
　「（在留資格の取消し）
　　第22条の4　法務大臣は、別表第1又は別表第2の上欄の在留資格をもって本邦に在留する外国人（第61条の2第1項の難民の認定を受けている者を除く。）について、次の各号に掲げるいずれかの事実が判明したときは、法務省令で定める手続により、当該外国人が現に有する在留資格を取り消すことができる。」

人配偶者の立場を著しく弱めるものである(31)。
③　在留カードが発行されない超過滞在者、難民申請、仮放免などの外国人は住民基本台帳に登録できず、教育、保育、保険などの社会福祉制度の対象外となる(32)。

とくに②と③は、外国人DV被害者に直接関わる重大な問題点であり、外国人支援を担う民間団体のネットワーク組織の「移住労働者と連帯する全国ネットワーク」（以下、移住連）は2011年11月の省庁交渉等(33)で、在留資格取消に相当しない「正当な理由」についての説明を求めていた。

法務省入国管理局は、2012年7月に「（「配偶者」の）在留資格を取り消すかどうかの判断は、個別・具体的状況に基づいてなされるもので、必ずしも後記の具体例に限定されるものではない」としながらも、「正当な理由」に該当する場合等在留資格の取消しを行わない主な事例を下記のとおり公表した(34)。

①　配偶者からの暴力（いわゆるDV）を理由として、一時的に避難又は保護を必要としている場合
②　子どもの養育等やむを得ない事情のために配偶者と別居して生活して

---

(30)　入管法　第22条の4第1項第7号「7　日本人の配偶者等の在留資格（日本人の配偶者の身分を有する者（兼ねて日本人の特別養子（民法（明治29年法律第89号）第817条の2の規定による特別養子をいう。以下同じ。）又は日本人の子として出生した者の身分を有する者を除く。）に係るものに限る。）をもって在留する者又は永住者の配偶者等の在留資格（永住者等の配偶者の身分を有する者（兼ねて永住者等の子として本邦で出生しその後引き続き本邦に在留している者の身分を有する者を除く。）に係るものに限る。）をもって在留する者が、その配偶者の身分を有する者としての活動を継続して6ヶ月以上行わないで在留していること（当該活動を行わないで在留していることにつき正当な理由がある場合を除く。）。」

(31)　前掲注(28)

(32)　栖原暁「――入管法・住民基本台帳法改正を受けて――日本は外国人をどう受け入れようとしているのか」日本YWCA「留学生の母親」運動講演会資料、2009より

(33)　2011年11月15日の省庁交渉で、移住連は、法務大臣、総務大臣、文部科学大臣、外務大臣宛に、新たな出入国管理行政について入管法第22条の4の改訂において「在留資格の取消」制度における「正当な理由」について明示するよう書面で求めた。

(34)　法務省入国管理局「配偶者の身分を有する者としての活動を行わないことに正当な理由がある場合等在留資格の取消しを行わない具体例について」2012、http://www.gender.go.jp/e-vaw/law/pdf/2407_22417.pdf（2013年4月7日アクセス）

いるが生計を一にしている場合
③　本国の親族の傷病等の理由により、再入国許可（みなし再入国許可を含む。）による長期間の出国をしている場合
④　離婚調停又は離婚訴訟中の場合

　上記の事例をどのように証明するのか、どの程度までのDVを避難及び保護相当とみなすのかなどの課題は残るが、少なくともDV被害者への配慮が通達で公表されたことは評価されよう。

（3）外国人DV被害者をめぐる制度の変化

　以上のように、2001年のDV法制定から第1次改正（2004年）、第2次改正（2007年）および在留資格に関する通達や、2012年の新しい外国人在留管理制度の本格的な導入に至るまで、多くが女性と想定される外国人DV被害者をめぐる法的対応はめまぐるしく変化している。外国人DV被害者の支援にあたる関係者は、こうした制度や法律などの変更や解釈を適宜把握しておく必要と、その内容をわかりやすく当事者に伝える責務を負っている。専門的知識と多国籍、多民族、多文化の背景をもつ外国人DV被害者への柔軟な対応が必要である。

　また、DV「基本方針」で、外国人や障害者の保護に関して具体的に言及しているのは、外国人の日本滞在における法的地位に関することのみである。一方で、外国人女性がDV被害に遭った時、相談アクセスおよび緊急時および中長期の保護と自立支援など、それぞれの過程で、制度の理解、心身の安全の確保、自立支援に向けた子の養育や教育、就労や住宅確保のための、言語や社会文化的な差異に配慮したきめ細やかな対応について、「基本方針」には一切言及されていない。

　日本に定住する外国人女性に日本語での理解を促す支援ではなく、多文化や民族の多様性、そしてそれぞれのライフステージに合わせたニーズに対応可能な女性施策の必要性が、外国人女性支援においても指摘できよう。

　さらに、民間施設のソーシャルワーカーは、DV被害を受けた外国人女性の居住地変更届出について、「生活保護の申請において（日本人は現在地主義、外国人は外国人登録地での申請）、DV被害者に住所の移動を促すことを強く

行政から求められる。住所を移動し、DV被害者が危険に陥ることを相談員は理解すべきである」と指摘している。新しい在留登録制度における外国人DV被害者が直面しうる危険を行政は認識する必要があろう。

> ●**男女共同参画政策における生活困難者対策の中の外国人**
>
> 　内閣府男女共同参画会議が2009年に発表した「新たな経済社会の潮流の中で生活困難を抱える男女に関する監視・影響調査報告書」では、「国際結婚と外国人の親を持つ子どもの増加」にも着目している。定住外国人女性と子の中には、家族による扶養や企業による安定雇用等のセーフティネットから漏れてしまう層、既存の制度枠組みによる対応では不十分な生活困難層に属することも少なくないと推測される。政府が取り組むべき支援課題の中の定住外国人女性に関する記述は「安心して親子が生活できる環境づくりに関わる課題」としての「国際結婚や在留外国人とその子どもへの支援」と記し、その課題解決を促進するための関連施策全83項目の該当部分（70～74）を下記に提示した[35]。なお、「暴力被害当事者等のエンパワーメントに向けた支援」としてDV被害者の自立支援などの関連施策（14～19）も掲載されているが、外国人被害者に対する配慮は記されておらず、74の専門通訳者養成事業がそれぞれの施策と外国人当事者を繋ぐ施策となることが推測できる。
>
> 　外国人女性たちの生活再建、自立支援は、ライフプランニングやキャリアプランニングなど自立に向けたキャリア形成の基礎力の醸成と、雇用・就業の安定が大きな鍵になると思われる。外国人女性の脆弱性を克服し、生活再建と自立が可能となる多文化共生社会は、外国人のみならず日本社会にとっても住みやすい社会となり得る。定住外国人女性（とその子ども）に対する社会的関心がさらに醸成されることが期待される。

---

(35)　内閣府男女共同参画会議「新たな経済社会の潮流の中で生活困難を抱える男女に関する監視・影響調査報告書」2009、http://www.gender.go.jp/danjo-kaigi/kansieikyo/seikatsukonnan/ref2.pdf

第2部　女性支援のジレンマ

表1　国際化に対応した支援体制の強化～国際結婚や在留外国人とその子どもへの支援

施策名	所管府省	実施主体
70　外国人向け広報資料（「配偶者からの暴力の被害者へ」）の作成、配布	内閣府男女共同参画局	
71　帰国・外国人児童生徒受入促進事業	文部科学省	都道府県教育委員会、市町村教育委員会
72　「生活者としての外国人」のための日本語教育事業	文化庁	都道府県、市町村、法人格を有する団体
73　定住外国人の子どもの就学支援事業	文部科学省	国際機関
74　専門通訳者養成研修事業	厚生労働省	都道府県

出典）内閣府男女共同参画会議、2009年「新たな経済社会の潮流の中で生活困難を抱える男女に関する監視・影響調査報告書」資料　関連施策一覧表から抜粋

●定住外国人施策ポータルサイト

　内閣府では、男女共同参画局だけでなく、共生社会政策として主に日本在住の日系外国人を対象とした定住外国人に関する施策の情報提供を以下のように行っている。外国人女性の生活再建と自立支援だけでなく、生活に必要な情報がポータルサイトに掲載されている。こうした現状は歓迎すべきであるが、課題は、定住外国人が主には日系外国人ととらえていること、それぞれの外国人向けの施策が個別に行われているため、外国人には（日本人でも）役所での対応や手続きは煩雑なものになること、である。外国人当事者と、行政をつなぐ中間的存在によるサービスの需要が高くなる。

定住外国人施策ポータルサイトの内容（日本語によるもの[36]）

ホーム	東日本大震災に関する情報について（東日本大震災に関する情報（リンク集）、外国語による電話相談一覧）	内閣府

---

[36]　日本語のほかに英語、日系定住外国人のためのポルトガル語およびスペイン語でも対応しているが、情報内容は必ずしも日本語による情報と同じではなく限定的である。

166

第3章　外国人女性支援：脆弱性と政策のはざまで

政策案内	施策の基本方針（基本方針、行動計画、過去の支援策）	内閣府
	教育制度（就学ガイド）	
	医療制度（社会保険制度・加入案内）	文部科学省
	年金制度（国民年金制度の仕組み）	厚生労働省
	住民基本台帳制度	厚生労働省
	在留管理制度	法務省
	外国人に関する各種とりまとめ	法務省
		内閣官房
生活者情報	総合（生活ガイド、生活手引き、多言語生活情報、新在留管理制度）	外務省
	日本語学習（日本語学習の必要性、日本語学習の情報、便利な日本語表現）	文化庁
	教育（子をもつ保護者向け案内、就学ガイドブック）	文化庁
	雇用（通訳配置のハローワーク一覧、外国人出張相談コーナー解説場所、日本で働こうとする外国人へ、労働条件のトラブル相談）	厚生労働省
	住宅（住まい・引越し、外国人向け部屋探しのガイドブック）	CLAIR
	子育て（妊娠と出産、小児の予防接種）	厚生労働省
	医療（社会保険制度・加入案内）	厚生労働省
	福祉・介護（障害者福祉、介護保険）	厚生労働省
	年金（国民年金制度の仕組み、日・ブラジル社会保障協定、脱退一時金）	厚生労働省
	生活支援（雇用保険、生活保護）	厚生労働省
	防災（防災マニュアル、Disasters：A Safety Guide、津波災害への備え）	総務省消防庁
	運転免許	CLAIR
	税金（外国人のための所得申告の手引き、税金）	CLAIR
支援者向け情報	日本語学習（「生活者としての外国人」カリキュラム案作成支援、「生活日本語の指導力の評価に関する調査研究報告書」など）	文化庁
	子どもの学習（かすたねっと（文科省）、外国につながる子どもたちのための教材）	文部科学省
	就労（日系人就労準備研修（JICE））	厚生労働省
	住宅（外国人の民間賃貸住宅入居円滑化ガイドライン（国交省））	国土交通省
	医療（覚えておきたい用語集）	厚生労働省
	防災（災害時語学サポーターのための用語集・表現集）	総務省消防庁

出典）定住外国人ポータルサイトより齋藤百合子作成

第4章

女性支援不在の司法

吉田容子

1 保護命令の運用上の問題点

(1) 保護命令制度の導入

2001年にDV法が成立し、保護命令制度が導入された。2004年改正で「退去命令」の期間が2カ月に延長されるとともに「子への接近禁止命令」制度が新設され、2007年改正では「生命身体に脅迫を受けた」場合も保護命令の申立が可能となり、かつ「電話等禁止命令」制度が新設された。

しかし、実務では、これらの法改正により逆に保護命令が認容されにくくなってしまったのではないかとの懸念がささやかれ、申立てや認容状況等に地域差があるとの報道もなされてきた。そこで、まず近時の発令等状況を概観し、次に日弁連両性平等委員会によるアンケート結果（日本弁護士連合会両性の平等に関する委員会「保護命令制度の運用に関するアンケート」2010）を紹介し、これらをもとに問題点を整理する[1]。

(2) 近時の発令状況

(a) 全国の状況

最高裁がまとめた「配偶者暴力に関する保護命令事件の処理状況」をもとに、新受事件数等ならびに取下げ率・却下率・認容率等をまとめたのが表1である。これによれば、①新受事件数は、2008年に3,000件を超えたが、2011年以降は減少に転じ、②新受事件のうち平均15％（12.5〜17％）が取下げ等

---

[1] 2013年6月にも法改正があり、「生活の本拠を共にする交際相手からの暴力」についても、保護命令の対象とすることとなった。

(他庁への移送等を含む)で終了している、③既済事件のうち、2005年以降毎年2,000件以上が認容され(一部認容を含む)、認容率は概ね80％前後であるが(認容件数÷既済件数)、「生命等に対する脅迫」のみを理由とする申立については75％前後である(同)、③既済事件のうち約5％が却下されている(却下件数÷既済件数)ということがわかる。

(b) 地域による申立率、発令率の格差

最高裁がまとめた「地方裁判所管内別新受・既済・終局結果別件数」をもとに、人口10万人あたりの申立件数・認容率・却下率・取下げ率をまとめたのが表2である。

これによれば、地域により発令等状況に差があり、申立件数で6倍弱、認容率で20％強の差があることがわかる。

発令件数に地域差があることは、過去にも指摘されていた。たとえば、最高裁統計と総務省都道府県別人口統計(2008年10月1日時点)をもとに朝日新聞が分析したところ、2001年10月〜2009年3月に全国の地裁が発令した保護命令は計1万4,024件、人口10万人当たりの全国平均は11.0件であったが、地裁管内別(北海道の4地裁は合算)にみると、トップは那覇で27.8件、次いで奈良(23.4件)、鳥取(23.0件)と続き、逆に発令件数が最も少なかったのは長野で4.1件であった。被害者の申立てでは、件数のトップは那覇(33.0件)で、最少は長野(5.8件)である。申立件数に対する発令の割合でも那覇の84.7％に対し、長野は70.4％と低かった。また、最高裁統計によると、保護命令申立て総数(審理中を除く)は1万7,566件で「取り下げ等」は全国で2,683件あったが、取下げ率が高かったのは岐阜(27.1％)、長野(26.4％)、水戸(24.5％)で、これらの地域は人口当たりの発令件数も少なくなる傾向があった[2]。

各地域で実際に保護命令発令要件に該当するDVが何件発生しているかは不明である。しかし、被害者は避難をしながら生活の再建をしなければならず、そもそも自力で保護命令申立をするには困難があり、配偶者暴力相談支援センター(DVセンター)や民間団体、周囲の親族・友人らの支援が厚く

---

(2) 朝日新聞2009年7月27日付

第2部　女性支援のジレンマ

表1　配偶者暴力に関する保護命令事件の処理状況等について

1　新受、未済、既済件数

	新受件数 総数	未済件数 総数	既済件数 総数	認容（保護命令発令）件数		うち、生命等に対する脅迫のみを理由とする申立てに係るもの	(1)被害者に関する保護命令のみ発令された場合		①接近禁止命令・退去命令・電話等禁止命令	②接近禁止命令・退去命令	③接近禁止命令・電話等禁止命令	④接近禁止命令のみ	⑤退去命令のみ	⑥電話等禁止命令（事後発令）	(2)「子への接近禁止命令」及び「親族等への接近禁止命令」が同時に発令された場合		(3)「子への接近禁止命令」が発令された場合(2)以外		(4)「親族等への接近禁止命令」が発令された場合(2)以外		却下		取下げ等	
							うち、生命等に対する脅迫のみを理由とする申立てに係るもの								①被害者への接近禁止命令と同時	②事後的な子への接近禁止命令及び親族等への接近禁止命令の同時発令	①被害者への接近禁止命令と同時	②事後的な子への接近禁止命令	①被害者への接近禁止命令と同時	②事後的な親族等への接近禁止命令				
平成13年総数	171	18	153	123	80.4%					32		91	0								4	2.6%	26	15.2%
平成14年総数	1,426	46	1,398	1,128	80.7%					326		798	4								64	4.6%	206	14.4%
平成15年総数	1,825	49	1,822	1,468	80.6%					406		1,058	4								81	4.4%	273	15.0%
平成16年総数	2,179	95	2,133	1,717	80.5%					554		1,098	5			55	5				75	3.5%	341	15.6%
平成17年総数	2,695	72	2,718	2,141	78.8%					190		730	4			1,205	12				147	5.4%	430	16.0%
平成18年総数	2,759	62	2,769	2,208	79.7%					166		710	8			1,320	4				146	5.3%	415	15.0%
平成19年総数	2,779	84	2,757	2,186	79.3%					173		640	7			1,364	5				140	5.1%	431	15.5%
平成20年総数	3,147	88	3,143	2,524	80.3%	519	400	101	47	360	213	7	5	441	0	1,119	4	218	9		169	5.4%	450	14.3%
平成21年総数	3,100	101	3,087	2,411	78.1%	643	471	118	26	437	127	6		452	3	1,011	4	219	6		150	4.9%	526	17.0%
平成22年総数	3,096	83	3,114	2,434	78.2%	760	577	141		418	84	10	3	533	0	990	4	220	9		176	5.7%	504	16.3%
平成23年総数	2,741	85	2,739	2,137	78.0%	755	576	127	13	378	63	4		424	1	894	5	227	4		144	5.3%	458	16.7%
平成24年総数	973	118	940	743	79.0%	271	216	49	2	119	23	2	0	182		275	2	88	2		51	5.4%	146	15.0%
合計	26,891	901	26,773	21,220	79.3%	2,948	2,240	536	1,960	1,712	5,635	63	9	2,032	5	8,233	35	972	28		1,347	5.0%	4,206	15.6%

2　認容された保護命令事件の平均審理期間

平成18年	12.5日
平成19年	13.0日
平成20年	13.1日
平成21年	13.4日
平成22年	13.7日
平成23年	13.1日
平成24年	12.6日

*　使用数値中、平成18年3月までの数値は、各裁判所からの報告に基づくものであり、概数である。
*　使用数値中、平成23年1月以降の数値は、速報値である。
*　使用数値中、平成24年の数値は、1月から4月までの数値である。
*　使用数値中、平成13年の数値は、同年10月13日施行以降の数値である。
*　未済件数は、各月末日現在、審理中の事案の件数である。
*　平成18年の容認された保護命令事件の平均審理期間は、4月から12月までのものである。
*　「容認」には、一部容認の事案を含む。「却下」には、一部却下一部取下げの事案を含む。「取下げ等」には、移送、回付等の事案を含む。
*　DV防止法の改正により、平成16年12月に「子への接近禁止命令」制度が、平成20年1月に「電話等禁止命令」制度及び「親族等への接近禁止命令」制度がそれぞれ新設された。
　これらの命令は、被害者への接近禁止命令と同時に又は被害者への接近禁止命令が発令された後に発令される（表1の(2)、(3)、(4)のそれぞれの①が前者、(1)の⑥、(2)、(3)、(4)のそれぞれ②が後者）である。

出典）最高裁事務総局民事局作成の表に基づき可児康則氏が作成したものに、加筆修正した。

申し立てしやすい環境にあるか否かが影響していることが考えられるし、裁判官のDV被害に対する認識の度合いも大きく影響していると考えられる。

（3）保護命令制度の運用に関する日弁連アンケート報告書

　保護命令は発令要件が厳格である。それ故、取下げを勧告され、あるいは却下される例が少なくない。その中には妥当性に疑問がある例もあると思われるが、これは統計からは読み取れない。そのうえ保護命令は本人申立てが非常に多く、裁判所の運用や判断の妥当性が検証されることはほとんどない。

　そこで、日本弁護士連合会両性の平等委員会は、保護命令制度の運用に関して、全国のDVセンター及び民間シェルターに対するアンケート調査を実施した（2009年12月～2010年1月）。回答数が限られているうえ事案の詳細が把握できないので検討に限界はあるが、現場の支援機関からの率直な問題の指摘として意味があり、実務の中で弁護士が感じている懸念が実在することが確認されたと言ってよい。同委員会は挙げられた問題点を以下のように整理している。

（a）　暴力の過小評価

　過去に受けた暴力の程度や頻度、時期の判断などにおいて、暴力等の事実が過小評価されているのではないかという指摘がある。

　実際には直近の傷害を伴う身体的暴行だけが問題とされ、軽度の身体的暴行や脅迫を理由とする申立ては認容されにくい。すぐに逃げなかったことを理由に軽度の暴行と判断されたり、診断書や写真があっても却下された例や、「殺す」と言われても「怖い」というのは単なる主観であるとして申立自体を受理拒絶された例もある。

　しかし、被害者は、暴力を受けた後すぐに逃げられる人ばかりではない。子どもの学校、仕事の段取り、住居の用意、更なる暴力を受けずに逃げ出すタイミングなど様々なことを考えないと避難できないことが往々にしてあるが、現場の支援者と裁判所との間で、危険認識において齟齬がある。

（b）　加害者の危険性の否定

　「さらなる重大な危害のおそれ」に関し、安易に加害者の危険性が否定されているとの指摘がある。

相手方が反省文や誓約書を提出した、反省している、近づかないと約束した、代理人弁護士が「連絡は必ず弁護士を通して行う」旨の意見書を提出した、妻にも問題がある（理由なく暴力を加えたのではない）、離婚調停中なので今後は自ら不利になる暴力はないだろう、等々の理由で、取下げを勧告されたり、却下された例があり、却下後、数日もたたない間に「誓約」が破られた例もある。

加害者は簡単に「謝罪」し「反省」するけれども、「謝罪」や「反省」後もその行為態様が容易に改められない例が往々にして見受けられる。ところが、このことが裁判所や弁護士によって理解されていない。

(c) 条文にない要件の付加

退去命令につき、条文にない要件が付加され、取下げ勧告や却下がなされている。

「退去命令は著しく相手（加害者）の権利を制限するので安易に認められない、荷物を取りに行きたいなら警察や親族に協力してもらえばよい」との理由で強く取下げを迫られた例、「退去命令は相手方（加害者）の権利制約の程度が大きいため、これによって得られる申立人側の利益が相手方の不利益を上回る場合のみ認められる」として却下された例、発令する場合も荷物を取り出したらすぐに取り消すよう「指導」され書記官から取消しの書式を渡された例もある。

これらはいずれも、加害者の居住の利益への配慮、比較考量という条文にない要件が付加されて運用されていることになる[3]。

(d) 子どもへの接近禁止命令発令に関する問題点

「中学生であれば自分の意思で相手の接近を回避できる」として取下げを勧告された例（その後、加害者は執拗に学校で待ち伏せをした）、「乳児ならよいが、学童なら無理」と却下された例、乳児への接近禁止が却下された例、子への虐待を行っていた加害者が「体罰を考え直す」と述べたとして裏付けとなる証拠・実績がないのに却下された例（その後加害者は執拗に子につきま

---

(3) DV法の条文上、当事者「双方」の事情を考慮することになっているのは、再度の退去命令の申立てのみである（18条）。

とい、ダメージを受けた子は登校拒否・通院となった）などがある。また、子への付きまといに係る証拠を求められる傾向があるとの指摘もあった。
(e)　判断までの期間
申立後3カ月余後に却下判断があった例がある[4]。
(f)　裁判官や書記官のDV研修
住所を秘匿しているのに居住場所を接近禁止にするので明らかにするよう迫られた例、一時保護中は同居していないので退去命令は出せないと言われた例、診断書がないと受理が困難と言われた例、診断書の病名を黒塗りしないよう求められた例などがある。
被害者の安全確保の視点が不十分であり、研修の不十分さが伺われる。
(g)　再度以降の申立てについて
「危害を受けるおそれ」が継続していることについての理解が不十分との指摘がある。初回発令期間中に相手方が住居に来たのに却下された例、初回発令期間中に脅しはあったが身体的暴力がなかったとして却下された例などがある。
(h)　暴力の動機や被害者の落度の考慮
加害者の多くは暴力を過小評価し、その原因を被害者側の言動に帰する。しかし、仮に何らかの事情が被害者にあったとしても、それにより暴力が正当化されてはならない。ところが、相手方の暴力は本人の浮気が原因だから発令しないと言われた例、加害者なりに全く理由もなく暴力を加えたわけではないとして却下された例などがあり、疑問である。
(i)　親族への接近禁止命令発令
加害者が被害者を連れ戻すために被害者の親族等に執拗に面談等を求めてくることが多く、2007年に法改正で「親族等接近禁止命令」が導入された。ところが、実家に逃げている場合は親族への接近禁止命令は出せないと裁判所に言われた例、本人に発令すれば同居の家族には不要と言われた例などがあり、裁判所の運用に疑問がある。
その他、相手は暴力的な人には見えない、保護命令を発令すれば怒った相

---

[4]　最高裁統計では保護命令事件の平均審理期間は12.6日と報告されている。

表2　地方裁判所管内別新受・既済・終局結果別件数（平成13年10月～平成24年4月）

地方裁判所管内	新受件数 総数	既済件数 総数	認容(保護命令発令) 総数	うち、生命等に対する脅迫のみを理由とする申立てに係るもの	件数	%	うち、生命等に対する脅迫のみを理由とする申立てに係るもの	(1)被害者に関する保護命令のみ発令された場合 ①接近禁止命令・退去命令・電話等禁止命令	②接近禁止命令・退去命令	③接近禁止命令・電話等禁止命令	④接近禁止命令のみ	⑤退去命令のみ	⑥電話等禁止命令(事後発令)	(2)「子への接近禁止命令」及び「親族等への接近禁止命令」が同時に発令された場合 ①被害者への接近禁止命令と同時	②事後的な子への接近禁止命令及び親族等への接近禁止命令の同時発令	(3)「子への接近禁止命令」が発令された場合((2)以外) ①被害者への接近禁止命令と同時	②事後的な子への接近禁止命令	(4)「親族等への接近禁止命令」が発令された場合((2)以外) ①被害者への接近禁止命令と同時	②事後的な親族等への接近禁止命令	却下	%	取下げ等	%
全国	26,891	26,773	2,948	21,220	79.3%	2,240	536	1,960	1,712	5,635	63	9	2,032	5	8,233	35	972	28	1,347	5.0%	4,206	15.6%		
東京	1,528	1,523	103	1,152	75.6%	71	28	160	99	297	3	1	103	1	411	4	42	3	99	6.5%	272	17.8%		
横浜	908	902	81	678	75.2%	47	8	51	34	160	1	0	95	0	292	1	36	0	51	5.7%	173	19.2%		
さいたま	818	809	104	591	73.1%	73	9	31	71	113	3	0	57	0	275	2	29	0	31	3.8%	187	22.9%		
千葉	1,016	1,011	80	737	72.9%	54	2	72	51	243	3	0	104	0	224	0	37	1	50	4.9%	224	22.0%		
水戸	466	461	76	325	70.5%	42	8	17	33	111	1	0	39	0	97	2	17	0	29	6.3%	107	23.0%		
宇都宮	679	675	192	522	77.3%	158	13	34	44	75	0	0	98	0	208	1	48	1	50	7.4%	103	15.2%		
前橋	289	287	46	233	81.2%	34	6	24	15	59	0	2	23	0	100	0	13	0	10	3.5%	44	15.2%		
静岡	881	878	119	680	77.4%	95	8	59	54	179	2	1	89	1	235	1	51	0	53	6.0%	145	16.5%		
甲府	158	158	33	118	74.7%	24	0	10	4	61	0	0	6	0	34	0	3	0	18	11.4%	22	13.9%		
長野	196	196	40	150	76.5%	31	2	18	17	36	0	0	20	0	48	0	5	0	8	4.1%	38	19.4%		
新潟	539	536	93	406	75.7%	75	3	49	36	110	0	0	40	0	140	0	27	0	27	5.0%	103	19.1%		
大阪	2,810	2,797	49	2,387	85.3%	30	139	355	154	517	5	0	76	0	1,087	4	47	3	65	2.3%	345	12.3%		
京都	789	784	71	654	83.4%	59	20	52	56	160	2	0	23	0	297	2	21	0	44	5.6%	76	10.9%		
神戸	1,428	1,421	133	1,098	77.3%	95	23	89	72	303	7	1	82	0	472	2	46	2	114	8.0%	209	14.6%		
奈良	530	528	54	432	81.8%	40	4	18	33	28	120	2	0	26	0	194	0	11	0	39	7.4%	57	10.8%	
大津	342	341	84	271	79.5%	14	10	36	17	69	3	0	24	0	103	0	21	0	21	6.2%	49	14.3%		
和歌山	387	385	65	306	79.5%	50	7	30	30	69	1	0	29	0	134	2	14	0	23	6.0%	56	14.5%		
名古屋	699	699	62	560	80.1%	47	9	27	35	190	3	0	39	1	236	1	17	2	28	4.0%	111	15.9%		
津	493	493	103	389	78.9%	79	2	12	35	145	1	1	20	1	133	2	19	1	13	2.6%	91	18.5%		
岐阜	216	215	60	152	70.7%	48	1	0	11	9	32	0	0	35	0	54	1	10	0	9	4.2%	54	25.0%	
福井	129	128	29	94	73.4%	19	2	6	10	22	0	0	14	0	37	0	5	0	3	2.3%	30	23.3%		
金沢	178	177	61	136	76.8%	7	2	15	8	27	0	0	13	1	59	1	7	0	16	9.0%	25	14.0%		
富山	212	212	60	157	74.1%	43	1	14	7	27	0	0	20	0	58	0	6	0	20	9.4%	47	22.2%		
広島	744	742	74	621	83.7%	58	18	64	50	126	0	0	65	0	273	0	23	2	43	5.8%	78	10.5%		
山口	362	362	53	275	76.0%	38	11	24	21	56	1	0	37	0	94	1	17	0	28	7.7%	59	16.3%		
岡山	637	633	81	483	76.3%	71	24	32	65	82	0	0	45	0	210	0	30	0	42	6.6%	108	17.0%		
鳥取	309	307	55	248	80.8%	23	8	23	27	53	1	0	26	0	95	1	12	0	22	7.5%	37	11.7%		
松江	272	272	23	232	85.3%	18	16	10	5	54	0	0	23	0	116	0	15	0	11	4.0%	29	10.7%		
福岡	681	678	51	543	80.1%	39	11	59	42	157	0	0	43	0	215	1	13	0	27	4.0%	108	15.9%		
佐賀	216	215	34	178	82.8%	23	7	8	8	37	0	0	19	0	86	0	7	0	10	4.7%	27	12.5%		
長崎	403	402	37	319	79.4%	28	3	36	20	54	0	0	38	0	131	0	14	0	31	7.7%	52	12.9%		
大分	273	273	31	216	79.1%	30	1	24	21	53	3	0	21	0	83	0	11	0	3	1.1%	54	19.8%		
熊本	493	489	30	408	83.4%	25	12	21	27	92	1	0	53	0	170	1	31	0	16	3.3%	65	13.2%		
鹿児島	510	509	92	394	77.4%	70	3	29	31	109	1	0	49	0	167	0	25	0	23	4.5%	92	18.0%		
宮崎	332	331	69	261	78.9%	50	2	19	21	45	1	0	34	0	105	0	25	0	7	2.1%	63	19.0%		
那覇	678	675	142	562	83.3%	112	13	47	55	169	2	0	62	0	182	0	30	0	14	2.1%	99	14.6%		
仙台	636	630	46	531	84.3%	37	6	22	13	53	142	3	0	72	0	202	0	26	0	27	4.3%	72	11.3%	
福島	602	597	70	486	81.4%	55	7	18	44	116	0	0	62	0	210	1	28	0	33	5.5%	78	13.0%		
山形	215	214	26	178	83.2%	19	5	21	12	63	1	0	14	0	53	0	9	0	19	8.9%	17	7.9%		
盛岡	510	509	108	442	86.8%	96	17	32	28	92	1	0	71	0	167	0	33	0	22	4.3%	45	8.8%		
秋田	262	260	81	190	73.1%	22	2	14	9	33	0	0	34	0	84	0	12	0	22	8.5%	48	18.3%		
青森	280	280	18	228	81.4%	13	0	50	10	88	0	0	5	0	68	0	7	0	12	4.3%	40	14.3%		
札幌	895	891	47	707	79.3%	35	17	58	102	382	1	0	15	0	123	2	7	0	53	5.9%	131	14.6%		
函館	235	235	61	210	89.4%	22	3	2	32	102	0	0	9	0	52	1	9	0	6	2.6%	19	8.1%		
旭川	191	190	71	133	70.0%	42	2	1	6	20	43	0	0	20	0	29	0	12	0	14	7.4%	43	22.5%	
釧路	264	264	24	221	83.7%	18	2	7	8	42	116	0	0	17	0	63	0	3	0	3	1.1%	40	15.2%	
高松	368	368	68	286	77.7%	54	4	25	16	50	2	0	33	0	112	0	14	1	16	4.3%	66	17.9%		
徳島	196	196	45	169	86.2%	31	8	2	16	11	42	0	0	17	0	69	0	7	0	7	3.6%	20	10.2%	
高知	299	299	74	228	76.3%	11	2	15	16	42	0	0	22	0	108	0	14	0	3	1.0%	68	22.7%		
松島	337	336	32	253	75.3%	18	11	22	22	35	1	0	51	0	84	0	27	0	12	3.6%	71	21.1%		

* 使用数値中、平成18年3月までの数値は、各裁判所からの報告に基づくものであり、概数である。
* 使用数値中、平成23年1月以降の数値は、速報値である。
* 使用数値中、平成13年の数値は、同年10月13日施行以降の数値である。
* 「容認」には、一部容認の事案を含む。「却下」には、一部却下・一部取下げの事案を含む。「取下げ等」には、移送、回付等の事案を含む。
* DV防止法の改正により、平成16年12月に「子への接近禁止命令」制度が、平成20年1月に「電話等禁止命令」制度及び「親族等への接近禁止命令」制度がそれぞれ新設された。
　これらの命令は、被害者への接近禁止命令と同時に又は被害者への接近禁止命令が発令された後に発令される（表の(2)、(3)、(4)のそれぞれの①が前者、(1)の⑥、(2)、(3)、(4)のそれぞれ②が後者である）。

出典）最高裁事務総局民事局作成の表に基づき可児康則氏が作成したものに、加筆修正した。

手方が調停に出席せず話し合いができないと言われた例などもある。

以上の結果からは、担当裁判官、書記官、弁護士らのDVに対する基本的理解が十分でないことが伺われる。DV事件に関わる裁判官、書記官、弁護士に対する研修を徹底し、DVにおける暴力の構造や被害者への影響等を専門的に研修することが不可欠である。

2　家事事件手続の変化

（1）家事事件手続法の制定

2011年5月に「家事事件手続法」が成立し、2013年1月1日に施行された。同法（以下、新法）は、家庭裁判所における家事審判及び家事調停の手続きを定めるもので、従来、これらの手続きを規律してきた家事審判法と家事審判規則（以下「旧法」という）を一本化したものである。

新法は「手続きの透明化」「当事者等の手続き保障」を重視したものと言われる。しかし、手続きの迅速性や画一性を重視するあまり、関係者の安全・安心や実質的妥当性の見地からは疑問がある内容も含まれる[5]。当事者の円満かつ自主的な話し合いをめざす「調停」も、審判や訴訟の前段階にすぎない構造となっている。

（2）家事事件手続法の問題点

新法は293条にわたる長文の法律であるが、ここでは、女性支援にかかわる範囲で問題点を述べる[6]。

（a）申立書の送付

家事調停の申立書（写）を相手方に送付するか否かについて、旧法では裁判所の裁量とされていた。しかし、新法では、調停手続きの円滑な進行を妨げるおそれがあるときを除いて、裁判所は「申立書の写しを相手方に送付しなければならない」（256条1項）。相手方が申立書の内容を了知したうえで

---

(5)　家庭裁判所に係属する事件が増加し、「迅速」な事件処理が必要となっていることが法改正の背景にある。

(6)　法務省民事局民事法制管理官金子修編著『一問一答家事事件手続法』商事法務、2012、25頁以下、小島妙子『Q&A離婚実務と家事事件手続法』民事法研究会、2013参照

手続き活動を進めることが家事調停手続きの充実及び早期解決の観点から重要である、というのがその理由である。

新法別表第2に掲げる事項（調停によって解決することができる事項、親権者変更や監護者指定事件など）についての家事審判事件でも、裁判所は原則として相手方に申立書の写しを送付しなければならない（67条）。

(b) 記録の閲覧謄写

当事者等からの記録の閲覧謄写請求を認めるか否かについて、旧法では、審判か調停か、当事者か利害関係人かを区別することなく、裁判所の裁量に任かされていた。

しかし、新法では、当事者から家事審判事件の記録の閲覧謄写請求があれば、裁判所はこれを「許可しなければならない」（47条3項）。記録の閲覧謄写が「当事者の手続保障の根幹をなす」「主体的な手続き追行の機会を保障する」との考え方に基づく。ただし、未成年者の利益を害するおそれがある場合、当事者や第三者の私生活若しくは業務の平穏を害するおそれがある場合などは「許可しないことができる」（同条4項）。当事者以外の第三者（利害関係の疎明が必要）からの閲覧謄写請求については、当事者ではなく「主体的な手続追行の機会を保障する」必要がないので、これまでどおり裁判所の裁量である（同条5項）。

他方、家事調停は、基本的には当事者の円満かつ自主的な話し合いの手続きであり、当事者であっても記録の閲覧謄写の必要性が審判と同程度とはいえないうえ、家庭内の細部にわたる事項やプライバシーにかかわる事項が多数含まれていたり、他方当事者を感情的に非難する文書が含まれている可能性が強い。そのため、閲覧謄写許可を原則とすると、プライバシー侵害や、感情をいたずらに刺激して円満かつ自主的な話し合いが困難になる事案が増える可能性がある。そこで、家事調停事件の記録の閲覧謄写については、第三者（利害関係の疎明が必要）だけでなく、当事者からの請求であっても、これを認めるか否かはこれまでどおり裁判所の裁量によることとされた（254条3項）。ただし、審判に移行した場合に、家庭裁判所は、事実の調査等の方法で、従前の調停資料を審判の手続資料とすることが可能であり（当事者の同意は不要）、そうなれば相手方による閲覧謄写は原則として許可される。

(c) 審問期日における他方当事者の立会権

新法別表第2に掲げる事項についての審判事件（親権者変更、監護者指定事件など）では、当事者間で利害対立があることが多いので、その攻撃防御の機会を十分保障するため、裁判所は原則として当事者の陳述を聴取しなければならない（68条）。その方法として、書面照会や家裁調査官による聴取もありうるが、判断を行う裁判官が直接当事者に会って事情を聴取する「審問」が中心となる。

この「審問」における手続保障として、他方当事者は原則としてその審問期日に立ち会うことができるものとされた（69条）。「審問の結果を記録した書面を閲覧謄写するだけでは手続保障としては不十分であり、陳述する当事者の様子を把握することができる状況において審問することが重要である」との理由である。裁判所が審問以外の方法により当事者から直接口頭で事情を聴取し、それを心証形成に用いることは、この立会権を認めた趣旨を没却するので許されない。

ただし「他の当事者が期日に立ち会うことにより事実の調査に支障を生じるおそれがあると認められるとき」は、他方当事者が立ち会わないこともある（69条）。

（3）DV事件への家事事件手続法の影響

DV事件を念頭におくと、これからは以下のように手続きが変化する（事件の種類としては、夫婦関係調整（離婚）、親権者変更、監護者指定・変更などの事件）。

① これらの事件の調停申立書や審判申立書の写しは、原則として相手方に送付される。したがって、安全・安心が脅かされるおそれのある事項は、たとえ裁判所に知らせておくべき事項であっても、申立書に記載するか否かを慎重に検討する必要がある（記載すれば相手方に知られる）。

② 審判の場合は、記録の閲覧謄写が原則許可されるので、書面の作成・提出には慎重さが要求される。調停の場合でも、不成立になれば審判に移行する事件では（親権者変更、監護者指定・変更など）、移行後に調停での提出資料を撤回することは不可能と考えられ、相手方当事者による閲覧謄写請求

は原則許可されることになるので、これを念頭に提出資料の選択に慎重さが必要となる。本当は裁判所に理解してほしい事情についてもその主張や資料の提出が制約されるおそれが強い。

③　そこで、主張書面や書証（閲覧謄写の対象）ではなく、口頭で裁判所に事情を説明したいと考えても、審問以外の方法は許されず、審問には原則として相手方の立会権が認められる。そのため、十分に事情を説明できず、相手方の立会いをおそれて審問への出席すら困難となる場合も考えられる。

記録の閲覧謄写や審問への立会いについて、例外規定はあるが、どのように運用されているかは不明である。実務では既に2011年から新法の先取的運用が行われているが、その中でDVや虐待への配慮が十分に行われているかは疑わしい。

各地の家庭裁判所で、弁護士会に対し、「当事者の手続保障のため、双方当事者立ち会いのもと、調停委員等が手続説明等を行う運用を実施する」との説明がなされている。一律的・硬直的な実施を目指すものではなく、双方当事者立ち会いについて具体的な支障の有無を確認のうえ実施の当否を判断するとの説明もされているが、他方、これまで家庭裁判所は当事者のためにという意識が強く当事者の意向に過度に影響を受けることがあった、今後は当事者に相手方と向き合わなければ解決できない問題であるとの認識を十分にもってもらう必要がある等の指摘もなされている。新法には当事者の責務規定も設けられている（2条、56条）。

手続説明だけなら代理人がついていれば必要ないし、双方当事者の立ち会いも不要である（別々にやればよい）。当事者に主体的な合意形成を促すという理念自体は理解できるとしても、裁判所が想定する合理的・理性的な運用に耐えられる当事者だけではないという事実、その人たちにとっても使いやすい裁判所であるべきという点が軽視されるのではないかとの懸念がある。今後の推移に注目したい。

3　子の監護をめぐる問題

（1）養育費、婚姻費用
（a）離婚の増加と養育費

　両親の離婚を経験する未成年子は年間約25万人、その約8割は母が親権者（監護者）となっている（2011年、人口動態統計）。2011年全国母子世帯調査によれば、全国の母子世帯数は124万世帯(推計)、うち離婚などの生別が92.5％、平均世帯人員は3.42人、末子の平均年齢は10.7歳である。母の80.6％は就労しているが、調査時点の雇用形態は、「正規の職員・従業員」が39.4％、「パート・アルバイト等」が47.4％である。その平均就労年収は約181万円（全世帯の平均年収約563万円の約3割）、母子世帯の母の預貯金額は、「50万円未満」が47.7％と最も多くなっている。2010年国立社会保障・人口問題研究所の調査によれば、未成年子を養育する母子世帯の貧困率は48％にもおよんでいる。

　このような実態に照らし、離婚後の「養育費」ならびに離婚前別居中の「婚姻費用」について、その公正な算定および履行確保は、子どもの成長発達の保障に欠かせない、極めて重大な課題である。現在、当事者間の協議、家庭裁判所の調停又は審判により、決めることになっている。そして、家庭裁判所の判断枠組みは、当事者間の協議にも大きな影響を与える。

　2003年頃までは、家庭裁判所では、当事者双方に資料を提出させ、これに基づいて事案ごとに計算していた。すなわち、算定の土台となる双方の基礎収入を算定する際には、名目収入から控除すべき公租公課と特別経費を資料に基づき実額を認定し、支出する生活費の計算は生活保護基準や労研方式を使用し、さらに、個別事情を加味し、当事者間の歩み寄りにより、現在よりも柔軟な取り決めがなされていた（教育費を別枠で取り決める、入学時に加算、賞与時に加算など）。

　こうした計算方法は、比較的妥当な金額が算出されるというメリットがあったが、他方、資料の収集提出に協力しない当事者が少なくなかったこと、調査官や裁判官の負担が大きかったこと等の理由から、迅速さに欠けるという問題が指摘されていた。

　2003年3月、東京・大阪養育費等研究会（東京家裁・大阪家裁の裁判官と調

査官による研究会）は「簡易迅速な養育費の算定を目指して —— 養育費・婚姻費用の算定方式と算定表の提案」を公表した（判例タイムズ1111号）。この「研究会提案」は、その目標どおりに「迅速な算定」という結果をもたらし、実務に定着した。「提案」自体が「最終的な養育費の額は、各事案の個別的要素をも考慮して定まるもの」としているにもかかわらず、実務ではほとんど唯一絶対の算定表として用いられ、如何に個別事情を主張しても、裁判所は算定表を超える判断を示さない。

しかし、この提案に示される算定方式と算定法には、多くの問題点が指摘されている。その結果、算定される養育費額（婚姻費用も同じ）が最低生活水準にすら満たない事案を多数生みだし、母子家庭の貧困を固定化しあるいは推し進め、特に子どもの教育環境を著しく低水準に固定化し、両親の離婚を契機に子が進学・就学を断念する、貧困の連鎖を生み出すなど、過酷な結果をもたらす一因となってきた。

(b) 養育費算定表の問題点

以下に簡潔に問題点を述べる[7]。

① 公租公課を実額認定していない。

② 総収入に占める職業費割合を19～20％として控除している（実額ではなく、かつ従前よりも割合が増えた）。そのため、多額（過大）の職業費が控除される高収入の義務者に貯蓄の余裕を生じさせ、他方、子を監護する権利者は職業費だけでなく生活費も十分でないという事案を生み出している。

③ 住居費や保険掛金、医療費を特別経費として、給与所得者の総収入の26％～16.4％を控除している。

④ 生活費を算定する指数として、親を100、0～14歳を55、15～19歳を90としている。しかし、この指数は実態とかけ離れ、極めて不合理である[8]。

⑤ 提案は簡易算定表に1～2万円の幅をもたせ、「個別事情のうち通常の範囲のものは既に考慮した」と説明し、実務でも、この点をとらえて

（7） 詳細は、日本弁護士連合会「養育費・婚姻費用の簡易算定方式・簡易算定表に対する意見書」2012を参照

算定表は個別事情を考慮済みと言われる。しかし、月額2万円（年額24万円）の幅では、通常の範囲の個別具体的事情さえ考慮できないことは明らかである。

⑥　養育費も婚姻費用も、その支払いは生活保持義務である（権利者に義務者と同一程度の生活を保障すべき義務。いわゆる「一つのパンを分け合う」義務）。しかるに、算定表には上記のごとき問題があるうえ、「この幅を超えるような額の算定を要する場合は、この算定表によることが著しく不公平となるような特別の事情がある場合に限られる」とされており、算定表の定着は、かえって多くの事案において生活保持義務に反する結果を招来している。

たとえば、「実家で暮らし住居費の負担がない年収600万円の義務者、14歳（中学生）と16歳（高校生）を監護し月額7万円のアパートに暮らす年収120万円の権利者」の事案では、算定表によれば養育費は月額8～10万円である。上限の10万円を採用したとしても、義務者は600万円－120万円＝年収480万円を1人で使用できることになり、公租公課を支払っても十分な貯蓄が可能である（遊興費に使用することもできる）。他方、権利者は120万円＋120万円＝年収240万円であり、ここから公租公課を支払い、住居費84万円を支払い、残りで親子3人が生活しなければならないが、食べざかりの中高生2人をこれで養育することは困難であり、生活保持義務の理念からは程遠い結果となる。

(C)　養育費履行率の低さ

しかも、このような問題を内包しつつ定まった養育費すら支払わない義務者が非常に多く、とりわけ「養育費」の履行率の低さは際立っている。

厚労省全国母子世帯等調査によれば、2011年において、養育費の「取り決めをしている」が母子世帯で37.7％（2005年は38.8％）、父子世帯で17.5％（同15.5％）となっており、「協議離婚」は「その他の離婚」と比べて養育費の「取り決めをしている」割合が低くなっている。取り決めをしていない理由

---

(8)　0～14歳までの子と15～19歳までの子がそれぞれ同じ生活費ということはありえないし、14歳と15歳の指数の格差も合理的説明がない。また、教育費のかかる時期も無視している。

は、母子世帯では「相手に支払う意思や能力がないと思った」が48.6％（同47.0％）と最も多く、次いで「相手と関わりたくない」が23.1（同23.7％）となっている。一方、父子世帯では、「相手に支払う意思や能力がないと思った」が34.8％（同30.6％）と最も多く、次いで「自分の収入等で経済的に問題がない」が21.5％（同32.2％）となっている。離婚した父親からの養育費の受給状況は、「現在も受けている」が19.7％（同19.0％）で、平均月額（養育費の額が決まっている世帯）は42,482円となっている。一方、離婚した母親からは、「現在も受けている」が4.1％（同2.0％）で、平均月額（同）は32,238円となっている。このように、取り決め率自体が十分でないうえ、履行率は極めて低い[9]。

(d) 履行確保

現行の履行確保方法は、履行勧告・履行命令と強制執行である。

このうち「履行勧告」については、その前提となる調査において、義務者の家庭環境その他の環境調整が必要なときは調査官が社会福祉機関との連絡その他の措置をとることができること、官庁・公署への調査嘱託、銀行・信託銀行・関係人の使用者などに対し預金・信託財産・収入その他の事項に関して必要な報告を求めることができること、権利者はこの調査嘱託の結果や報告内容を家裁の許可を得て閲覧謄写できること、が新たに規定された（家事事件手続法289条）。また、養育費や婚姻費用の支払いを命ずる「履行命令」に違反した場合は、10万円以下の過料の制裁がある（同法290条）。さらに、養育費や婚姻費用などの扶養義務にかかる債権についての「強制執行」には、特例措置が定められている（民事執行法151条の２）。これによれば、一部に不履行がある場合は期限未到来の将来債権についても一括して強制執行を開始でき（たとえば、９月分の養育費の履行を怠ったことにより義務者の給料を差し押さえた場合は、10月分以降の養育費についても差し押さえの効力が及ぶ）、また、給料等の差し押さえ禁止部分が２分の１に縮小されている。

しかしながら、強制施行をするには、その前提として金額・支払方法等を

---

(9) 子どもの生存に直結する問題であるにも関わらず、面会交流に比べ、明らかに不履行への非難の度合いも低いことに注目すべきであろう。

明示した公正証書・判決・審判・調停調書など債務名義が必要であるが、離婚の約90％を占める協議離婚では当初から債務名義を有するケースは少ない。また、義務者の資産として給与債権しかない場合には、給与債権を差し押さえられると退職してしまう義務者もいる。履行勧告・履行命令も、その前提として家裁の審判・調停が必要であるし、そもそも、義務者の資産や勤務先が把握できない場合や居所すら明らかでないケースも多く、新たに導入された調査嘱託や報告制度を利用してどれだけ履行率がアップするかは不明である。

なお、履行確保のため、従来から、国による立替え払い制度の導入等が提案されてきたが[10]、いまだ真剣に検討された形跡もない。

（2）面会交流
（a）「親の権利」という考え方

離婚後（離婚前の別居中も同様）、子どもと非監護親（非同居親）とが面会して交流することを面会交流（面接交渉）と呼び、とくにここ数年、その重要性が強調されている。また、2011年民法改正により、面会交流が民法に明記された（766条1項）。

しかし、理論的にも、実際的にも、問題が多い。

① そもそも面会交流は誰の権利か、誰の利益のために行うのか

裁判所は「面会交流は子の権利であり、非監護親の権利でもある」と説明し、弁護士や研究者にも同様の説明をする人が多い。他方、非監護親にのみ面会交流調停・審判の申立権が認められ、多くの実務家（裁判官、弁護士）や研究者は、「非監護親には原則として子との面会を求める権利がある。例外的にそれが子の福祉に反するというならその事実を監護親が明らかにすべきである」という立場をとっている。

これらの説明・立場を整合的に理解しようとすれば、面会交流はあくまでも非監護親の権利であり、「子の権利」というのはリップサービスにすぎないことになる。しかし、「親」にそのような権利があるとする明確な根拠が示されているとは言えない[11]。

---

(10) たとえば日本弁護士連合会「養育費支払い確保のための意見書」2004年3月など。

②　裁判所に係属する「監護に関する事件」の中で、面会交流事件が増加しているが、その多くがいわゆる高葛藤（両親の間に強い葛藤が続いている）事案である。

　しかし、面会交流をめぐる近時の実務は、離婚後も両親が子の監護に関与するのが子の利益であるとの一点を強調し、どのような親なのか、どのような親子関係であったのか等を個別具体的に判断しないし、婚姻中（あるいは同居中）の葛藤の原因やその清算の有無は無視され、葛藤が子に与える深刻な影響も過小評価されている。子の監護が「離婚後も」利益というなら、当然に検証されるべき「婚姻中（同居中）」の関与の実態が問題とされず、婚姻中（同居中）にはまともな関与をしなかったり、DVを繰り返し子どもを虐待した親であっても、離婚した途端に「理想的な関与を行う親（行い得る親）」に変身させてしまうのである。

　その結果、DV事案であっても、①の原則は全く同様で、DV加害者の面会「権」を排除するのは非常に困難である。そこでは、児童虐待防止法の趣旨は考慮されない。裁判所は、「面会ありき」を前提に、「会い方」の調整だけを行う[12]。しかも、一旦そのような面会交流を決めた後は、裁判所は関与しない。

③　養育費も面会交流も、親の義務（責任）とすれば、並列である。ところが、面会交流を拒否する監護親には、その理由の如何を問わず、強い非難が浴びせられ、他方、養育費を支払わない非監護親への非難は弱く、養育費を支払わずに面会だけ求める非監護親に対しても、裁判所は面会交流「権」を認めている。

(b) 面会交流は「子の権利」である

　実務家や研究者の多くは、面会交流が「子の権利」であることを否定しない[13]が、実際の運用が異なることは前述のとおりである[14]。

　しかし、面会交流は、「親の権利」ではなく、「子の権利」である。その実

---

(11)　たとえば「自然権」であるとの説明は、「民法上の親」と「生物学上の親」を混同している。仮にその点をおくとしても、親の権利の根拠はなお不明というほかない。
(12)　最初は間接交流にしたり、第三者に立ち会わせる、時間場所を制限するなど。
(13)　「主として子どもの権利である」との説明が多い。

質は、子が会いたいと思ったときにはどちらの親とも会えること、いずれの親も子にそのような希望があるときはこれに応え、交流が続けられるように協力すべきこと、いずれの親も子どもの養育に責任を果たさなければならないこと等であり、親の希望を満足させるものではない。このことを改めて確認する必要がある。面会交流が子に及ぼす影響は、同居中の親子の関係、両親間の関係等に応じて千差万別であり、良い場合もあれば悪い場合もあって、一概には言えない。そうであれば、子の意思・子の利益を第一に、ニュートラルに、個別具体的な事情を十分考慮して、面会の可否・方法等を決すべきである[15]。

　ところが、裁判所は「非監護親には原則として子との面会を求める権利がある。例外的にそれが子の福祉に反するというならその事実は監護親が明らかにすべきである」という立場をとり、また、子ども自身が非監護親との面会を拒否していてもなお面会を命ずる裁判例も多い（直接には監護親に対し非監護親と子を会わせるように命ずるのであるが、会うのはあくまでも子どもであり、拒否すれば監護親に制裁が課せられるため、事実上、子どもは面会を強要されることになる）。しかし、このような運用は間違いではないだろうか。一方で「子どもの権利」と言いつつ、他方でその拒否の意思に反しても会えと命ずることを、裁判所はどのように子どもに説明するのか。何故子どもが我慢しなければならないかについて、合理的・整合的な説明を行うのは難しい。

　この点について、「子は親に会いたいはずで、拒否の意思は監護親の影響によるものだし、仮に真に拒否の意思を持ってもそれは一時的なもので長い目でみれば会ってよかったと思うはずだ」「嫌な親でも会うのが子の成長に寄与する」などと言われることがある。しかし、そのような見解を裏づける精神医学・心理学・社会学等による科学的根拠は薄弱である。

---

(14)　家庭裁判所における運用原則については、細矢郁「「面会交流」の理論と実務「裁判官の立場から」」戸籍時報690号、2012、参照

(15)　面会交流が子に与える影響についての数少ない民間の調査として、日本DV防止・情報センター「別居親と子どもの面会交流に関する調査報告書」2012。国の調査として、法務省民事局『親子の面会交流を実現するための制度等に関する調査研究報告書（研究代表者　棚村政行）』2011

(3) 共同親権
(a) 共同親権の主張

　近時、離婚後も共同親権制を維持すべきであるとの主張がみられる。「離婚後も両親が子の監護を共同で行うのが子にとって利益である」との理由である。そこで具体的に想定されているのは、非監護親に面会交流「権」や重要事項の決定「権」を確保させることである。

　しかし、仮に「離婚後も両親が子の監護を共同で行うのが子にとって利益である」ということが言えるとしても、そのことから直ちに「共同親権」が帰結されるわけではない。

　①　まず、離婚後共同親権の内容そのものが必ずしも明らかではない。

　婚姻中（同居中）と異なり、離婚後は、子はいずれか一方の親と同居しその監護を受けるのであるから、その同居親を主たる監護親と定め、日常的な監護に関する決定は主たる監護親に任せるほかない。そうだとすると、離婚後単独親権等の違いは、重要な事項（例えば進学先や危険な場所）について事前協議を必要とするということになろう。しかし、低葛藤の両親であれば、単独親権であっても、子のために協議することは可能であるし、実際にも必要に応じて協議が行われている。他方、高葛藤の両親であれば、たとえ共同親権にしても、協議がうまくいかず（協議自体ができないことも多い）、決まらなければ困るのは子であるから、結局、主たる監護親が決めることとせざるをえない（共同親権に賛成する実務家・研究者の多くも、この結論は否定しない）。そうであれば、たとえ共同親権にしても、実態はかわらない。

　②　また、単独親権か共同親権かは、制度の問題であるから、一律適用が原則である。

　そのため、仮に離婚後共同親権となれば、高葛藤の両親間でうまく機能しないことがわかっている場合にまで、監護親に非監護親との事前協議を義務付けられることになる。しかし、その結果、子にとって必要な意思決定を適時適切に行うことが妨げられ、子の福祉・利益に反する結果となることが予想されるし、協議の過程で生ずる両親の感情的な対立が子に悪影響を与えることも懸念される。

　原則は離婚後共同親権とし、高葛藤の両親間では裁判所の判断で例外的に

離婚後単独親権とすればよいとの見解もある。しかし、そもそも「離婚後も両親が子の監護を共同で行うのが子にとって利益」であるか否かは一概に言えず、子にとって良い親もいれば悪い親もおり、子との関係も千差万別であって、具体的な子と親の実情を捨象して一種の理想論を原則とするのは危惧される。また、裁判所に持ち込まれる事案はほとんどが高葛藤事案であるところ、さらに共同親権か単独親権かの争いが紛糾し、子の福祉・利益への悪影響が予想される。

　当事者の選択にゆだねる（単独親権か共同親権かを協議で決めることができる）との見解については、協議ができる（選択できる）のは低葛藤事案に限られ、その場合にあえて共同親権にする必要があるのかという疑問がある(共同親権というのは非監護親の肩書の問題にしかならない)。他方、高葛藤事案では協議が成立しないことが予想され、弊害を考えれば、子の福祉の立場からその場合は単独親権とせざるをえない。

　③　親権について論ずるのであれば、まずなすべきは、「親権」（親の権利）についての現行民法の体系を変更することである。

　仮に「離婚後も両親が子の監護を共同で行うのが子にとって利益である」という理念を追求するなら、まず必要なのは、「親権」（親の権利）とする現行民法の体系を変更し、「子の権利」「親の義務・責任」として再構成することである。その過程で、何が子の権利か、子の意思や利益を正しく把握するための方策は何か等も含め、慎重な検討を行う必要がある。研究者や実務家の間でも現在の体系への疑問が呈されているが、現在の離婚後共同親権論は、主として現行の「親の権利」構成を前提に、これを拡大する方向で論じられている。

　また、仮に「子の権利」「親の義務・責任」の体系に変わったとしても、なお、理念と現実事案との相違・乖離を過小評価してはならない。「あるべき親」像に適合せず、その意欲もない親が相当数存在するのは、事実である。その事実を軽視・無視して離婚後共同親権制を導入すれば、被害を受けるのは子であり、監護親である。とりわけ、毎年120〜130人の女性が死亡しているDVを「一部の例外的事象」（だから例外として対処すればよい）と矮小化することは許されない。そのような発想は子の利益を害し、離婚までの深刻

な紛争・葛藤を離婚後にも長引かせるだけである。
　④　「離婚後、非監護親と子との面会交流がうまくいかないのは、離婚後の単独親権制が原因である」との主張が、一部に強力に主張されている。
　しかし、離婚後も子どもが両親の愛情を受けて育つことができるのであればそれは好ましいことであるが、面会交流は、共同親権か単独親権かにかかわらず問題となるのであって、離婚後の親権制度の在り方とは別次元の問題である。即ち、単独親権のもとでも面会交流が円滑に行われる例は多く、他方、共同親権のもとでも（別居中だが法律婚は継続している場合など）面会交流がうまく行われない例も多数ある。つまり、面会交流と親権制の在り方の間に因果関係はない。
　面会交流は、親権制とは関係なく、専ら子の利益・子の福祉の観点から検討されるべきことである。そして、子の利益になる面会交流が円滑に実施されるか否かは、同居中の子と非監護親との関係、同居中の子の養育への非監護親の関わり、同居中ならびにその後の両親間の関係などによって影響をうけるが、特に重要なのは、子の意思、及び非監護親に「専ら子の福祉の立場にたって子の養育に責任を持つ姿勢」があるか否かである。
　欧米各国はいずれも離婚後共同親権制を採用しており、日本は遅れていると言われることがある。しかし、これらの国では、「親権」ではなく「親責任」とすること、子の立場に立つ支援制度の拡充、裁判所の人的拡充などが前提である。しかも、これらが実現してもなお多数の弊害事案が報告されており、実際には単独親権（単独監護）が認められている事案も多い。必要なのは、これら諸国の経験に学びつつ、あくまでも子どもの利益・子どもの福祉の立場から、冷静かつ慎重な検討を行うことである。

（4）「国際的な子の奪取についての民事上の側面に関する条約」（ハーグ子奪取条約）の影響

(a) 条約の概要

　本条約の目的は「不法に連れ去られ又は不法に留置されている子の即時返還の確保」と「監護の権利及び接触の権利が他の締約国により尊重されるようにすること」にある（前文及び第1条）。前者について言えば、国境を越え

て子どもを「連れ去る」こと又は「留置する」ことを残された側の親の「監護の権利」を侵害するものとして「不法」であるとし、原則としてその子（16歳未満の子に限る）を即時に元いた国（常居所地国）に返還させること、返還を実現することを通じてそのような「連れ去り」「留置」を抑止することが目的である。そのような場合、締約国は、その子を常居所地国に即時に返還させる義務を負う。

「甲国に親ABと子Cが住んでいた。ところがBがCを連れて乙国に移動し、その移動についてAの了解がない。」という事案で考えてみる（甲乙はいずれも本条約締結国）。

残された親Aは、Cが不法に「連れ去られた」として甲国中央当局にCの返還を求める申立てをする。甲国中央当局は乙国中央当局に連絡し、乙国中央当局はCとBを探し出す。Aは両国中央当局の支援を受けつつ、乙国でCの返還を求める司法手続き（裁判）を行い、裁判所は原則としてCの即時返還をBに命ずる。Bが任意でCを返還しない場合は、たとえCが返還を拒否している場合であっても、乙国裁判所は強制執行を行い、Cを甲国に返還する。

この一連の手続きを定めたのが、本条約である。返還の裁判は、申立てから6週間という非常に速いペースで行うことが目標とされ、条約上、裁判所は原則としてCの返還を命じなければならず、例外的に返還を命じないことができる場合は非常に限られている（条約12条、13条、20条）。即ち、

① 当該連れ去り又は当該留置開始の時から1年を経過した後に返還申立てがなされ、かつ、子が新しい環境になじんでいることが証明されたとき（12条）。

② 当該連れ去り又は留置開始の時に申立人が現実に監護の権利を行使していなかったこと、当該連れ去り又は留置につき申立人の同意や追認があること(13条1項a)

③ 子を返還することによって、子が身体もしくは精神に害悪を受け、又は他の耐え難い状況に置かれることとなる重大な危険があること（13条1項b）

④ 子が返還を拒んでおり、その意見を考慮に入れることが適当である年

齢及び成熟度に達していると認められるとき（13条2項）
⑤　返還することが、人権基本的自由の保護に関する当該国の基本原則により認められない場合（20条）

　このように返還例外事由は非常に限定されているうえ、本条約はもともと子の即時返還を目的としており、従ってその運用としても例外事由は非常に厳格に（狭く）考えるべきものとされ、Bが例外事由を相当高度に立証しない限り返還が命じられるという仕組みになっている。また、これら例外規定は、Bが列挙された事由を立証したときには裁判所は「返還を命じる義務を負わない」（裁判官は返還を命じなくてもよい）という規定であり、裁判官はなお返還を命じてもよいのである。

(b) 国内法（案）の概要

　政府は2011年5月、関係閣僚会議において条約締結の方針を確認し、、その後、中央当局の任務および子の返還命令に係る手続きの検討をすすめ、2012年3月、本条約締結の承認ならびに実施のための国内実施法案を国会（衆議院）に提出した。しかし、このときは、衆議院解散に伴い、実質的な審議をすることなく、廃案となった。2013年3月、政府は再び、本条約締結の承認ならびに国内実施法案を国会に提出し、同年5月に衆議院、同年6月に参議院で、いずれも原案どおり可決成立した。年度内（遅くとも2014年3月）に施行される予定である。

　国内実施法は153条に及ぶ詳細なものであるが、これに基づく手続きの概要は図1～3のとおりである（平成25年4月衆議院調査局法務調査室作成資料より）。以下には、「AB夫婦と子Cは甲国に居住していたが、妻BはAの了解なくCを連れて日本に帰国した」という事案を想定して説明する。

①　AがCの所在を知らないときは、Aは、まず日本国中央当局（外務省に設置）に「外国返還援助」の申立てをする（甲国中央当局を通じてこの「援助」の申請をすることもできる）。外務省は直ちに公私の関係機関に照会をし、Cの所在を探し出す（5条。国や自治体のすべての機関は照会に応じる義務があり、学校や福祉事務所・児童相談所・女性相談所・病院なども例外ではない。また、民間のインターネット接続業者や携帯電話会社だけでなく、民間シェルター等にも回答義務が課される）。ただし、この時点で

は、外務省は探し出したCの所在場所をAや甲国中央当局には伝えない。
② Aは日本の裁判所（東京家裁か大阪家裁）に子の返還命令を申立てる（26条、32条）。
・外務省はAが選任しうる代理人弁護士リストを用意し、法律扶助も使えるようにする（資力要件はあるが、実質的な審査は困難）。
・返還命令事件の係属後、AはCが日本から出国しないよう、Cの出国禁止命令・旅券提出命令の申立てをすることができる（122条。これはBも可能）。
・外務省からCの所在場所（通常はBも同居）の情報を得た裁判所は、B宛てに返還命令の申立書と呼出し状を送達し、裁判が始まる。Bも弁護士を選任できるし法律扶助も使える（資力要件は必要）。
③ 返還命令裁判の審理は非公開で、テレビ会議なども多用し、「迅速」に行われる。
・Aは、実際には、自分が「監護の権利」を有していることさえ主張すればよい（27条）。この「監護の権利」は日本で通常いわれる「監護」の範囲よりも広く、日常的な養育を全くしていなくても転居への同意権さえあればこれに該当する（甲国の法令による）。
・Bは、返還拒否事由があることを主張立証しなければならない。その「事由」の中心は、「Cを甲国に返還することによって、Cの心身に害悪を及ぼすことその他Cを耐え難い状況に置くこととなる重大な危険があること」（28条1項4号）と、「Cの年齢及び発達の程度に照らしてCの意見を考慮することが適当である場合において、Cが返還されることを拒んでいること」（同項5号）である。

　　法28条1項4号の事由の有無を判断する際の考慮事情は、CがAから心身への暴力を受けるおそれの有無、BがCに付き添って甲国に行った場合にBがAからCに心理的外傷を与えることとなる暴力等を受けるおそれの有無、A又はBが甲国でCを監護することが困難な事情の有無などである（同条2項）。Bが甲国に適法に入国又は滞在することができないこと、甲国においてBの逮捕状が発布され又は刑事訴追を受け、その身柄を拘束されるおそれがあること、甲国に

おいてBが生計を維持することが著しく困難であること、返還命令によりCが他の兄弟姉妹と分離されてしまうことに伴うCの心理的影響の程度なども、考慮されると考えられている。
・返還拒否事由はそれ自体極めてハードルが高く、しかもこれらの事由はすべてBが証明しなければならないのだからますますハードルは高くなる。Cの返還命令が迅速に出される確率は高いと言わざるをえない。
・子Cは、自らが返還されるか否かの審理対象であって、重大な利害関係を有している。そのためCは、自ら返還申し立て事件の手続きに参加することを裁判所に申し出ることができるし、裁判所が職権でCを手続きに参加させることもできる（48条）。また、Cの利益を確保する観点から、裁判所は、Cの陳述の聴取、家裁調査官による調査その他適切な方法により、Cの意思を把握するよう努めなければならず、Cの年齢及び発達の程度に応じてその意思を尊重しなければならない（88条）。さらに、Cの返還を命ずる決定が出た場合は、Bだけでなく、Cも自ら即時抗告をすることができる（101条）。

④ 家裁で返還を命ずる決定が出ても、Bは1週間以内に高裁に即時抗告をすることができるが（Cも即時抗告できる）、当然には執行は止められない（別途、執行停止の決定をとらないといけない。109条）。

返還拒否事由が極めて制限されていることからすれば、高裁でも返還が命じられ可能性は高い。

⑤ 返還を命ずる決定が確定すれば、次は子の返還の強制執行である。Bが任意にCを甲国に戻さない場合、Aは、まず間接強制（履行するまで金銭の支払いを命ずることにより強制するもの）を申し立てる必要がある。その決定が確定してから2週間を経過してもなお、Bが任意にCを甲国に戻さない場合は、Aは代替執行を申し立てることができる（136条）。代替執行においては、執行官はまずBのもとからCを引き離し（警察官の立会いなどを求め、まるで「物」のように直接的に引き離す）、その後、執行官は原則としてAにCを引き渡し、Aは甲国にCを連れて行く。遅くとも執行の段階では子の所在は確実にAに知らされる。

(c) さいごに

本条約は「子の利益」を守るための条約では決してなく、残された親の「監護の権利」を守るとともに常居所地国の裁判管轄権を保護するための条約であると考える。メディアも含め、正確な理解を欠いたまま、国内法制定・条約締結が行なわれた。一方で「子の利益」を守るためとして条約締結を推進しつつ、他方でようやく獲得してきた児童虐待防止法やDV法などによる子どもや女性の人権保障の水準を確実に切り下げるものであって、明らかに論理矛盾であるが、矛盾を承知で締結を強行したといえる。

ところで、ハーグ返還事案そのものは年間数十件とみられ、その意味では影響が少ないようにも見える。しかし、同条約の締結を奇貨として、一部の運動団体等が「国内であっても一方親の同意のない子連れ別居は違法である」と主張している。そもそも「親権」概念の再検討・再構築が必要であり、親は義務と責任を負う立場であることを十分考慮しなければならない。

正確かつ冷静な検討が今こそ必要である。

図1　子の返還手続等の概要（日本への連れ去りの場合）

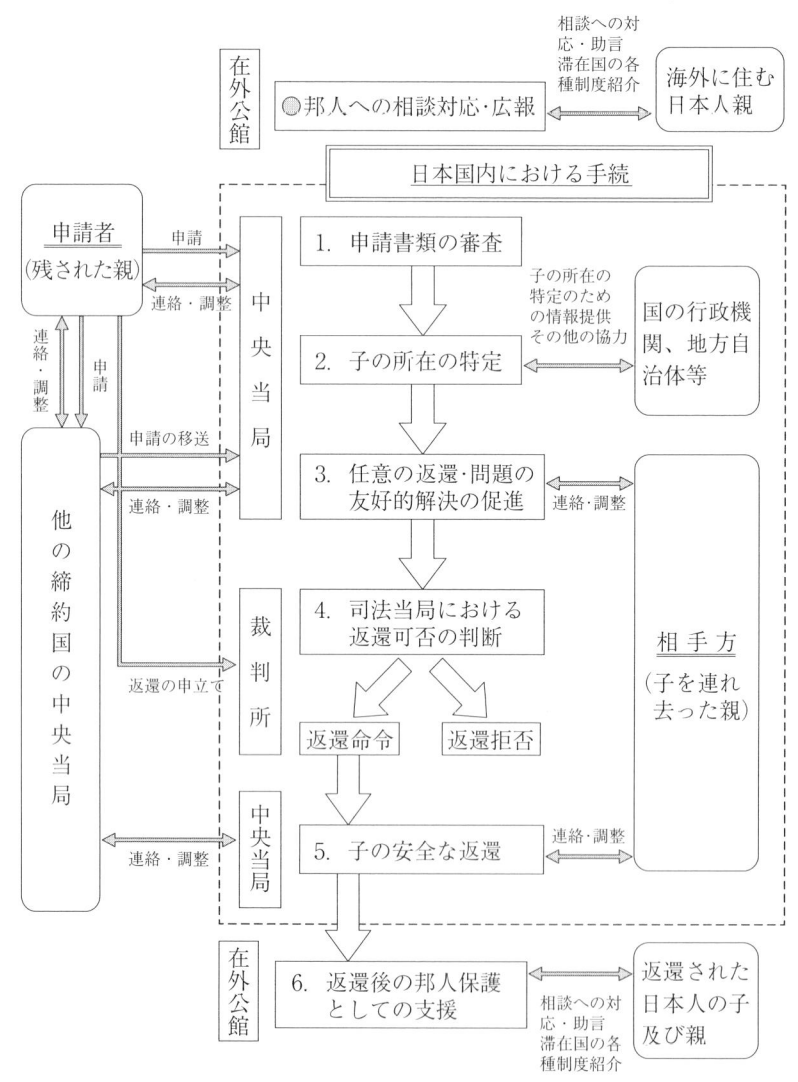

```
[在外公館]
  ●邦人への相談対応・広報 ←相談への対応・助言／滞在国の各種制度紹介→ [海外に住む日本人親]

┌─ 日本国内における手続 ──────────────────────┐
│                                                              │
│ [申請者(残された親)] ─申請→ [中央当局]                       │
│                    ←連絡・調整→                              │
│                                                              │
│                    1. 申請書類の審査                          │
│                         ↓                                    │
│                    2. 子の所在の特定 ←子の所在の特定のための  │
│                                       情報提供その他の協力→  │
│                                       [国の行政機関、地方自治体等] │
│                         ↓                                    │
│                    3. 任意の返還・問題の友好的解決の促進      │
│                       ←連絡・調整→ [相手方(子を連れ去った親)] │
│                         ↓                                    │
│ [他の締約国の中央当局]  裁判所                                │
│  ←連絡・調整→        4. 司法当局における返還可否の判断        │
│  ←申請・申請の移送→    ↙         ↘                          │
│  ←返還の申立て→     返還命令   返還拒否                      │
│                                                              │
│                    中央当局                                   │
│                    5. 子の安全な返還 ←連絡・調整→ [相手方]    │
│  ←連絡・調整→                                                │
└──────────────────────────────────────┘

[在外公館]
  6. 返還後の邦人保護としての支援 ←相談への対応・助言／滞在国の各種制度紹介→ [返還された日本人の子及び親]
```

（外務省資料により作成）

図2　子の返還に関する裁判手続の概要

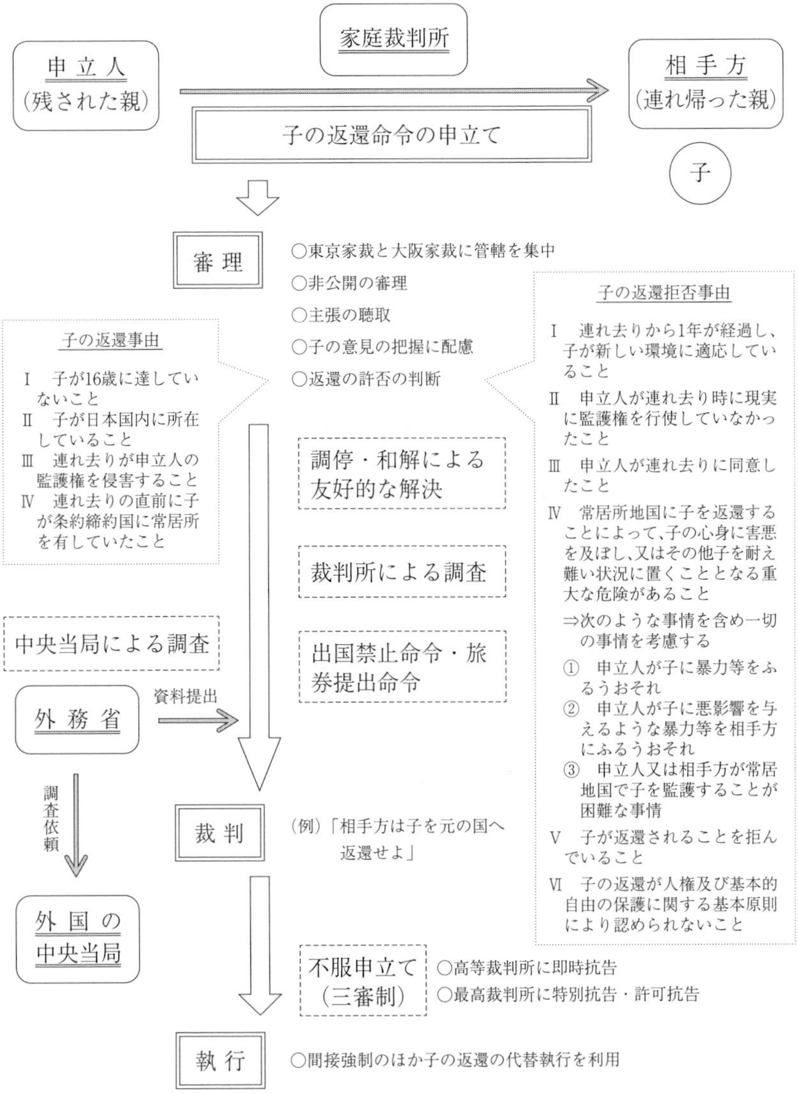

申立人（残された親） → **家庭裁判所** 子の返還命令の申立て → **相手方**（連れ帰った親）／子

審理
- 東京家裁と大阪家裁に管轄を集中
- 非公開の審理
- 主張の聴取
- 子の意見の把握に配慮
- 返還の許否の判断

子の返還事由
- Ⅰ　子が16歳に達していないこと
- Ⅱ　子が日本国内に所在していること
- Ⅲ　連れ去りが申立人の監護権を侵害すること
- Ⅳ　連れ去りの直前に子が条約締約国に常居所を有していたこと

子の返還拒否事由
- Ⅰ　連れ去りから1年が経過し、子が新しい環境に適応していること
- Ⅱ　申立人が連れ去り時に現実に監護権を行使していなかったこと
- Ⅲ　申立人が連れ去りに同意したこと
- Ⅳ　常居所地国に子を返還することによって、子の心身に害悪を及ぼし、又はその他子を耐え難い状況に置くこととなる重大な危険があること
  ⇒次のような事情を含め一切の事情を考慮する
  ① 申立人が子に暴力等をふるうおそれ
  ② 申立人が子に悪影響を与えるような暴力等を相手方にふるうおそれ
  ③ 申立人又は相手方が常居地国で子を監護することが困難な事情
- Ⅴ　子が返還されることを拒んでいること
- Ⅵ　子の返還が人権及び基本的自由の保護に関する基本原則により認められないこと

中央当局による調査

外務省 ─資料提出→

外務省 ─調査依頼→ **外国の中央当局**

- 調停・和解による友好的な解決
- 裁判所による調査
- 出国禁止命令・旅券提出命令

裁判（例）「相手方は子を元の国へ返還せよ」

不服申立て（三審制）
- 高等裁判所に即時抗告
- 最高裁判所に特別抗告・許可抗告

執行
- 間接強制のほか子の返還の代替執行を利用

（法務省資料により作成）

図3　子の返還の実現方法の概要

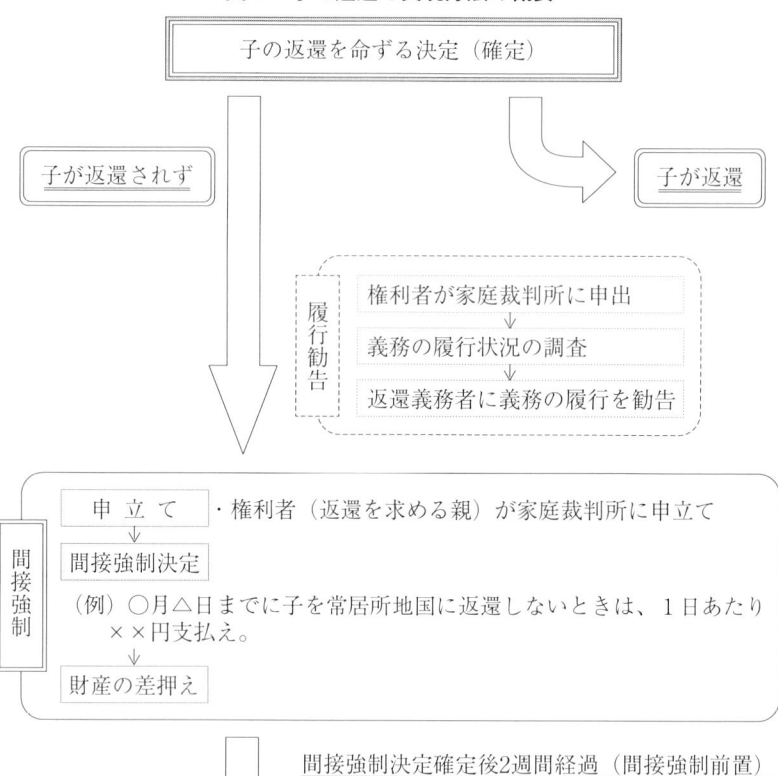

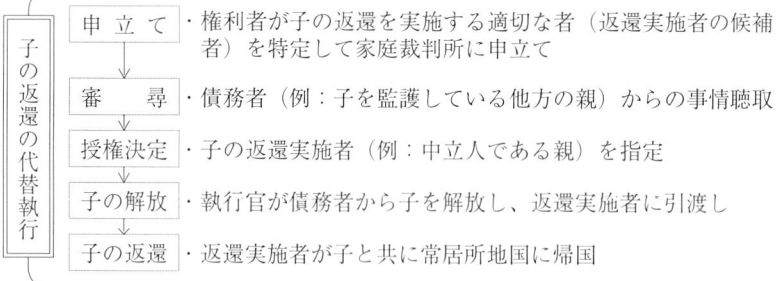

```
┌─────────────────────────┐
│　子の返還を命ずる決定（確定）　│
└─────────────────────────┘
       │            ↘
  ┌─────────┐      ┌─────────┐
  │子が返還されず│      │　子が返還　│
  └─────────┘      └─────────┘
       │
       │     ┌──────────────────────────────┐
       │     │      権利者が家庭裁判所に申出      │
       │  履 │            ↓                    │
       │  行 │      義務の履行状況の調査          │
       │  勧 │            ↓                    │
       │  告 │    返還義務者に義務の履行を勧告     │
       │     └──────────────────────────────┘
       ↓
  ┌──────────────────────────────────────────┐
  │間│ 申 立 て ・権利者（返還を求める親）が家庭裁判所に申立て │
  │接│    ↓                                           │
  │強│ 間接強制決定                                      │
  │制│ （例）○月△日までに子を常居所地国に返還しないときは、1日あたり│
  │  │      ××円支払え。                                │
  │  │    ↓                                           │
  │  │ 財産の差押え                                      │
  └──────────────────────────────────────────┘
       ↓  間接強制決定確定後2週間経過（間接強制前置）
  ┌──────────────────────────────────────────────┐
  │子│ 申 立 て ・権利者が子の返還を実施する適切な者（返還実施者の候補│
  │の│           者）を特定して家庭裁判所に申立て                │
  │返│    ↓                                              │
  │還│ 審　　尋 ・債務者（例：子を監護している他方の親）からの事情聴取│
  │の│    ↓                                              │
  │代│ 授権決定 ・子の返還実施者（例：中立人である親）を指定        │
  │替│    ↓                                              │
  │執│ 子の解放 ・執行官が債務者から子を解放し、返還実施者に引渡し   │
  │行│    ↓                                              │
  │  │ 子の返還 ・返還実施者が子と共に常居所地国に帰国            │
  └──────────────────────────────────────────────┘
```

（法務省資料に加筆）

第3部　新たな女性支援を展望する

第1章

婦人保護事業を超えて

戒能民江

1 ジェンダー政策と婦人保護事業

(1) 男女共同参画政策における女性支援

　2010年12月に改訂された「第3次男女共同参画基本計画」では、実効性のある基本計画策定の必要性とともに、強調する視点として、①女性の活躍による経済社会の活性化、②男性、子どもにとっての男女共同参画、③様々な困難な状況に置かれている人々への対応、④女性に対するあらゆる暴力の根絶、⑤地域における身近な男女共同参画の5点をあげている。③の「困難な状況にある人々への支援」は今回初めて基本計画の独立の領域となったものであるが、これは、前年の2009年に公表された、男女共同参画会議監視・影響調査報告「新たな経済社会の潮流の中で生活困難を抱える男女について」[1]を反映したものと思われる。その背景には、経済の長期低迷や非正規労働者の増加と貧困・格差の拡大など、近年の社会経済情勢の著しい変化がある。また、同基本計画策定にあたっての「基本的な考え方」（男女共同参画会議の答申）では、基本計画の第7分野に「貧困など生活上の困難に直面する男女への支援」をかかげ、これまで支援が十分進まなかった理由として、女性の貧困や非正規雇用が社会的に認識されてこなかったこと（家事手伝いおよび夫に扶養される妻という概念で貧困が隠ぺいされてきたこと）、セーフティネットの不十分な構築により生活上の困難に直面する人が増加したことに加えて、

---

(1) 内閣府男女共同参画会議監視・影響評価調査会『新たな経済社会の潮流の中で生活困難を抱える男女に関する監視・影響評価報告書』2009

女性に対する暴力が女性の自立や社会参加を困難にしていることをあげている。

ただし、すでに述べた通り（第1部第1章）、「基本計画」では、女性であることにより困難に直面する理由の構造的把握が必ずしも明確ではなく、その帰結として、複合的な生活困難に直面する女性に対する総合的支援政策への関心は低い。仮に、総合的支援政策を構想するとしても、「困難」が女性であることにより生じるとするのなら、「女性であること」がなぜ困難を生じさせるのか、性役割論にとどまることなく、明らかにする必要があろう。また、雇用、貧困、高齢・障がい・外国籍、暴力、売春（性売買）という「基本計画」の縦割り構造をどう乗り越えるのか（女性の困難の複合性）、あるいは多分野間の相互連携をどう図るのかという問題や、「困難」を二分化し、女性を分断・差別する思考をどのように克服するのかなど、難問が立ちはだかる。

（2）女性支援概念の生成

ところで、現行制度上、女性支援[2]という政策的概念は明示的には存在しない。従来、さまざまな困難に直面した女性に対する事実上の社会的支援は福祉行政の管轄とされ、女性に関する福祉の領域は、母子家庭等を対象とした母子福祉（母子寡婦福祉法、児童福祉法、児童扶養手当法など）と単身女性を対象とした売防法の婦人保護事業の二本立てで構成されてきた。母子福祉は戦争未亡人対策として、他方、婦人保護事業は第二次世界大戦直後の公娼制度廃止に伴う「女性の身体および性」の管理策として誕生しており、制度の出自をたどると、両者とも、成人男性「市民」とその被扶養家族で構成される「近代家族」の枠から外れ、かつ、社会的保護を必要とする者を対象としている。そのうえで、母子福祉と売防法上の婦人保護事業との分断＝差別化が当初から図られていたことに気づく。

ここでは、両者における「女性支援」概念はどのように生成してきたのか、

（2）本書での「女性支援」の定義は序論に示したとおりである。法制化を含めた政策的概念については、さらなる吟味が必要である。

第 3 部　新たな女性支援を展望する

保護から支援へという政策理念の展開過程を概観する。

　もともと、母子福祉は「自立」支援（援護）を謳っていたとされる[3]。また、婦人保護事業の一機関である「婦人保護施設」の起源は廃娼運動により設置された婦人救済施設（矯風会や救世軍）に求められるが、それらの施設は、廃業後の娼妓「救済」を目的としていた[4]。

　戦後復興期に、「戦争未亡人」対策として始まった母子福祉の対象である母子家族は、当初、「社会的弱者」として位置づけられ、生活保護の適用が原則とされたが、「ボーダーにある人」の「更生・（生活保護への）転落防止」のための「経済的自立支援」を図るために、1952年母子福祉資金の貸付法が制定された。そこでは、「経済的自立の助成と生活意欲の助長」が謳われている。さらに、1970年代後半以降の離婚の増加に伴い、「生別母子家族」という新たなカテゴリーが形成され、それと並行して「生別母子家族」の自立促進が強調されるようになった。そして、2002年改革（母子家庭等自立支援対策大綱）により、生別母子家族への就労による自立の要請という政策転換は決定的なものとなった[5]。

　他方、1956年売防法制定によりスタートした婦人保護事業の「婦人保護」は、「売春するおそれのある女子に対する補導処分及び保護更生の措置」（売防法1条）による「売春防止」を目的としている。売防法は売春した女性の刑事処罰と並行して、執行猶予時の独自の保安処分（補導処分）と婦人保護事業を新設したところに特色がある。売防法は基本的には刑事特別法であるが、売春への「転落防止と保護更生」のために婦人保護事業が併せて導入された。婦人保護事業には元来「支援」概念は欠落しており、「要保護女子の保護更生」が目的であることは制定以来変わらない。

　ところが、2001年制定のDV法が売防法の根拠法化したことから、状況が

(3)　湯澤直美「日本における母子家族政策の展開——福祉と労働の再編」埋橋孝文編著『ワークフェア——排除から包摂へ？』法律文化社、2007、146頁
(4)　廃娼運動と婦人保護事業については、高橋喜久江「婦人保護のあゆみ——運動の展開から」林千代編・婦人福祉研究会著『現代の買売春と女性——人権としての婦人保護事業をもとめて』ドメス出版、1995、173頁以下参照
(5)　前掲注(3)157頁

一変した。DV法上、DV被害者支援（制定当初は「保護」のみ）の中核として「配偶者暴力相談支援センター」が設置されたが（3条）、支援（保護）のしくみとして活用されたのは婦人保護事業であった。その後、2004年の第一次DV法改正で「国及び地方公共団体の責務」として、被害者の保護に加えて「被害者の自立支援」が規定され（2条）、都道府県の基本計画の「基本的視点」の冒頭に「被害者の立場に立った切れ目のない支援」が掲げられるに至った（2008年改訂「基本方針」）。婦人保護事業の母屋はそのままにして、DV法の被害者支援にひさしを貸したことになるが、それにより生じた問題点については後述する。

（3）ジェンダー政策と母子福祉・婦人保護事業

　従来、ジェンダー政策（女性政策）と母子福祉および婦人保護事業との関係はどのように考えられてきたのだろうか。

　湯澤直美によれば、母子福祉は女性政策との関連では、「相互協調的な発展というよりは、「母子」カテゴリーと「女性」カテゴリーの乖離状況のなかで推進されてきた」[6]。また、林千代は「婦人保護事業にはジェンダー格差が、もっとも凝縮している」にもかかわらず、婦人保護事業が「女性政策の範疇に入」っていないことを批判している[7]。

　たしかに、母子福祉も婦人保護事業も、従来、政治学や公共政策学による女性政策研究の主題として登場することはほとんどなかった[8]。女性政策のうち、労働政策や両立支援政策などの「ユニバーサルな制度の脆弱性を背景に」、「母子（および寡婦）[9]を対象に補足的に制度化したもの」が母子福祉であり[10]、婦人保護事業は、「近代婚姻家族秩序」から排除され、そもそもユ

---

(6) 前掲注(3)156頁
(7) 林千代「女性政策と婦人保護事業」林編著『「婦人保護事業」五〇年』ドメス出版、2008、73頁以下
(8) たとえば、横山文野『戦後日本の女性政策』勁草書房、2002、堀江孝司『現代政治と女性政策』勁草書房、2005など
(9) つまり、近代婚姻家族から離脱した女性とその子をさすが、母子の範疇内では寡婦を頂点に序列化されている。
(10) 前掲注(3)157頁

ニバーサルな制度に乗らない存在とされた売春を行う女性の「保護更生」を目的とする。ここには、近代家族の枠内の女性－近代家族から排除された女性－さらに、死別母子と生別母子（および非婚母子）の区別／差別、そして一番外枠に「売る女」としての売春を行う女性という序列化された構図が描かれる。さらには、子を持つ母子・寡婦家族＝生殖家族（であった家族）と単身女性の分断および売る女と売らない女の分断がある。

　日本におけるジェンダー政策が、母子カテゴリーと女性カテゴリーの乖離・分断と同時に、女性カテゴリー内における乖離と分断に基づいて構成されてきたことを指摘しなければならない。すなわち、「近代家族」を基準とした女性の分断・序列化にとどまらず、国際社会の売春をめぐる動向と同様に、まるで「腫物には触れない」ように、「売春」問題を議論しないことにより、女性の序列化と分断を「黙認」するジェンダー政策そのものを問い返す必要がある[11]。

2　婦人保護事業の生成と展開

（1）売防法制定と婦人保護事業の誕生

婦人保護事業の原型 —— 闇の女

　日本における売春防止政策は占領軍の公娼制度廃止から始まった[12]。日本政府は公娼制度廃止に抵抗し、公娼制にかわる「国家買春保障制度」[13]のたくらみを抱いていたのだが、1946年11月に「私娼の取締並びに発生の防止及び保護対策に関する次官会議決定」を行い、特定の指定地域（赤線地帯）の買春施設を政府が公認する「集娼政策」と呼ばれる新たな「国家買春保障制度」を打ち立てた。

---

(11)　野田博也「「売春」をめぐる国際的取組の沿革 —— 国際連合の条約等に注目して」林編著前掲注（7）254頁
(12)　連合国軍最高司令部「公娼廃止に関する覚書」1946年1月で、公娼制度の廃止が命令された。命令を受け、「公娼制度廃止に関する警察局長通牒」1946年2月）が出ている。売防法制定過程については、藤目ゆき『性の歴史学』不二出版、1997、若尾典子『女性の身体と人権』学陽書房、2005など。資料として、市川房枝編・解説『日本婦人問題資料集成第1巻人権』ドメス出版、1987
(13)　若尾前掲注（12）93頁

同「次官会議決定」は上記の「集娼政策」(「公娼廃止後の風俗対策」)と同時に、「闇の女」の発生防止と保護対策を打ち出している。「闇の女」とは「警察が勝手に、自分たちの指導に従わない性業従事女性に対してつけた名称に過ぎない」のだが[14]、それにとどまらず、買春行動がやまないのは、買春者ではなく、「闇の女」のせいだと売春する女性に非難が集中し、売防法制定推進の中心となった女性たちからも「貞操観念」に欠ける女として非難の矛先が向けられた。「闇の女」という名称によって、社会秩序、とくに性的秩序の攪乱者という売春する女性のイメージが極めて有効に社会に発信されたと言える。

同「次官会議決定」の「闇の女」の発生防止・保護対策に、後の婦人保護事業の原型を見出すことができる。

主な内容は、①貧困による「売笑婦(ママ)」への転落防止のための生活保護の徹底、②主要都市等に婦人保護施設を設置し、「家出婦女、浮浪婦女その他警察に検挙された婦女の内、<u>更生見込みのある者で生活の根拠を欠いている者を収容保護し、正常生活の訓練、授産・職業指導を行い、健全な勤労による自立更生の途を立てさせるよう措置</u>、病院その他の必要な場所に相談指導員を派遣して婦人の判別、身上生活万般の相談指導を実施して適当な<u>保護更生の方途を講ずる</u>」こととされる(下線筆者)。

さらに、「闇の女」の警察取締の強化方針とともに、検挙した「婦女」は親権者または社会事業団体等に引き取らせること、とくに、婦人保護施設が設置されているところでは婦人保護施設に引き取らせることを原則とした。また、「一般婦女子」を「闇の女」へ誘惑し、媒介斡旋する者の厳重取締も規定した。

次官会議決定直後に策定された厚生省社会局「婦人保護要綱」(1946年)ではさらに具体的な方針が示されている。第1に、転落防止と更生保護は「母性保護と社会秩序から特に緊要」だとし、主要都市で重点的に保護対策を講じるとする。第2に、転落婦人の保護収容更生の拠点として「婦人寮」を設置して相談指導を行い、「転落防止と保護更生」を総合的・有機的に実施す

---

(14) 若尾前掲注(12)95頁

るとする。婦人寮には、「闇の女として検挙された者、病院を退院した者、街頭をはいかいし転落する恐れのある者にして生活の拠り所を得られずそのまま放任され、再び「闇の女」の循環をたどり、転落のおそれある婦人」を収容し、彼女たちに対して「一定期間居住の場所を与えて物心両面よりあたたかい保護を加え、更生への足がかりにする」とした。全国で17カ所の婦人保護施設が設置されたという。

ここで重要なことは、「闇の女」＝「要保護女子」と「一般婦女子」を分断し、「一般婦女子」を守るための施策として「婦人保護」が構想されていること（性のダブルスタンダード）、および「転落防止と保護更生」の目的は「母性保護と社会秩序維持」に求められていることである。

国会で単純売春処罰をめぐる闘いが繰り広げられ、売春等処罰法案（議員立法）の提出と否決が繰り返される中、1953年に政府が設置した「売春問題対策協議会」は1956年に答申「売春等の防止及び処分について」を提出した。売春行為自体は刑事処分の対象としないが、売春の勧誘等の行為は「保安処分」の対象とすることが妥当であり、速やかな立法措置が必要とし、「要保護婦女」の「保護更生」のための機関として、婦人相談所、婦人相談員および婦人保護施設の設置が提案された[15]。

1956年に売防法が制定され、第4章「保護更生」部分は1957年に施行された。業者の処罰を規定したこと、単純売春処罰論を排除したこととともに、婦人保護事業を設置したことは売防法の特色であるが[16]、街娼を「勧誘」「客待ち」として刑事処分の対象（5条違反）としたことは、街娼非難の声に屈したものと考えられる[17]。また、5条違反の刑事処分で執行猶予の場合は「補導処分」の対象となり、婦人補導院に措置されることとなった（第3章補導処分、1958年改正で追加）[18]。街娼の処罰と補導処分とは一体であり、婦

---

[15] 同答申には、一部委員の意見書と「売春等の防止及び処分に関する法律（仮称）要綱案」が添付されているが、要綱案第3章「保護更生処分」では婦人相談所等保護更生施設の規定にとどめ、この段階では保安処分は規定されていない。

[16] 若尾前掲注(12)142～143頁参照。若尾は、日本の売春問題は人身売買と売春強要が一体となっているところに、切実な問題があること、売春する女性はむしろ犯罪の被害者であるとする認識が売春防止法の基本的な考え方であったとする。

[17] 若尾前掲注(12)144頁以下

人保護事業もその補導処分と一体の思想に基づくのである[19]。

（２）婦人保護事業の対象拡大
（a）婦人保護事業の危機

　婦人保護事業は1980年代と1990年代、および2000年代の3度にわたって「弱体化」の危機にさらされた[20]。

　1981年に設置された「第二次臨時行政調査会」（第二臨調）は社会保障や教育、農業などの国庫補助金、助成金等の財源抑制を打ち出したが、婦人保護事業補助金の廃止も議論された。また、1996年の地方分権推進委員会中間報告では、婦人相談所の都道府県設置義務廃止の提案が行われた[21]。それらの危機に見舞われながら、何とか存続してきた婦人保護事業であるが、その間の「弱体化」は顕著であった。「弱体化」は、「長い間、婦人保護事業本来のあるべき姿を議論せずに縮小路線のまま置かれていた」結果、もたらさ

---

(18)　婦人補導院については、総理府編『売春対策の現況』1997、42〜45頁参照。近年、入所者が減少し、現在は東京婦人補導院1カ所のみである。法務省婦人補導統計によれば、被収容者はほぼコンスタントに年1名程度で推移しており（被収容者の入出院事由別人員及び1日平均収容人員）、入所者がまったくいないわけではない。政府の再犯防止総合対策では、居場所と出番（帰住先・就労先の確保）と問題解決への支援を謳っており、女性が抱える虐待被害や性被害問題を考慮した支援を打ち出している（犯罪対策閣僚会議「再犯防止に向けた総合対策」2012年）。だが、売防法の補導処分が再犯防止政策の対象に入っているかどうかは不明である。補導院退院後の支援の受け皿がなければ、5条違反を繰り返すことになる可能性は高い。現行法下では、以前設置されていた「更生保護相談室」のようなしくみが必要である。

(19)　「要保護女子」の定義をはじめておこなったのは、1957年厚生事務次官通知「売春防止法第3章保護更生関係施行に関する件」である。同通知では、「要保護女子とは、いわゆる赤線区域等において、現に、売春を行っている女子のみをいうのではなく、家出、浮浪等により、転落のおそれのある女子をも広く含むものであること」とする。同通知は、要保護女子を「刑罰の対象と考えるよりはむしろ救済の対象と考える」としているが、保護更生の強調はあくまでも刑事処分の施行の円滑化を図るためであった。

(20)　DV法施行後の2004年にも、小泉内閣における三位一体改革（地方への税源移譲、国庫補助負担金削減、地方交付税削減）で、婦人保護事業は国庫補助金廃止、税源移譲の対象にあげられた。

(21)　前掲注（7）56頁

れた[22]。性暴力被害を受けた女性や知的障がい・精神疾患を有する女性、高齢化など、婦人保護事業を利用する女性の状況が変化しているにもかかわらず、「この事実を政策課題にしてこなかった」結果としての弱体化であった[23]。

　問題は、なぜ女性の直面する課題を政策に反映しえなかったのかという点にある。実際には、男女共同参画行政の主管省庁である内閣府と福祉行政担当の厚生労働省の間で生じている行政の縦割の弊害が大きい。だが、より根本的には、そもそも政策化の対象として婦人保護事業を把握しているのかが、問題になる。女性が直面する諸課題をジェンダー視点から構造的に把握するスタンスの弱さや、社会秩序維持の観点から排除すべき女性たちの問題とする偏見や内なる差別意識、成人女性の自己責任論による正当化など、政策課題として女性支援を捉えることができない政策形成側の弱点が指摘できる。だが、何と言っても、「売春は過去の問題」という言説の支配と、十分な考察もないまま、売春を「女性に対する暴力」問題一般に回収し、人身売買に軸足を移した国際動向をとりこんだ政策を展開することで[24]、売春は切り捨てられていったのである。

　たしかに、売春関係事犯検挙数は1959年の22,954件（20,167人）から1995年には3,358件（1,380人）と減少し、5条違反（勧誘等）での検挙件数も1959年14,217件（14,149人）から1995年には321件（319人）に激減した。しかし、その間、「トルコ風呂問題」や風俗営業等の規制及び適正化法の制定施行と新たな性風俗産業（事実上の売春を公認した個室付き浴場など）の拡大、外国人女性の人身売買と強制売春、援助交際など、買売春問題が途切れなく続き、潜在化してきたことを忘れてはならない。

（b）　婦人保護事業の対象拡大

　婦人保護事業はその「弱体化」を通知行政による対象範囲拡大で乗り切ってきたと言える。婦人保護事業の転換点は、1970年「婦人保護事業実施上の取扱指針」（厚生省社会局長通知）に求められる。同通知では、「売春歴ある」、

---

(22)　前掲注（7）170頁
(23)　前掲注（7）171頁
(24)　前掲注(18)100頁参照

「売春歴ないが転落のおそれのある者」に加えて、「<u>当面、転落するおそれはないが</u>、正常な社会生活を営む上で障害となる問題を持つ者で、<u>その障害を解決すべき他の専門機関がないため正常な社会生活を営めない状態</u>」まで拡大した（下線筆者）。

1960年代後半以降の日本社会や家族の変化を反映して、経済的困窮や夫の暴力、離婚など、婦人相談所での相談内容の多様化に対応すべく、このような通知が出されたものと思われる。その一方で、同通知は、「受入れるべき機関が存在しない」か、受入れの調整がつかない場合は、婦人保護事業が対応するとされ、積極的に「要保護女子」を把握するのではなく、「他施策・他機関優先」を原則とすることを明記した。つまり、婦人保護事業はあくまでも「売春防止に立脚する」ことが再確認されたことになる。その結果、現場では、「利用者を「要保護女子」と「一般女子」に、そのニーズを「売春ケース」と「一般ケース」に分断するという事態」が生じたのである[25]。

さらに、1992年厚生省社会局生活課長通知「婦人保護事業の実施に係る取扱いについて」では、対象範囲の第三カテゴリーとして、「家庭環境の破壊、生活の困窮、性被害等困難な問題」を有している場合が、具体的に例示された。その後、1999年厚生省社会局保護課長・児童家庭局家庭福祉課長通知「夫等からの暴力により保護を必要とする女性への対応について」で、DV被害者への迅速・適切な対応を指示している。ここでは、「未然防止の見地から」が削除されて「現に保護、援助を要する者」となった一方で、「性被害等」が抜け落ちる結果となった。

そして、2002年のDV法全面施行により、新たにDV法が婦人保護事業の根拠法となり、対象範囲はDV被害者へと拡大した。さらに、2005年の人身取引行動計画に基づき人身取引被害者へ、また、続発したDV型ストーカー

---

[25] 吉田恭子「婦人保護事業の再構築の可能性はあるのか」法学セミナー473号、1994、36頁。吉田は、ニーズの多様化に伴う対象者の拡大を図りながら、「一般ケース」の問題が「売春ケース」とも共通する女性問題であることを婦人保護事業が認識してこなかったために、多数を占める「一般ケース」が婦人保護事業と見なされないまま、「売春ケース」の減少がそのまま婦人保護事業の役割縮小と考えられて、行革による事業縮小化の主張を招いたとする。

殺人事件を受けて、恋人からの暴力被害者へと対象範囲は拡大していく。

　通達による対象範囲の拡大は、「現場の実態の追随であり、政策的要請であり、婦人保護事業の「生き残り策」であったかもしれない」[26]。また、対象拡大によって、女性の多様なニーズに応えることができたとしても、対象範囲が「要保護女子」を基軸に組み立てられている以上、社会情勢や法制度の変化に伴い、「売春」以外のニーズは「要保護女子」範疇の外側へと拡大されていくことになる。しかし、そこでは、依然として「売春ケース」と「一般ケース」への女性の分断の構造は維持されたままである[27]。

　さらに、法改正ではなく、通達行政による対象範囲の拡大は、「主訴」の変化や新たな政策の要請に柔軟に対応できたという積極面と引き換えに、制度の枠組み自体を問題にする機会を奪ってしまった。この間、売防法の性差別的な法枠組みと思想は不問に付されたまま、また、現場での運用の妥当性についても厳しく問われることなく、婦人保護事業の50年余が経過したと言える。

3　DV法の婦人保護事業根拠法化とその影響

（1）DV法の根拠法化と現場の戸惑い

　実際、DV法の婦人保護事業根拠法化以来、現場の戸惑いは広がるばかりである。

　それは、本厚生労働科学研究費調査研究の「一時保護所」全国調査におけるスタッフからの声にも表れており、二つに大別できる。一つは、さまざまな主訴を抱えた女性が入所しているが、それぞれ支援方法や方針が異なるので、支援が困難になっており、職員の負担が増しているという意見である。人員も予算も不足のまま、また、専門職の配置もなく、他機関の理解や連携が不十分な現状では、多様な女性のニーズに応えられないというのである。「女性だからといって何でもかんでも引き受けることはできない」という本音も聞かれ、あたかも、「他施策・他法優先」原則が譲ることのできない現

---

(26)　堀千鶴子本書第2部第1章101頁参照。
(27)　前掲注(24)37頁

場の要請であるかのようである。

　もう一つは、DV法に基づく婦人相談所の「DVセンター化」が現場の支援に混乱をもたらしていることである。DVセンター化により、「DV中心の運営・支援となり、危険重視の対応」へとシフトしている。婦人相談所と婦人相談員が受ける相談の3割以上がDV（夫からの暴力）であり、一時保護理由の7割以上がDVである（厚生労働省2011年度）。夫に加えて、元夫や子・親族、交際相手からの暴力を含めると、一時保護の8割以上が暴力被害者で占められる。言うまでもなく、DV等の暴力被害者支援でもっとも優先されるべきは「安全」確保であり、危険の回避である。しかし、夫など暴力の加害者からの追跡は執拗かつ激しいものであり、施設の警備や情報の秘匿などの安全管理のみならず、入所者の行動自体を制限せざるを得ない。そうすると、DV等の暴力被害以外の入所者の行動や反復入所も規制され、柔軟な支援が難しくなるという。

　他方、DVに特化することで、ホームレス状態の女性など、婦人保護事業の本来ケースにもかかわらず入所しにくい状況も報告されている。

　婦人相談所がDVセンター化し、たとえ、一時保護の7割がDV被害を受けた女性で占められるとしても、第一部第2章で述べた通り、一時保護所や民間シェルターの利用者は複合的な生活困難に直面しているのであり、DV主訴の場合とそれ以外の主訴の場合の女性の困難は截然と区別されるわけではない。婦人保護事業がDV対応に特化することで、皮肉なことに、DV被害者の困難やDVを生み出し、維持・再生産する社会のあり方が逆に見えにくくなっていると言えないだろうか。

（2）一時保護をめぐるDV法と婦人保護事業の相克
（a）一時保護件数はなぜ少ないのか

　DV法の婦人保護事業根拠法化はDV法自体の制度的限界をあらわにすると同時に、婦人保護事業が女性支援のしくみとして十分機能していないことをも白日の下にさらした。その典型として「一時保護」をあげることができる。

　各地の民間シェルターなどから、入所時に退所後の見通しがないと一時保

護措置が行われないなど、婦人相談所長の措置権限のハードルの高さがしばしば指摘されている。また、ようやく各地で設置されるようになった「市区町」のDVセンターからも、措置権限を市レベルに付与してほしいという声を聞く。DVの相談件数がうなぎ上りに増加し年間8万件以上を数えるのに比べて、この間、一時保護件数は6,000件程度で推移し、相談件数の1割にも満たない。DV法制定施行後4年間は増加したが、その後は微増減を繰り返している[28]。

たしかに、公的機関の援助を求めず、親きょうだいなどのインフォーマルな支援に依拠する場合もあろう。また、集団生活が難しい場合は入所を断らざるを得ないとも聞く。だが、DVの危険性、とくに、逃げた後、別れた後に危険度が高まることを考慮するなら、公的な一時保護機関による安全確保は不可欠である。

一時保護措置権限のハードルの高さだけではなく、中学生以上の男の子の同伴や介助を必要とする人の利用が難しいことなどの利用要件の制約、就労継続ができないことや行動の制限、居住・生活環境、管理的規制による市民的自由の制限など、一時保護のあり方自体がネックになっているかもしれない。それにしても、一時保護件数が相談件数の1割以下にとどまる状況とその要因を十分検討する必要がある。

(b) 一時保護の要件と機能

一時保護については、その要件と機能が問われる。

婦人保護事業の一時保護について、売防法は婦人相談所の業務として「要保護女子の一時保護を行うこと」と規定し、一時保護施設設置を義務付けている（売防法34条2項3号、同条4項）。ただし、一時保護の要件や機能については「婦人保護事業実施要領」（以下、実施要領）に委ねている。実施要領上、婦人保護事業の一時保護は、緊急に保護が必要な「要保護女子」等について、「最も適当な援助の施策を決定し、<u>婦人保護施設への収容保護又は関係諸機関等への移送等の措置が採られるまでの間行うほか、短期間の更生指</u>

---

[28] 厚生労働省の調べでは、2011年度に婦人相談所により一時保護された女性は約6,000人、同伴家族が約5,000人であり、2010年度より微減傾向にある。

導」が必要な場合も行うとしている。また、婦人保護事業における一時保護機能は①緊急保護、②援助施策の決定と行動観察に基づく指導、および③短期間の指導とまとめることができる。具体的には、婦人保護事業に入所した「要保護女子」には、「衣食その他日常生活に必要なものを給付」し、「性行、生活態度、心身の健康状態等の観察を通じて必要な指導等を行う」とある[29]。

　他方、DV法上、一時保護は「配偶者暴力相談支援センター」(DVセンター)の業務の一つとして規定されている（3条3項3号）。DV法も一時保護の要件や機能を直接規定せず、国の「基本方針」に委ねている。

　国の「基本方針」では、一時保護の要件を、①適当な寄宿先がなく、その者に被害が及ぶことを防ぐため緊急に保護することが必要であると認められる場合、②一時保護所での短期間の生活指導、自立に向けた援助が有効であると認められる場合、③心身の健康回復が必要であると認められる場合、と定める。また、国の「基本方針」は、DV被害者への一時保護における支援の内容には触れず、入所者の緊張と不安の緩和、医学的・心理的援助、問題の整理・解決など、一時保護受入れ時の留意点が記されているだけである（「基本方針」6（2）イ（イ）31頁）。以上から、国の「基本方針」における一時保護機能を推測すると、①緊急保護、②心身の健康回復、③問題の整理・解決、④短期間で可能な指導・援助とまとめることができる（以上、下線は筆者）。

　婦人相談所が一時保護機能をどのように把握しているか、直接的なデータはないが、本厚生労働科学研究費調査研究「一時保護所の運営と組織」(2010年)から一定程度浮かび上がってくる。一時保護所の現状については、第2部第1章ですでに分析したとおり、規模は比較的小さく、個室化が進んでいないなど居住空間も不十分であり、人員不足や専門職の配置の不十分さ、非常勤職員が圧倒的多数を占めること、利用制限、特別なニーズを持つ利用者への支援や入所中の支援プログラムの未整備などが報告されている。人員不

---

(29) 「婦人保護事業ハンドブック」（最終改訂2003）には、婦人相談所の業務として、調査、判定、指導・援助、心理的支援など一時保護における支援内容が詳細に記述されているが、ハンドブックが業務の基準となっているのかどうか、その法的性格は明らかではない。

足、専門職の配置が不十分なこと、関係機関との連携が整備されていないこと、支援のツールがないことなどさまざまな要因が重なりあっていることは確かであるが、同時に、「実施要領」における「要保護女子」を対象とした一時保護概念、つまり、「緊急保護が必要で、かつ、移送先の見通しがある利用者を受け入れる」という考え方が婦人相談所に支配的なように感じられる。まず、緊急保護した上で、一時保護では主として「調査・観察を通じた指導」を行い、婦人保護施設または市区町の移送先へつなぐ役割を担っているのが多くの一時保護所の現状ではないか。一時保護後の支援は県の役割ではなく、市区町の福祉事務所の役割だという認識も根強いと推測される。

DV法が婦人保護事業の根拠法となったことで、一時保護所では緊急保護の側面がより重視されるようになった（安全確保が第一）と考えられる。さらに、DV法では支援の全体像が描かれていないことはもとより、一時保護機能や一時保護後の支援について具体的に規定していない。現場での対応は、売防法の「実施要領」に依拠しているものと思われる。

もちろん、少数ながら、独自に模索を続けている婦人相談所もある。ある婦人相談所では一時保護機能を「安全の確保とアセスメント」に求めている[30]。利用者の安全な居場所を確保した上で、心身の状況や生活課題、危険度などのアセスメントを行い、関係機関との連携・協力の下、社会資源を活かして生活再建の途を切り拓いていくためのマネジメントを行う場が「一時保護所」ということになる。だが、このような取組みは極めて少ない。一時保護所の役割や存在意義の再検討および運営基準・ガイドラインの設定が喫緊の課題である。

（3）シェルターとは

本厚生労働科学研究費調査研究では、一時保護期間の短さが支援のネックになっていることが、一時保護所のスタッフから指摘されている。一時保護期間についてはどこにも定めがないが、運用上、原則2週間とされている[31]。しかし、「2週間では、精神的に不安定な状況のまま、自立の方向が見えな

---

(30) 神奈川県立女性相談所『女性相談所創設60周年記念誌』2011、22頁

い」のが現状である。

　特定の年月の入所者についてという限定付きだが、本厚生労働科学研究費調査研究によれば、「一時保護所」の入所期間は平均16日であり、入所者の7割が3週間未満で退所している。民間シェルター利用者の入所期間でもっとも多いのは2週間未満であるが (38.6％)、「1カ月以上2カ月未満」の割合は民間が16.1％であるのに対し、公営の「一時保護所」では2％に満たない。

　売防法上の「一時保護所」のことを「公営シェルター」と呼ぶが、それは半分正しく、半分正しくない。シェルターとは「避難所」を意味するが、日本における女性のためのシェルターの定義は必ずしも明らかでない。米国や英国の場合は、行政からの補助金を受けて運営される民間シェルターが一般的であるが、運営理念や事業方針が明確に提示されている。また、米国の場合は、emergency shelter（緊急保護シェルター）と transitional shelter（一時保護シェルター）に分かれているという[32]。日本ではそのような区分はない。

　上記一時保護所の運営・組織調査ならびに全国の民間シェルター利用者調査の結果から浮かび上がった、民間と公営のもっとも際立った違いは、民間シェルターの利用期間が長期にわたる点とその支援内容にある。民間シェルターの多くは、米国の緊急保護と transitional シェルターの両機能を併せ持ち、まさに緊急保護から次段階への橋渡し・アフターフォローまで「切れ目のない支援」を担っている。それに対して、公営の一時保護所はDV被害者支援と売防法の狭間に置かれ、一時保護の機能や支援理念、業務方針・支援内容が不明確なまま、個々の婦人相談所の対応に任されている。その結果、ナショナル・スタンダードが欠落し、組織・運営・利用受入れ条件・支援内容・施設のハード面など、すべてにおいて地域間格差が生じることになる。

　緊急保護を行った上での短期間の指導・援助として、DV被害者の場合は「心身の健康回復」があげられているものの（婦人保護事業ハンドブック）、短

---

(31) 実際にはそれより長くなる。2週間については、「婦人保護事業ハンドブック」79頁、一時保護委託の留意点③「入所期間が14日を超える場合」が根拠と推測される。
(32) 財団法人横浜市女性協会『民間女性シェルター調査報告書Ⅱアメリカ調査編』1995、7頁

期間での精神的ダメージからの回復は困難であろう。心理判定員がすべての一時保護所に配置されているわけではなく、精神科医の常駐はおろか、嘱託医の配置も多くはない。前述の本厚生労働科研費調査研究では、一時保護所入所者の約2割が「精神的疾患またはその疑いがある」という結果が出ており、現場からも精神的ダメージを受けた被害者が増えていると聞く。このような現状に即した支援を行うための「切れ目のない支援」体制の整備は、短期的な「一時保護」の枠組みの下ではもはや無理なのではないか。

4　婦人保護事業の法構造

(1) 一時保護「措置」と職権主義

(a)　一時保護措置のハードル

　DVケースの場合も含めて、都道府県の一時保護措置は、売防法上の「一時保護」概念が基準となっていると考えられるのだが、そうであれば、前述のような入口規制がかかることになろう。

　一時保護措置については、前述のとおり売防法で規定されているが、婦人相談所長の措置権限については、売防法にも「実施要領」にも規定されず、さらに下位の「婦人保護事業ハンドブック」に記されるにとどまる。婦人保護施設への収容保護・廃止決定については「婦人相談所長に行わせること」と「実施要領」に定められているのとは対照的である。

　「要保護女子の保護更生」の目的の下、売防法の一時保護は「婦人保護施設への収容保護又は関係諸機関等への移送等の措置までの間行う」としていることから、婦人保護事業の中核機関であり、一時保護業務を義務づけられている婦人相談所長に措置権限を与えたと考えられ、「一時保護後の見通し」の有無も、前述のとおり、一時保護が「婦人保護施設・関係機関への移送までの間の措置」(中間的措置) であることから、そのような運用が行われていると考えられる。

(b)　措置制度の問題点

　婦人保護事業には「利用者」という観念はなく、「要保護女子」は被害からの回復や自立の主体として扱われていない。売防法の保護事業は福祉法に位置づけられる面を持つが、権利構成とは無縁である。措置制度とは、行政

庁が、自らの判断により、福祉施設への入所などが必要な者に対して、施設への入所などを行う制度と定義される[33]。措置制度では、「利用者は、行政処分としての給付決定の客体と位置付けられたうえで措置内容が一方的に決められてしまうという関係におかれる」のであり、「行為主体性を論じる余地がほとんどなかった」[34]。介護保険に典型的なように、「措置から契約へ」のキャッチフレーズが掲げられ、契約型の福祉サービスが展開した[35]。その是非はともかく、そこでは、自立自助を求められる利用者像の問題とともに、虐待被害者など「権利擁護の対象として福祉にかかわる利用者（保護を必要とする利用者）」についても、「従来の措置制度のもとでの利用関係（利用者像）のままでは対応しきれない部分も含まれるようになってきている」[36]。

たしかに、措置制度には積極面があり、とくに「戦後日本の福祉のナショナル・ミニマムを支えてきた制度」という評価がある[37]。措置制度は、公的責任を明確にして福祉のナショナル・ミニマムを支えてきた、つまり、措置制度下で「全国的に同質、同レベルの行政水準を形成」してきたということである。だが、その後、権利性のあいまいさ、弱さや選択性のなさが措置制度の問題点として浮かび上がってきた。新藤宗幸によれば、措置制度は「更生、保護、収容」などの「措置」、「措置決定」など「国家の後見性を色濃く反映する一連の概念から構成され」ており、「行政警察概念を引きずる強制的な行政処分行為」であり、「憲法の生活権の保障に反するイメージ」を持つ。また、新藤は「集権的パラダイムからは、生活権保障の「自己決定の論理」が生まれない」と批判的である[38]。

婦人保護事業は措置制度によって、一定割合の国庫負担による措置費の支弁という形で行財政体制の整備が行われ、必置義務により全都道府県に施設や職員が整備された。だが、本厚生労働科研費調査研究結果に明らかなよう

---

(33) 秋元美世「措置方式」『エンサイクロペディア社会福祉学』中央法規、2007、778頁
(34) 秋元美世『社会福祉の利用者と人権』有斐閣、2010、21頁
(35) 児童福祉法に規定される母子生活支援施設も「契約型」へ転換している。
(36) 前掲注(34) 2頁
(37) 成瀬龍夫「社会福祉措置制度の意義と課題」77頁
(38) 新藤宗幸『福祉行政と官僚制』岩波書店、1996、113頁

に、施設運営が「一定の標準的な水準を維持し生活向上が図られ」[39]てきたとは言えない状況にある。また、職権主義的な行政の運用において権利性は否定されてきた。婦人保護事業における措置制度の意義や存続の是非についての議論がほとんどなされてこなかったのは、売春する女性を社会から排除することによって、社会秩序の維持を図ろうとする売春防止法上の事業であるからに他ならない。

　婦人保護事業を「利用」する女性や子どもたちをめぐる状況は多様化し、抱えている生活課題も複合化している（本書第1部第2章参照）。婦人保護事業に措置制度が残存し、しかも「サービスを利用する側がサービスを提供する側（行政）に依存し従属するという職権主義的な関係性」、つまり、「利用者が主体的に何かを決めたり選択したりするということがほとんどでき」ないしくみ[40]であり続けてきた意味を考えなければならない[41]。他の福祉領域のような「サービス」概念ではなく、刑事処罰および保安処分と一体となった「保護更生・指導」概念が婦人保護事業の中核に残存・放置されてきたことの影響はあまりにも大きい。

　たとえ、現行措置制度を維持するとしても、運営基準やサービスの質・水準の基準策定や申請などの手続規定や権利擁護原則規定および外部評価など、行政裁量に対する統制手段が講じられる必要がある[42]。

(2) 他機関・他施策優先原則の陥穽
(a) 他機関・他施策優先原則の構造転換

　婦人保護事業の対象範囲をどう定めるかは、婦人保護事業の性格を決定づけるものである。現行制度上、通達による対象範囲は、①売春経歴があり、現に保護、援助を必要とする者、②売春経歴はないが、生活歴、性向・生活

---

(39)　前掲注(31)
(40)　前掲注(34)31頁
(41)　DV法は当事者の申立による保護命令制度を導入し、支援を求める際の当事者の主体性を法的に保障している。
(42)　河野正輝「社会福祉の法制」『エンサイクロペディア社会福祉学』中央法規、2007、395頁

環境から売春のおそれのある者、③DV被害者、④家庭環境の破綻、生活困窮等正常な生活を営む上で困難を有し、かつ、「その問題を解決すべき他機関がない」ために、現に保護、援助を必要とする者、⑤恋人からの暴力被害者、⑥人身取引被害者の6カテゴリーとなっている（厚生労働省雇用均等・児童家庭局長通知「DV法施行に対応した婦人保護事業の実施について」2011年）。

　④の「他機関・他施策優先」原則は1970年社会局長通知での明示以来、維持されている。1992年通知の「家庭環境や生活困難、性被害等」があり、「解決すべき他機関がない場合」で、しかも、「放置すれば将来売春のおそれがある場合」として書きこまれていた未然防止の観点は、すでに述べたとおり、1999年通知では削除された。この段階で、婦人保護事業における売春と「家庭環境の破壊や生活困窮などの困難」は理論上、明確に分離されたと言える。もちろん、婦人保護事業によるDV被害者対策推進がその主な目的であり、婦人相談所へのDV被害の相談やDV被害を主訴とする一時保護件数が増加したこととともに、厚生省（当時）は、男女共同参画政策の展開とその中心課題であった「女性に対する暴力」、つまりDV防止への対応を迫られたからである[43]。この段階で、「売春ケース」と「一般ケース」という女性の分断構造は決定的になったのだが、その意味は大きく変わったのではないか。「一般ケース」すなわちDVケースへシフトすることで、売春防止からDV防止へと立脚点をずらすための第一歩だったと考えられる。

(b)　関係諸機関の連携へ

　だが、1999年通知には注目すべき点がある。それは、「他機関・他施策優先原則」を保持する一方で、「当該女性の持つ問題の内容に応じて柔軟に保

---

(43) 前掲注(18)参照。ただし、1996年男女共同参画ビジョンでは、売春を女性に対する暴力として、「組織暴力による犯罪の巧妙化や多様化、被害者の低年齢化、海外旅行者による買春など国境を超えた買売春行動の広がり等の今日的な状況にてらして、内外の女性の人権保障という視点からの総合的かつ積極的な取組が望まれる」とした。しかし、1997年売春対策審議会は解消され、男女共同参画審議会に「女性に対する暴力専門調査会」が設置され、そこで「女性の人権保障と男女共同参画」という新たな視点で買売春問題を検討することとなったのだが、議論の大半はDV対策に占められ、買売春問題は人身取引問題として若干語られるのみであった。このように、買売春問題は男女共同参画行政の下では周縁化されてきたのである。

護、援助を行うこととした」と明記していることである（下線筆者）。また、「相談者の持つ個々の問題の真の解決に向けた援助を行うため」の、民間団体を含めた関係諸機関の連携を謳っていることにも注目したい。現行通知からこの部分の記述が消えたいきさつは知る由もないが[44]、「他機関優先」規定を形式的に解釈適用するのではなく、問題に応じて柔軟に適切な対応をすべきこと、および、他機関との連携がまず重視されるべきであるという1999年通知の考え方は継承されるべきである。

　すでに述べたように、DV法制定以降、DVの背後にさまざまな問題・困難を抱えた女性たちの一時保護利用が増えている。多くの同伴児やさまざまな障がいを持つ女性・子どもたちを受け入れることによって、支援に困難をきたすことや利用者が落ち着けるような環境が提供できないことなど、現場では苦労が多いかもしれない。また、専門職の配置が不十分なため、精神疾患への対応や服薬管理、養育能力の低下への対応の難しさも容易に想像できる。専門職の配置や人員不足など体制の不備を解消しない限り、一時保護所での多様かつ困難なケースへの対応は、スタッフの負担増を招くばかりである。だからこそ、関係諸機関との連携による支援がカギになるのだが、連携もうまく進んでいない。

　連携不足の要因は、関係機関のDVや女性問題の認識・理解の不十分さにとどまらない。DV対応に限定しても、DV法上、DVセンター（婦人相談所）が諸機関連携のためのコーディネート機能を有していないことを問題にすべきであろう。さまざまな機関の対応と連携が必要にもかかわらず、機関ごとの役割や権限および根拠法の相違がネックになっており、司令塔＝調整役が不在のまま、諸機関が横並び状態のままでは連携協力は進まない。「他機関・他施策優先」原則が被害者支援にどのような影響を与えているか、検証が必要である。

　「他機関・他施策優先」原則は、たとえば、高齢のDV被害者、児童福祉法の対象年齢を超えているが20歳未満の10代後半の人びと、さまざまな障が

---

(44) 1999年、主管が社会・援護局から児童家庭局へ移ったことも影響しているかもしれない。

いのあるDV被害者など、制度の狭間に落ち込む女性たちを生み出している。婦人保護事業の「支援の対象者には、心身に障害をもつ女性、知的障害者、高齢者なども多く、あまりに不十分な支援体制」のため「「他法優先・他法活用」を名目にたらいまわしする現状」が憂慮される[45]。

「要保護女子の保護更生」であれ、DV被害者支援であれ、婦人保護事業は常に女性の分断と差別の構造を内在してきた。女性の分断・差別を生みだし、再生産する「他機関・他施策優先原則」の陥穽にはまってはいけない。

5 婦人相談員の専門性と身分保障

(1) 婦人相談員の現況

　婦人相談員は婦人相談所および婦人保護施設とともに、売防法上の婦人保護事業を構成する機関である。売防法は、「要保護女子の発見、相談ならびに必要な指導」を婦人相談員の業務としており、非常勤と定めている（35条）。

　「実施要領」によれば、婦人相談員は都道府県と市に設置されるが、都道府県が義務設置であるのに対し、市における設置は任意である。その人数については都道府県および市に任されている。婦人相談員は都道府県知事あるいは市長からの委嘱を受けて任命されるが、任用要件や資格要件の規定はなく、「人格高潔で社会的信望があり」、「職務遂行に必要な熱意と識見を持つ真に活動力のある者」から任命するとしている。

　「実施要領」では、婦人相談員の業務を、要保護女子の早期発見、相談、調査、判定および指導と定めている。さらに、DV法では「被害者の相談に応じ、必要な指導を行うことができる」とされている（4条）。

　現在、婦人相談員は全国で1,217人（都道府県463人、市754人）いるが、人数も勤務形態も地域差が大きい（2011年）。また、人口比により人数が定められているわけではない[46]。婦人相談員は売防法上非常勤と定められてい

---

[45] 「月刊ウィラーン」714号特集座談会における婦人相談員の発言を参照。11・12月号、2012、7頁
[46] 婦人相談員1人当たり人口でも49万2千人（大阪府）から5万2千人（徳島県）まで、地域間格差が著しい（2010年）。「買売春問題ととりくむ会ニュース」210号（2011年7月）

るが、実際には約2割が常勤であり、市における常勤率のほうが高い（市22.3％、都道府県17.7％）[47]。また、在職年数の短さも顕著であり、都道府県では3年未満が5割以上、市では5割近くを占める。一方、「5年から10年未満」が都道府県・市とも2割以上あり、20年以上を含めて10年以上の長期雇用の婦人相談員も1割前後いて、バラツキと地域差が目立つ（以上は2011年現在、厚生労働省調べ）。

（2）婦人相談員の専門性—調査結果から

　婦人相談員についての調査研究は少なく、データに基づいて婦人相談員像を描くことは容易ではない。婦人相談員独自の調査としては、全国婦人相談員連絡協議会（以下、全婦相）／吉浜美恵子による調査（2001年「婦人相談員DV全国研修効果調査」（以下、DV研修効果調査）および1999年全婦相「婦人相談員の専門性に関する調査」、2008年全婦相「婦人相談員の業務等に関する調査」（以下、業務調査）ならびに「女性福祉法」を考える会の調査（1997年「アンケート＜女性相談員の声＞——利用者の立場に立った女性福祉を求めて——報告書」）などがある。また、国の唯一の調査として、内閣府男女共同参画局「配偶者等からの暴力に係る相談員等の支援者に関する実態調査」2004年(以下、内閣府調査)があるが、DVセンター、女性センターおよび民間シェルターの相談員を幅広く対象としており、都道府県の婦人相談員は「DVセンター相談員」カテゴリーに含まれていると考えられる。

婦人相談員の専門性

　全婦相「DV研修効果調査」では、女性相談に臨む姿勢、研修の効果と研修への期待など、婦人相談員の専門性にフォーカスされており、データとして古いものの参考になる。

　同調査では、婦人相談員の横顔、状況、援助観、ジェンダー意識、研修と援助観やジェンダー意識との関係などを分析している。第1に、婦人相談員になった動機が多様であり、相談やカウンセリングに関する研修を受けた経験や相談実務の経験が十分とは言えず、スーパービジョン体制の不備と相

---

(47)　本厚生労働科学研究費調査研究では、一時保護所の婦人相談員の87％が非常勤であった。

まって、相談員の専門性向上への障害となっている。第2に、相談員の大多数はやりがいを感じているが、慢性のバーンアウト状態と、仕事に徒労感があると答えており、高いレベルのストレスにさらされている。第3に、仕事のやりがいの満足度は高いが、賃金には満足していないことである。第4に、相談員の援助観であるが、効果的な援助として、シェルターの整備や就職支援など「対症療法的な援助」を掲げる者が多く、自立支援や性差別解消など背景にある社会構造変革をめざす施策を挙げる者が少ない。また、支援のスタンスとして、いずれも少数ながら、「……させる、指導する、教える、気付かせるなど、上から下への指導的援助」を挙げたり（1割）、援助の障害として「女性の意思の弱さや認識の低さ、自活の技術の不足など女性自身の要因」をあげた者もいた（2割）。この点について、同「調査報告書」は、「暴力を受けた女性が困難な状況を生き延びる才覚や強さを持っている」という認識が欠如しているのではないか、DVの原因を女性の「弱さ」に求めることで、社会制度の不備に気付く機会を逸することになるのではないか、また、「上から下への指導的援助」は女性の自己決定権を阻害し、二次被害の危惧があるのではないかと疑問を投げかけている。

　第5に、婦人相談員になった動機や職務経験とジェンダー意識との関係に統計的に優位な差が認められた。「女性の人権に関する仕事に興味があった」「カウンセリングや心理についての知識・技能、資格を活かしたかった」と回答した者、あるいは、それらを学んだ経験や相談実務経験のある者はジェンダー意識が高く、「社会に役立つ仕事をしたかった」者や公務員退職後の再雇用の場合は暴力被害を受けた女性への否定的態度の尺度が高く、DV容認の度合いも高かった。

　第6に、これらの結果から、①採用条件の重要性が指摘されている。採用時に、志望動機、学習経験や相談実務経験などを十分検討して適性を見極めることが重要であること、および、②ジェンダーや女性に対する暴力の考え方、援助の姿勢など採用後の研修の重要性が指摘されている。日本社会ではDVや性暴力を個人的要因に帰する思考は根強く、1回や2回の研修で認識や態度の変容を期待するのは無理であろう。調査報告書では、適切な内容と実践的な方法（ロールプレイやケース研究、少人数グループでの議論など）によ

る研修の重要性が提言されている[48]。

(3) 婦人相談員が抱える課題
(a) 婦人相談員の業務と専門性

2008年全婦相「業務調査」は現在のところ、婦人相談員調査として現段階では最新のものである[49]。回答者は市の婦人相談員が若干上回っており、勤続年数は「0～4年」がもっとも多く「5～9年」「10～14年」と続くが、「10～14年」が前回調査（1999年）より若干減少している。資格では、教員、社会福祉主事、保育士、社会福祉士、看護師等多岐にわたるが、前回調査と比べて教員資格が減少したのに対し（29.9％）、社会福祉士（9％）が増加している。これらの資格が採用要件になっているのかどうかは不明である。

婦人相談員の日常業務については、電話相談、相談記録作成、面接相談が9割以上を占める。1999年調査と比べると、ケース会議等の出席、離婚手続き支援、警察への同行・連絡調整、弁護士事務所への同行・連絡調整、裁判所への同行、入所の協議などが増加している。また、DV法施行以降は保護命令との関係で警察や司法との連絡調整や同行が以前より増えているものと思われる。それは、連携先として警察が83％を占めることにも表れている。逆に、婦人保護施設との連携が大きく減少しており、婦人保護施設の入所者減とも関連している可能性がある。婦人保護施設利用者に対する面接は4割しかなく、ケース会議への出席、福祉事務所との連絡調整等の支援が3割以下となっており、婦人相談員が婦人保護施設利用者への直接支援にかかわる割合の低さが浮かび上がってきた。

研修については、新任研修があるのは55.4％にとどまる。研修への参加回数は年1回がもっとも多く、参加できない理由として、予算の少なさと「相談員が少ないので交替で参加」せざるを得ない状況があげられている。自費での研修参加が多いのではないだろうか。研修参加のための条件整備がまず

---

[48] 吉浜美恵子「第7部まとめと考察」全国婦人相談員連絡協議会『婦人相談員DV全国研修効果調査報告書』2005

[49] 全国婦人相談員連絡協議会『2008年度「婦人相談員の業務等に関する調査」報告書』2008

必要である。相談員が必要と考える研修内容については、心理カウンセリング技法がもっとも多いが（20%）、精神障がい者への援助、女性の人権とともに、婦人保護事業の原点や社会福祉の基礎知識があげられ、支援現場での技能習得とともに、人権問題や婦人保護事業、社会福祉など、婦人相談員の実践を裏付けるためのジェンダー視点の獲得や社会構造的理解につながる研修へのニーズが少数ながらあることに注目したい。

　日常業務での疑問や困惑については、スーパーバイザーがいないことがセキュリティ保障とともに多い。どの地域でも3割から4割がスーパーバイザーの不在をあげており、とくに、非常勤職員や常勤職員の再雇用の場合に不安を覚えているようである。また、相談支援過程で非常勤の立場にもかかわらず、自らの責任で対応しなければならないことや発言権があまりないことにも疑問を感じている。少数ではあるが、「会議に出席できない」が6%もあり（非常勤は7.2%）、発言権のなさと「専門性が認められないと感じている」（52.5%）とが相まって、相談員の仕事への意欲を削ぐ要因となっている。専門性が認められていないと感じる理由としては「非常勤職員」をあげる回答がもっとも多い。自由記述をみると、相談員業務についての行政や職場・管理職の無理解、採用基準・資格が明示されず不安定で誰でもできる仕事と思われていること、雇止めによる短期間雇用、経験・年数を積んでも処遇に反映されないこと、専門的な研修がないこと、事務補助的な仕事や一般職との兼務など、専門的業務として組織内で理解されず、身分保障のないまま不安定な状況に置かれていることがわかる。

(b)　婦人相談員の待遇

　専門性が認められないことは、婦人相談員の報酬の低さとも関連する。月収「15～16万円未満」がもっとも多く、しかも、勤続年数「6～9年」、「50代」で「15～16万円」が最多であり、勤続年数による基本給の増額がない場合が64.2%（非常勤は78.3%）と、年数・経験を重ねても専門性が認められず、基本給も低く抑えられている[50]。また、通勤手当がない場合や、上限

---

(50)　国の統計によると、女性の6割以上が300万円以下の所得であるが、非常勤の婦人相談員の多くは、さらに低いラインの200万円以下の所得者であると推定される。内閣府『平成24年版男女共同参画白書』参照

が定められた実費弁償であること、賞与がないことなども、婦人相談員の待遇を押し下げている。定年（雇止め）があるのは56.3％であるが、非常勤の場合は68.9％とその割合は上昇する。定年は65歳が最多だが、60歳、63歳のところもそれぞれ１割以上ある。近年増えている雇止めについては、５年までが２割以上、３年までが１割近くにのぼる一方、10年以上も５％近くある。専門性のある仕事として雇止めの対象外とすることや賃金のアップ、交通費・賞与等の支給など、早急に待遇改善を図らなければならない[51]。

　これらの調査から10年～５年経過しているが、平均勤続年数が2001年当時の５年から３年に短縮していること以外、採用要件、雇用形態、賃金、就業環境、負担感やストレス、研修など、状況はさほど変わっていないと思われる。雇止めの進行で勤続年数が短くなる一方であり、職場での経験の蓄積や継承はより困難になっている。一方、相談業務ガイドラインの策定や研修制度の改善は個々の機関・自治体に任されており、地域・機関間格差は縮小されていない。また、これらの調査では明確に表れていない問題として、婦人相談員の権限、どこまで決定権があるのかについても不明確なままである。資格要件についても、社会福祉関係の資格は要件とされておらず、婦人相談員には「高度の専門性」が求められていないとも解される[52]。ただし、婦人相談員に求められる「専門性」とは資格の有無にとどまらず、ジェンダーに敏感な意識や人権感覚など、女性支援に不可欠な「条件」や支援経験などを総合的に判断すべきであろう。

　従来、婦人相談員の役割および位置づけが明確ではなく、専門性とは何かという議論が十分ではなかったように思われる。婦人相談員の役割の重要性がより一層大きくなると考えられる現在、婦人相談員の身分保障と専門性の確保は焦眉の課題である[53]。

---

(51)　2004年内閣府調査でも、今後の就業継続意向は50.5％（女性センター61.2％、民間シェルター65％）にとどまり、継続したくない理由として「収入が少ない」「労働条件が悪い」「自分に向いていない」の順に多い（３機関共通）。
(52)　堀千鶴子「婦人相談員の現実」前掲注（７）所収、122頁

6 　民間シェルター

　日本における民間シェルター数は正確には把握されていない。横浜市女性協会（当時）による日本初の実態調査によれば、1994年当時全国で7カ所の民間シェルターが確認されている[54]。その後、北京世界女性会議を経て、各地に民間シェルターが設置されるようになり、1999年調査では20カ所まで増えた[55]。さらに、DV法制定後に民間シェルター数は大幅に増加している。内閣府の調べでは、全国で民間シェルターを運営している団体数は101にのぼる（2010年11月現在）。そのうち、一時保護の委託先は98カ所である（厚生労働省調べ、2012年4月現在）。ちなみに、国内唯一の民間シェルターのネットワーク「特定非営利活動法人全国女性シェルターネット」（以下、シェルターネット）に加盟している民間女性シェルター・支援団体は67団体である（2013年6月現在）。

　民間シェルターの分布は地域的に偏っており、大都市圏および北海道など一部地域に集中し、民間シェルターが存在しない県は16に及ぶ[56]。さらに、民間シェルターについての調査研究はほとんどなく、前記シェルターネット加盟シェルターを対象とした研究が若干存在するのみである[57]。

(a)　民間シェルターと一時保護委託

　DV法上、民間シェルターは一時保護の委託先の一つでしかなく（3条4項）、いわば、DV法上の支援システムの枠外の存在である。DV法は民間団

---

[53] 　なお、婦人相談所および婦人保護施設の専門性や課題については、第2部第1章「婦人保護事業の現在」を参照。婦人相談所の役割・専門性が明確ではないこと、業務のガイドラインや基準、外部評価の欠如、婦人保護施設の入所者減少の改善などが当面の課題である。
[54] 　財団法人横浜市女性協会『民間シェルター調査報告書Ⅰ日本国内調査編』1995。AKK女性シェルター、かながわ女のスペースみずら、ミカエラ寮、女性の家サーラー、女性の家HELP、ダルク女性ハウス、フレンドシップアジアハウスこすもす、の7カ所。
[55] 　シェルター・DV問題調査会議『シェルターにおける援助に関する実態調査報告書』財団法人横浜市女性協会、2000
[56] 　内閣府「民間シェルター把握状況」2007
[57] 　小川真理子「日本におけるDV被害者支援と民間シェルターの役割に関する一考察」お茶の水女子大学博士論文、2012など

体への援助を定めるが（26条）、「必要な援助を行う」とするにとどまり、公的財政援助については、憲法上の制約（89条）があるとして一切規定していない。

民間シェルターへの一時保護委託契約施設数（98団体）は、母子生活支援施設（108団体）に次いで多いが、必ずしもコンスタントに委託があるわけではなく、シェルターネットによれば、形式的に年間1件の委託に終わる場合や数年にわたり1件もない場合もある。一時保護委託件数の見通しが立たないことは、民間シェルターの運営・存続に多大の影響を及ぼす。場所と人を用意して常時受け入れ態勢を確保していなければならないにもかかわらず、一時保護委託料収入が保障されないという矛盾した状況があり、人件費や賃借料などの負担で運営が不安定になってしまうからである。その意味では、民間シェルターが被害者を受け入れると同時に一時保護委託契約が締結されたとみなす、民間シェルター主導型の「北海道方式」が注目される。北海道には全道8カ所の民間シェルターがあり、ネットワークを組織して先駆的に活動してきた。自治体の支援計画に民間シェルターが支援活動のパートナーとして位置づけられ、行政と民間の連携・協力による支援計画がたてられている。民間シェルターは地域の欠かせない社会資源となっているのである。

(b) 民間シェルターの支援の特色と困難

シェルターネットによれば、民間シェルターの支援の特徴は「被害者の立場に立った切れ目のない支援」（「内閣府基本方針」）の実践にある。民間シェルターでは、緊急保護から生活再建、ステップハウスまで、長期的な支援を行っている。すでに述べたとおり、民間シェルター入所者の利用期間は都道府県の一時保護所よりも長いことも特徴である。

また、シェルターネットに加盟する民間シェルターでは、当事者のエンパワメントを理念に掲げて、相談、緊急介入、シェルター・サポート、医療支援、司法支援、行政手続き支援、生活支援、就労支援、子どものケア、自助グループ活動など、緊急時から生活再建までの継続的支援を行っているとのことである。自立支援プログラムの体系化、リサイクルショップなどでの就業体験、就業講座、手工芸品の制作と販売、子どものためのプログラム、子どもと親のための併行型プログラム、居場所づくりなど、独自の自立支援プ

ログラムを展開するシェルターもみられる。また、シェルター後の退所先は民間住宅がもっとも多く（アパート転宅）、さまざまな施設を転々とすることなく、被害からの回復と地域での自立を図っているという。シェルターネットの「全国ネットワーク」を活かした広域的な連携も安全確保には有効であろう。

　しかし、シェルター活動の停止に追い込まれるところもあり、民間シェルターには財政難や人員の確保など運営上の困難が常に付きまとう。民間シェルターの運営費は寄付金や会費、助成金などによって賄われることが多く、都道府県や市の補助金が運営費に占める割合は低い。内閣府調査によれば、民間シェルターへの財政支援を行っている自治体は6.9%にとどまり、都道府県では5割、市では1割である[58]。補助金額は自治体間格差が大きく、総体的に低額にとどまる。2010年度自治体に交付された、初のDV対策国家予算「地域生活に光を注ぐ交付金」[59]（略称光交付金）のような予算配分の再開を望む声が自治体からあがっている。また、自治体の補助金などの財政支援はその使途が限定されていることが多く、もっとも必要性が高い人件費に使えない場合があり、柔軟な使途が認められるべきであろう。専任スタッフを擁するシェルターが増えてきているものの、ほとんどがボランティアスタッフで支援活動が行われており、スタッフの「高齢化」も進んでいる。

　さらには、行政と民間との連携推進も課題となっている。民間団体との連携が進んでいるところ、積極的に民間を活用している自治体ほど、先進的なDV被害者支援が行われていることはすでに述べた（第2部第2章参照）。

　民間シェルターの活動が活発な地域では、支援実績を積み重ねてきた民間シェルターは地域の被害者支援の不可欠の社会資源となっていることは間違いない。貴重な社会資源である民間シェルターをいつまでも支援システムの枠外にとどめるのではなく、民間の特性や利点を活かしながら、行政にとっ

---

(58) 内閣府男女共同参画局『地域における配偶者間暴力対策の現状と課題に関するアンケート調査報告書』2011

(59) 正式名称は、「円高デフレ対応のための緊急総合経済対策〜新成長戦略実現に向けたステップ2」、総額1,000億円、22年度補正予算として組まれたもので、地方消費者行政、自殺予防、図書館整備などとともにDV対応事業支援も目的とした。

ての対等なパートナーとして支援システムに位置づけなおす必要がある。

7　新たな女性支援事業の構築に向けて

　1956年の売防法制定から半世紀以上経過した。売防法は買売春のどちらをも禁止したが、売春あっせん業者と売春する女性を処罰の対象とする一方、買春者の処罰は定めなかった。同時に、売防法は売春する女性を「要保護女子」と呼んで、その保護更生を図るために婦人保護事業を創設した。その意味で、売防法は刑事処罰法の側面と女性保護法の側面とを併せ持つ。制定後、売防法の細かい改正は重ねられてきたが、根幹に及ぶ改正は議論にも上らないままである。売防法は、①女性の人権保障の観点からではなく、道徳的見地から買売春が禁止されたにすぎないこと、②買春者は罰せられず、売春する女性が保護の対象であると同時に、処罰の対象となるという矛盾した状態であること（5条公然勧誘）、③女性は「転落防止・保護更生」の対象として保護されることなど、根本的な問題が解決されないまま今日に至っている。だが一方で、売防法は、通達による対象範囲の拡大と運用により、事実上女性支援事業の役割をも果たしてきた。

(a)　なぜ婦人保護事業の見直しが必要か

　近年、ようやく婦人保護事業見直しの機運が高まりつつある。

　その背景には、見直しを迫るいくつかの要因がある。第1に、日本社会における女性の状況の変化や国際的な女性の人権保障の要請など、社会の現実と売防法との乖離がますます大きくなってきたことである。とくに、2000年代初頭以降顕著となった「女性の貧困化」と生活困難の顕在化と固定化、その背後にある「女性に対する暴力」被害による深刻な影響、および経済的困窮や暴力被害と売春経験との連鎖など、ジェンダー不平等な社会における女性の人権状況に売防法はもはや対応しきれない。第2に、ライフコースの各段階で生じた困難が連鎖し、複合化して影響力を増し、固定化するという[60]、女性の抱える困難の構造的把握から言えば、総合的な女性支援システムが求められる。第3に、高齢者や障がい者、十代の女性、外国人女性など、制度

---

(60)　前掲注(1)29頁

の谷間に落ち込む女性たちの状況が深刻でありながら、被害は潜在化しており、支援が届かない状況を打破しなければならない。第4に、他の福祉領域等におけるジェンダー・バイアスや暴力被害への低い関心と不十分な認識、人権課題として性の問題をとらえきれない状況などが、女性支援のネックとなっていること、第5に、女性支援の枠組みを構築するためには、女性の分断と差別に基づく現行婦人保護事業の構造転換が不可欠であること、があげられる。

(b) 女性支援の基本理念としくみ

1）以下、箇条書きになるが、女性支援事業の基本理念として以下の事項を掲げたい。

① 女性の人権保障を中核とする。従来、枠外に置かれてきた外国人女性も人権主体として位置づける。行政による措置・指導・援助から権利体系へと法構造の転換を図る。

② 支援を必要とするすべての女性を支援の対象とする。

③ 「売春する女性」と「一般女性」のダブルスタンダードから脱却し、女性を分断しない女性支援をめざす

④ 女性の自己決定権とエンパワメントを尊重した支援

⑤ 関係機関の有機的連携による実効性のある総合的支援のしくみ
　　（被害当事者の立場に立った切れ目のない支援のしくみの具体化）

⑥ 支援の専門性の確保と強化

⑦ 支援のナショナル・スタンダードの確立と質の向上

2）支援のしくみと今後の検討課題

① 女性支援の概念をさらに検討する。

② 婦人相談所を「女性支援センター」に転換し、各都道府県および政令市等に設置義務を負わせ、緊急保護およびアセスメントを行うとともに、都道府県下の支援センター等の支援、関係各機関間の連携調整、政策化など、女性支援のための専門機関・中核的センターとする。センター長の資格要件などを検討する。

③ 婦人相談員は、女性支援専門員、女性支援員などと改め、専門職として「切れ目のない」女性支援のコーディネーター、あるいは伴走者と

して連携による支援の要となる。採用要件、雇用形態、身分保障、研修のありかたなどを抜本的に改革し、専門性を保障する。また、人口比に基づく配置を行う。相談業務・権限についてのガイドラインを策定する。
④ 切れ目のない総合的支援システムの構築とそこでの「女性支援センター」「女性支援専門員」、「女性支援施設」（現在の婦人保護施設）、「母子自立支援施設」、「民間シェルター」の役割分担と相互の関係について検討する。民間シェルターを支援法システム内に位置づけ、民間シェルターはその特色を活かした支援活動を行う。
⑤ 売防法の「措置」による職権主義的なしくみを廃止し、行政の責務を明確にしつつ、支援システムを権利体系に組み替える。

3）現行制度下での改善課題
① 婦人相談所の運営指針、外部評価基準の策定などによる役割・業務の明確化
② 婦人相談員の専門職化、処遇改善、業務ガイドラインの策定
③ 婦人保護施設入所者減少問題の改善
④ 民間シェルターの位置づけの検討、公的な財政支援、行政と民間の連携のあり方の検討

第 2 章

外国人女性たちへの支援事業

齋藤百合子・吉田容子

1 外国人女性支援の好事例

　就労や結婚などさまざまな理由で、日本に移り住む外国人が増加していることは、第1部第3章で述べた。また、第2部第3章ではとくに外国人女性に対する支援がまだ十分ではないことを指摘した。本節では、本調査研究で得られた知見を基に、(1)外国人集住都市、(2)外国人住民散住県および広域という地域別、(3)外国人女性を想定した施策など分野別の好事例を紹介する。

(1) 外国人集住都市での好事例

　好事例を展開している地方自治体の特徴は、主に太平洋ベルト工業地帯とよばれる静岡、岐阜県、愛知県内の中小零細企業で働く南米日系人[1]を始めとする外国人住民の増加が顕著であることだ。とくに南米日系人は本国から家族で来日することが多く、子どもの就学課題や日本語支援を含む教育、多言語での医療や社会保障制度などへの対応が迫られてきた。

　こうした外国人集住都市では、外国人住民に係わる施策や活動状況に関する情報交換と外国人住民に係わる諸問題の解決に向けた関係省庁への政策提言などを行う首長による外国人集住都市会議[2]を構成している。そのほか、「多文化共生推進計画」の下で多文化共生を推進する事業や国際交流協会に

---

(1)　1990年の入管法改正により、それまで外国人に認められていなかった非熟練労働が南米の日系人に認められた。以降、労働力不足が顕著だった中小零細企業で働く正規在留の南米出身の外国人労働者が増加した。

よる事業が、それぞれの都市で進められている。好事例は、「外国人児童への日本語習得支援、初期適応指導教室と小中学校での日本語指導」（岐阜県美濃加茂市）などの教育分野や、「医療機関用外国人ハンドブック作成」（群馬県伊勢崎市）など医療分野のほか、外国人住民の行政へのアクセスを容易にするための「外国人住民による市役所案内担当事業」（群馬県伊勢崎市）や、生活相談や就労支援を行う「定住外国人自立支援センターの運営」（岐阜県美濃加茂市）などの支援事業である。また静岡県浜松市の国際交流協会[3]は多文化共生推進のため、外国人の親と子どもへの母語教育も含む「外国人学習支援センター」とポルトガル語スピーチコンテストなどを主催する「多文化共生センター」を開設し、運営している。

しかし、外国人集住地域での外国人住民への対応は、南米日系人とその家族を対象とする事業が多い。他の国籍の子どもの不就学などの教育課題についての事業は散見されるものの、女性に特化した支援事業はほとんど見られないことは今後の課題であろう。

（2）外国人人口が多い地域（県）での好事例

日系南米人などニューカマーとよばれる外国人住民の人口が多い政令都市での好事例として、「多文化ソーシャルワーカー養成事業[4]」を挙げることができる。政令都市である名古屋市や、豊田市などの外国人集住都市がある愛知県では、国際課多文化共生推進室が多文化およびソーシャルワークの有識者の協力の下、多様化する外国人住民の生活課題に対応する人材育成を目

（2）　1990年以降、南米日系人を中心とした外国人住民の増加に伴い、外国人住民に関わる施策や活動などの情報交換を行う外国人集住都市会議が、集住都市の首長中心に組織され、2001年に浜松市で第1回外国人集住都市会議が開催された。2013年1月現在、同会の会員都市は8県29都市である。「外国人集住都市会議」http://www.shujutoshi.jp/member/index.htm （2013年1月14日アクセス）

（3）　浜松市国際交流協会 HICE http://www.hi-hice.jp/index.php （2013年1月14日アクセス）

（4）　愛知県の多文化ソーシャルワーカー養成事業の一環として制作され、愛知県のWebで公開されている。「多文化ソーシャルワーカーハンドブック」http://www.pref.aichi.jp/0000049304.html 「多文化ソーシャルワーカーガイドブック」http://www.pref.aichi.jp/0000038742.html （2013年1月14日アクセス）

第2章　外国人女性たちへの支援事業

的に、2004年から2011年まで同事業を実施してきた。「多文化ソーシャルワーカー養成事業」は神奈川県でも実施されている。そのほか、全国市町村国際文化研修所（JIAM）では「多文化共生マネージャー」養成事業[5]を実施している。

そのほか、外国人住民の医療支援事業として、行政が大学や医療機関と協力して、多国籍の外国人住民が多い北関東4県で活用できる「医療通訳ボランティア通訳広域連携促進事業[6]」（茨城県、栃木県、群馬県、埼玉県の北関東広域圏）や「医療通訳養成派遣システム事業[7]」（神奈川県、行政とNPO、医師の協働事業）を実施している。これらは、医療通訳ボランティア養成講座終了後の受講生のスキルアップを目的にラーニング（遠隔教育）制度を取り入れたものである。

（3）外国人女性利用者を想定した施策の好事例

就労や家族同行を目的に定住している日系南米人女性は外国人集住地域に居住する傾向があるが、国際結婚によって来日した外国人女性は都市だけでなく農林漁村、山間地などに散住している。とくに国際結婚仲介業者による斡旋で日本人男性の配偶者として来日した外国人女性の国籍は多岐にわたり、言語や社会慣習、制度に適応しないまま疎外感を味わいながら、地方農村に居住していることも少なくない。とくに国際結婚で日本人男性配偶者として来日した外国人女性にとって、生活に必要な日本語習得および仲間づくり、社会への適応を促す「場づくり」の支援は重要である。

これらの「場づくり」支援を、福岡県では県の国際結婚や仕事の都合で移住する外国人を対象に、県と国際交流協会センター、およびNPO法人女性エンパワーメントセンター福岡との協働事業[8]として展開している。農村部

---

(5) CLAIR「多文化共生に関する研修」http://www.clair.or.jp/j/multiculture/jiam/index.html（2013年1月14日アクセス）
(6) 「医療通訳ボランティア通訳広域連携促進事業（群馬県）」http://www.clair.or.jp/j/multiculture/docs/23-2_gunma/pdf（2013年1月14日アクセス）
(7) 「医療通訳派遣システム事業（神奈川県）」http://www.clair.or.jp/j/multiculture/shiryou/docs/04.pdf（2013年1月14日アクセス）

や、今後外国人住民の増加が見込まれる地域における日本語教室の新規開設支援と新規日本語教室における日本語教師ボランティアに対する研修が中心である。また、国際結婚で来日した外国人女性が多い山形県にある民間団体国際ボランティアセンター山形（IVY）では、就労支援として就職面接のための日本語講座を開設し、履歴書作成の支援も行っている。日本語がある程度理解できるようになった外国人を対象に、雇用保険や労働法などの法制度を理解する学習会の開催、外国人の雇用促進を意図した県内企業への外国人雇用に関するアンケート調査の実施など、包括的な就労支援を実施している。

そのほか、神奈川県と福岡県では、日本語がうまく話せないDV被害に遭った外国人女性相談者と支援者が初期対応の際必要なコミュニケーションをはかるために「外国籍DV被害者のための多言語相談シート」を作成した。神奈川県では県と民間シェルターの協同事業として、相談員用外国籍DV被害者支援マニュアル多言語相談シート（7カ国語版）を作成した。神奈川県に続き、福岡県では2011年度にNPOの協力を得て、日本語が十分に話せない外国籍DV被害者が相談に訪れた際に、適切に対応できるよう9カ国語[9]の「外国籍DV被害者のための多言語相談シート」を作成し、配偶者暴力相談支援センター、男女共同参画センター、婦人相談員を配置している市の相談窓口に配布した[10]。

一方、多言語相談シートを制作協力および活用したNPOスタッフの経験から、「『多言語相談シート』はあくまで初期段階において活用価値はあるが、外国人女性が直面している課題が顕在化した際、その課題に対応する技能が必要である」との意見[11]があった。言語が翻訳されても行政や法律の仕組みそのものを理解することに時間がかかる外国人女性に対応する相談員のさ

---

(8) 福岡県「日本語教室支援」http://www.pref.fukuoka.lg.jp/e03/nihongokyoushitu.html（2013年1月14日アクセス）。2008年からこの支援事業が開始され、2009年に八女市、朝倉市、2010年に中間市、宗像市、2011年に糸島市に新規日本語教室を開設した。
(9) 英語、中国語、韓国・朝鮮語、タガログ語、タイ語、ロシア語、ベトナム語、ポルトガル語、インドネシア語の9カ国語。
(10) 福岡県「平成23年度男女共同参画推進課事業報告」3頁、http://www.pref.fukuoka.lg.jp/uploaded/life/68/68536_misc1.pdf（2013年1月14日アクセス）
(11) 2011年12月8日に実施された外国人女性支援に関する専門家会議における意見

らなる技能向上の必要性が指摘されている。

（4）好事例の考察と課題 ── さらなる改善と発展のために

　以上、多文化を推進する好事例を紹介した。そのほかにも地方自治体の国際化や多文化共生に関する好事例は多い。それらは、財団法人自治体国際協会（以下、CLAIR）の助成による事業[12]および総務省調査の多文化共生事業[13]として紹介されている。紹介されている好事例の事業内容をジェンダーの視点から見ると、外国人というカテゴリーに、性別を問わず包括されているが、外国人女性を対象とした母子保健や子育て支援事例がみられ、女性としての役割が強調された事業は少なくない。外国人女性に対する暴力への対応や、暴力被害者の生活支援を多文化共生事業として取り入れた事業はまだ散見されない。また、愛知県作成の多文化ソーシャルワーカーハンドブックには、外国人女性のDV事例に対する多文化ソーシャルワーカーの役割や支援の手順が記されているが、多様な外国人住民との共生が実践されるためには、多文化ソーシャルワーカーに支援を依存するだけでは限界がある。行政や民間支援団体による、ワーカーの養成やスキルアップ、そのための予算確保などが必要である。

　さらに国際結婚で外国から移住してきた成人女性が日本語ボランティア教室で日本語を学ぶことについて、教育学者の久野は、日本語教育は、日本人配偶者としての「嫁」「妻」「母親」という女性特有と思われている役割を強化しているのではないかと指摘している[14]。福岡県や山形県のNPOの好事例に見るように、日本語教室の目的は、外国人の生活日本語の習得だけでなく、人間関係を育む「場づくり」や、社会経済的に力を得るためのキャリア支援など、「嫁」「妻」「母親」の役割を超えて、社会生活を営む上での社会

---

(12)　「CLAIR助成事業」http://www.clair.or.jp/j/multiculture/shiryou/jigyo-jirei.html（2013年1月14日アクセス）
(13)　「多文化共生事例」（総務省調査）http://www.clair.or.jp/j/multiculture/shiryou/soudan-jirei.pdf（2013年1月14日アクセス）
(14)　久野弓枝「日本語ボランティア教室研究の再考と新たな視座：フェミニスト・ペタゴジーに注目して」北海道大学大学院教育学研究科紀要第92号、2004、5頁

性を獲得するためのスキルである。

　このように日本語教室や母子保健、子育て支援など、外国人女性に対して、日本社会への「同化」や、「嫁」「妻」「母親」役割を押し付けるのではなく、外国人女性固有の文化的、社会的、歴史的な背景を考慮しながら、新たな経済潮流の中で生活困難に陥らずに生き抜くことができる力をつけていくことが望まれている。そのために、それぞれの地域の特性や事情を考慮しつつ、新たな工夫の端緒となる好事例を紹介することは、他の自治体の参考になり、意義があると思われる。他方、外国人女性の脆弱性に十分対応できていない場合もある。今後、地域において、外国人住民の増加に対応した多文化共生社会に対する理解を深めるために、研修や広報などの改善策の検討も必要であろう。

〔齋藤百合子〕

2　定住外国人女性に対する包括的な支援に向けた法的課題

(1) 定住外国人女性の法的地位

　日本に入国・在留するすべての外国人は、日本で行う活動内容に適合した「在留資格」を取得する必要がある（「特別永住者」「日米地位協定該当者」など一部の外国人を除く）。

　出入国管理及び難民認定法（以下「入管法」）は27種類の「在留資格」を定め、在留資格ごとにその該当要件、在留して行うことができる活動内容、付与される在留期間等を定めている（資料1）。許可なく資格外活動をしたり、在留期間を更新せずに徒過すると、退去強制処分などの不利益が課せられる可能性がある。

(a)　在留資格

　日本人男性と婚姻している外国人女性が取得しうる在留資格は、「日本人の配偶者等」や「永住者」の在留資格である。

① 　日本人の配偶者・日本人の実子・日本人の特別養子は、「日本人の配偶者等」の在留資格を取得しうる。付与される在留期間は、従来、1年又は3年であったが（初回は1年）、2012年7月9日以降に付与される場合は6月又は5年の場合もある（初回は6月）。

　　この在留資格を取得し又は更新するためには、夫の戸籍謄本、夫の在

職証明書、確定申告書写し、課税証明書・納税証明書、身元保証書などが必要であり、夫の協力がない場合は在留資格の取得又は更新は困難である。
② 日本人配偶者との婚姻生活が3年以上継続した場合には、外国人配偶者が「日本人の配偶者等」の在留資格から「永住者」の在留資格への変更を申請できる場合もある（入国管理局・永住許可に関するガイドライン）。
③ 2012年7月9日に改正入管法が施行され、以下の場合が在留資格の取消事由となった。実際に在留資格が取消されれば、速やかな帰国を余儀なくされ、帰国しなければ退去強制処分もありうる。
ⓐ 配偶者として「日本人の配偶者等」「永住者の配偶者等」の在留資格で在留する者が、正当な理由なく、配偶者としての活動を6ヵ月以上行わないで在留すること。但し、DVを理由として一時的に避難又は保護を必要としている場合、子どもの養育等やむを得ない事由のため別居しているが生計は同一である場合、本国の親族の傷病等により再入国許可を得て長期間の出国をしている場合、離婚調停または離婚訴訟中の場合などは、「正当な理由」に該当しうる（法務省入国管理局「配偶者の身分を有する者としての活動を行わないことに正当な理由がある場合等在留資格の取消しを行わない具体例について」2012年7月）。
ⓑ 正当な理由なく住居地の届出をしなかったり虚偽の届出をしたこと。但し、DVを理由として一時的に避難又は保護を必要としている場合等は、「正当な理由」に該当する（同上）。

このように、「正当な理由」の判断につきDV等に一定の配慮はあるが、なお女性の安全確保や離婚の自由が制約されるおそれが強い。主に日本人側に問題のある事案において被害女性に不利益が生ずることがないよう、入管の判断を注視する必要がある。

なお、外国人DV被害者からの生活保護申請につき、行政は住所の移動を強く求めてきたが（日本人からの申請の場合は現在地で申請ができ、住民票の異動は要件ではない）、この扱いも再検討すべきである。

(b) 離婚後の在留資格

日本人男性と離婚（又は死別）した場合、女性たちの在留資格はどうなる

のか？
① すでに「永住者」の在留資格を有していれば心配ない。
② 「日本人の配偶者等」の在留資格で在留していた場合は、離婚（又は死別）により直ちにこれが無効になることはないが、離婚（又は死別）後6カ月が経過すれば在留資格取消しの対象となる。
③ 他の在留資格への変更は容易でない。
ⓐ 日本人男性との間に実子があり、その実子と実際に同居し監護養育するのであれば、在留資格「定住者」への変更が可能である（資料2参照。この通達はオーバーステイの外国人にも準用される）。しかし、面会交流だけの事案では「定住者」への変更は難しい。
ⓑ 実子を日本人男性が引き取ったり、実子がない場合はどうか。
　日本人との実態のある婚姻生活が相当期間あり（概ね3年以上）、独立の生計を営むに足りる資産又は技能を有していれば、日本人と離婚（又は死別）後の外国人は、死亡・離婚に至る事情及び日本社会への定着性等の事情を考慮して「定住者」の在留資格を取得できる可能性がある。なお、DV被害を受け警察や配偶者暴力相談支援センター等に相談をしたり保護命令発令を受けている場合は、それらの証明資料を在留資格変更許可申請に添付することが有益である。
ⓒ 他の在留資格への変更は、それぞれその該当性と必要性が判断されるが、一般には変更は容易でない。

(2) 子どもの法的地位
(a) 国　　籍
① 外国人女性を母とする子が、母と同じ国籍を取得するか否かは、母の本国法による。
② 子の日本国籍取得の可否については、日本の国籍法が定める。
ⓐ 母が妊娠したときに日本人父と婚姻していた場合、及び、母と父が婚姻はしていないが父が胎児認知（子の出生前の胎児のときに認知すること）をした場合は、子は当然に日本国籍を取得する（国籍法2条）。
ⓑ ⓐに該当しない場合でも、日本人父が生後認知（子の出生後に認知す

ること）をすれば、その後法務大臣に届け出ることにより、子は日本国籍を取得できる（同3条、但し20歳未満の子に限る）。

(b) 在留資格

日本国籍がない子については在留資格が必要である。

① 子の父が日本人であり、その父が子を生後認知すれば、子は日本人の実子として「日本人の配偶者等」の在留資格を取得できる（日本人父が任意認知をしない場合は、認知を求める調停や訴訟を提起する必要がある）。

② 子の父が日本人でない場合でも、母が「日本人の配偶者等」の在留資格を持ち、その母の扶養を受けて生活する未成年で未婚の実子であれば、子は「定住者」の在留資格を取得することができる（平成2年5月24日法務省告示第132号）。

③ 母が離婚（又は死別）した場合は、母が「定住者」の在留資格を得ることができれば、「1年以上の在留期間を指定されている定住者の在留資格をもって在留する者の扶養を受けて生活する当該者の未成年で未婚の実子」は、定住者の在留資格を得ることができる（同告示）。その子が成年に達していたとしても、日本での在留期間が長期にわたっていれば、「定住者」の在留資格を得る可能性がある。

（3）社会権の保障

(a) 社会保障制度の利用の可否

① 健康保険、国民健康保険

外国人労働者に対しても、その就労が入管法上、適法か否かを問わず、適用事業所において常用的雇用関係にある場合には「健康保険」が適用される。しかし、就労資格のない外国人を雇用していることが入管に判明すると使用者は不利益を受ける可能性があるので、これらの外国人を健康保険に加入させない事業主は多いと思われる。

また、外国人登録を行っている適法滞在者（2012年7月以降は在留カード取得者）で1年以上の在留が見込まれる者には、「国民健康保険」が適用される。適法な在留資格を有していない者は、国民健康保険からも排除される。

② 生活保護

生活保護法2条は「すべて国民は…この法律による保護を…受けることができる」と定め、生活保護の受給権を日本国民だけに認めている。外国人については「適法に日本に滞在し、活動に制限を受けない永住者、定住者、永住者の配偶者等、日本人の配偶者等」に限って同法を準用するものとしている（1990年10月厚生省口頭指示）。

③ 労働法規

労働基準法、労働安全衛生法、最低賃金法、職業安定法、労働者派遣法、労働組合法等のすべての労働法規については、在留資格の点で適法な就労か否かを問わず、日本国内で就労する外国人が各法律の定義する「労働者」に該当すれば、原則として適用される（外国人の不法就労等に係る対応について・昭和63年1月26日基発50号・職発31号）。

(b) 子どもの就学

これまで、たとえ子どもたちに適法な在留資格がなくても（親が超過滞在の場合など）、自治体は外国人登録を認め、子どもの就学を保障してきた。しかし、新しい在留管理制度のもとでは、中長期滞在者以外は住民登録がされず、自治体にとって「見えない子どもたち」が多数発生している可能性がある。そのような子どもたちは就学保障から排除される。

(4) 法的課題

(a) 外国人女性とその子どもの在留資格

「日本人の配偶者等」の在留資格で日本に在留しようと考える外国人女性にとって、在留資格の取得・更新のためには、原則として日本人夫の協力が不可欠である。このことは、日本人夫が容易に女性たちを支配できる危険性が構造的に存在することを意味する。また、子どもとの安定した生活を希望する女性にとって、子どもの養育監護をめぐる争いは大きな負担となる。

日本人に役立つかどうかという観点ではなく、女性自身及び子ども自身の在留状況や在留の必要性に依拠した判断が必要である。

(b) 社会権の保障

慣れない生活やDV、在留資格をめぐる悩み等の中で、健康状態を悪化さ

せる女性が少なくない。とりわけ医療保障（健康保険・国民健康保険、生活保護の適用・準用など）は、生存権と直結し、それ故、人道的観点から現行の取り扱いを見直す必要がある。実際に支援にあたっているNGOからは、妊娠・出産時や女性支援施設・母子支援施設への入所中だけでなく、その後も医療保障は必要であり、特に子どもへの医療保障は在留資格の有無・種類を問わず不可欠であるとの指摘があった。

DV被害者支援については、DV法を改正し（23条）、外国人被害者支援について「在留資格を問わず」と明記する必要がある。また、DV被害者支援は自治体予算で行われるため自治体間の格差が生じやすいが、国が人道的見地からその予算で実施すべきである（判断は自治体が行う）との指摘もNGOからあった。傾聴すべきである。

子どもたちへの就学保障は不可欠である。少なくとも日本に在留中は、親や子の在留資格の有無・種類にかかわらず、子の就学を保障すべきである。

［吉田容子］

【資料1】 在留資格の種類 （27種類）

就労が認められる在留資格		
在留資格	在留期間	該当例
外交	外交活動の期間	外国政府の大使、公使、総領事、代表団構成員等、その家族
公用	5年、3年、1年、3月、30日、15日	外国政府の大使館・領事館の職員、国際機関等から公の用務で派遣される者等、その家族
教授	5年、3年、1年、3月	大学教授等
芸術	同上	作曲家、画家、著述家等
宗教	同上	外国の宗教団体から派遣される宣教師等
報道	同上	外国の報道機関の記者、カメラマン
投資・経営	同上	外資系企業等の経営者・管理者
法律・会計業務	同上	弁護士、公認会計士等
医療	同上	医師、歯科医師、看護師
研究	同上	政府関係機関や私企業等の研究者

教育	同上	高校・中学校等の語学教師等
技術	同上	機械工学等の技術者
人文知識・国際業務	同上	通訳、デザイナー、私企業の語学教師等
企業内転勤	同上	外国の事業所からの転勤者
興行	3年、1年、6月、3月、15日	俳優、歌手、ダンサー、プロスポーツ選手等
技能	5年、3年、1年、3月	外国料理の調理師、スポーツ指導者、航空機等の操縦者、貴金属等の加工職人等
技能実習	1年、6月又は法務大臣が個々に指定する期間（1年を超えない範囲）	技能実習生

就労が認められない在留資格

在留資格	在留期間	該当例
文化活動	3年、1年、6月、3月	日本文化の研究者等
短期滞在	90日、30日、15日	観光客、親族訪問、会議参加者等
留学	4年3月、4年、3年3月、3年、2年3月、2年、1年3月、1年、6月、3月	大学、短期大学、高等専門学校及び高等学校等の先生
研修	1年、6月、3月	研修生
家族滞在	5年、4年3月、4年、3年3月、3年、2年3月、2年、1年3月、1年、6月、3月	在留外国人が扶養する配偶者・子

就労の可否は指定される活動による在留資格

在留資格	在留期間	該当例
特定活動	5年、4年、3年、2年、1年、6月、3月又は法務大臣が個々に指定する期間（1年を超えない範囲）	外交官等の家事使用人、ワーキング・ホリデー等

活動に制限のない在留資格

在留資格	在留期間	該当例
永住者	無期限	法務大臣から永住の許可を受けた者（入管特例法の「特別永住者」を除く）

日本人の配偶者等	5年、3年、1年、6月	日本人の配偶者・実子・特別養子
永住者の配偶者等	同上	永住者・特別永住者の配偶者及び我が国で出生し引き続き在留している実子
定住者	5年、3年、1年、6月又は法務大臣が個々に指定する期間（5年を超えない範囲）	インドシナ難民、日系3世、中国残留邦人等

【資料2　定住通達】

平成8年7月30日　法務省入国管理局　定住通達

日本人の実子を扶養する外国人親の取扱について

1　現行取扱い及び本通達発出の背景

　日本人の実子を扶養する外国人親については、法務大臣が諸般の事情を考慮して「定住者」と認めることが相当と判断したときには、ケースバイケースで当該外国人親の在留を認めてきたところ、最近、この種の事案が増加し、統一的な取扱いを定める必要性が生じていた。

2　趣旨及び目的

　日本人の実子としての身分を有する未成年者が、我が国で安定した生活を営むことができるようにするため、その扶養者たる外国人親の在留についても、なお一層の配慮が必要であるとの観点から、入国在留審査の取扱いを定めたものである。

3　今後の取扱い

（1）　日本人の実子を扶養する外国人親の在留資格について

　未成年かつ未婚の実子を扶養するため本邦在留を希望する外国人親については、その親子関係、当該外国人が当該実子の親権者であること、現に当該実子を養育、監護していることが確認できれば、「定住者」（1年）への在留資格の変更を許可する。

　なお、日本人の実子とは、嫡出、非嫡出を問わず、子の出生時点においてその父または母が日本国籍を有しているものをいう。実子の日本国籍の有無は問わないが、日本人父から認知されていることが必要である。

（2） 在留資格変更後の在留期間更新の取扱い

実子が未だ養育、監護者を必要とする時期において、在留期間の更新申請時に実子の養育、監護の事実が認められない場合は、原則として同更新を許可しない。

（3） 提出書類

(ア)身分関係を証明する資料、(イ)親権を行うものであることを証する書類、(ウ)日本人実子の養育状況に関する書類、(エ)扶養者の職業および収入に関する書類、(オ)本邦に居住する身元保証人の身元保証書

3　政策提言

（1）基本的な視点

現在の「女性支援」関連施策は、「定住外国人女性の支援」を明確に含めているとは言い難い。定住外国人女性には、特に「言語」「在留資格」という障壁（個人に帰責できない脆弱性）があり、日本人女性とは異なる支援が必要な場合が多い。ところが従来、政府・自治体の多くは、あたかも支援対象には定住外国人女性が含まれていないかのような感覚で問題を捉えてきた。行政に代わり定住外国人女性の支援を行ってきたのは、数少ない民間団体であった。これからは、国も自治体も定住外国人女性を女性支援策の中にきちんと位置づけるべきであるし、人権保障の見地から、在留資格の有無・種類により支援を区別すべきでないとの視点が必要である。

また、日本以外の外国にルーツを持ち、必ずしも日本語や日本の生活習慣に習熟していない日本国籍保持者（新日本人）が増えている。被害者保護・支援事業においても、国籍だけでは判別できない多様な利用者がいることに留意すべきである。

外国人女性への支援を適格に実施するためには、在留資格や国籍など法的地位に関する理解、適切な通訳者の養成と通訳者活用時の注意、自立支援の方法（同伴同居の子を含む）、人身取引被害者への対応方法など、様々な理解や技能が必要である。専門性を高める研修モデルの作成と実施が必要であることも明らかとなっている。

（2）言語の障壁を減らしていくための施策
（a） 多言語資料の作成配布

　相談や支援の際の口頭での説明には、限界がある。日本人でも同様であるが、特に基本的な社会制度や法制度を知らない可能性が高い定住外国人女性については、適切な通訳者を配置したとしてもなお、口頭での説明に相当の限界があると考えるべきである。そこで、まず、定住外国人女性と支援機関職員の双方にとって有益かつ必要な情報を集めた「多言語資料集」を作成することが考えられる。掲載すべき事項としては、女性と子どもの法的地位（国籍や在留資格）、婚姻・離婚やこれに関連する諸制度、教育制度、利用可能な社会保障制度、各種相談機関などについて、各制度の概要、適用条件、申請方法、注意事項などが考えられる。

　作成した資料集を行政及び民間の相談機関に配布すれば、外国人女性から相談を受ける際に、口頭での説明に加えて、適宜、指し示したり、必要部分を交付するなどの方法をとることができる。また、各機関のウェブサイトにアップすれば、支援機関担当者や外国人女性自身がいつでもチェックすることができる。

（b） 通訳、翻訳

　日常生活に必要な日本語はある程度できる外国人女性が多いが、そのことと、日本語で詳細に事情を説明したり感情を表現すること、あるいは日本語での法律や社会制度等の説明を理解することとは、まったく異なる。女性たちが支援機関に対し正確に生活状況や困っている内容を伝え、これに対する支援機関からの説明やアドバイスを正確に理解し、適切な方法を選択したり、的確に手続きをとることは、通常、大変難しい。そのため、必要なときにはいつでも無料で利用できる通訳・翻訳の制度を整備する必要があり、そのための予算措置も必要である。適切な通訳者や翻訳者が地域により偏在する可能性もあるので、スカイプの利用など広域的な対策も必要である。

　また、質量ともに適切な通訳者及び翻訳者を確保するための研修も必要である。特に一時保護の間は、女性たちが非常に混乱している可能性があり、通訳者及び翻訳者には、女性たちの心身の状況を理解し、在留資格や国籍、生活保護など諸制度について正確に伝えることができる知識と技能が必要で

ある。同伴児に通訳をさせないこと、特にDV被害者や人身取引被害者については同国人コミュニティにつながりのある通訳者は避けること、守秘義務の徹底など通訳者及び翻訳者の依頼や採用基準を明確化する必要がある。

(c) 日本語学習

来日後もきちんとした日本語学習の機会を持たなかった女性は多い。そこで、無償または低廉な費用で日本語学習をする機会を提供する必要がある。その際、「嫁」、「妻」、「母親」の役割だけを押しつけず、日常会話の日本語だけでなく、日本の文化や慣習、就労に関するものも含む法律や社会制度なども学ぶ機会を提供することが有益である。

(3) 支援機関へのアクセスの保障

各地に支援機関があり、日本人ならある程度、自分の抱える問題を相談・解決するためにはどの支援機関に行けばよいかがわかる。しかし、外国人女性にとっては、これは困難であり、支援機関へのアクセスをいかに保障するかが課題となる。

現在、厚生労働省、都道府県・市町村の女性支援機関及び関連機関、民間団体において、一部であるが、ウェブサイトの多言語化、スマートフォン用のアプリ、多言語印刷物の作成・配布などが実施されている。今後は、さらに各地で多言語化を進める必要がある。また、外国人住民を含む民間団体が、行政機関とは異なるネットワークや信頼関係を外国人女性と築いている場合がある。そのような民間団体との協力を、行政機関は促進すべきである。

(4) 支援関係機関の連携

(a) 外国人女性と子ども達への支援機関は、婦人相談所などの女性支援機関に限定されない。生活（住居、医療、生活費、社会保障）、健康、安全（身体的法的社会的）、子の教育、経済力（就労）などを含めた幅広い支援が必要となる。そのためには、市役所・区役所、福祉事務所、学校・保育所、保健所、病院、職安、入管なども含めた関係機関による連携支援が必要であり、民間相談機関、地域コミュニティ、友人知人、自助グループなどとの連携協力も必要である。そのため、連携のための枠組みを整

備し、事例検討会の開催その他日常的な意思疎通を図る必要がある。

　なお、国レベルでは、文部科学省や男女共同参画局など厚生労働省以外の省庁の連携協力も不可欠である。
(b)　日本語学習、文化・慣習等に起因する問題への対処、これらを含む相談業務などに対応するため、「多文化支援センター(仮称)」を設置することは有益である。一部の自治体では既に設置しており、その経験を共有することも可能である。

　日本語学習、日常的な相談対応、就労支援（情報の多言語化、専門支援員の配置、マナー講座や就職支援講座の実施など）を同センターで実施することが考えられる
(c)　外国人住民を含む民間団体を支援機関の一つと位置付けることも有益である。専門支援機関へのアクセスの援助、初期相談・日常生活相談、日本語教育、子どもへの支援業務などを委託することが考えられる。その際、通訳費用の支弁や通訳養成への援助も必要である。

(5) 研　　修

相談員や通訳人・翻訳人だけでなく、関係機関職員に対する研修は、不可欠である。その内容としては、外国人女性の多様な文化・生活習慣・社会的背景、支援に必要な法（入管法を含む）や社会制度などが考えられる。

また、ソーシャルワークの専門性を生かした支援を行う必要があり、これを可能とする人材養成のための研修も必要である（多文化ソーシャルワークの理解、多文化ソーシャルワーカーの養成・配置）。

資料3は研修案である。各地域の実情に応じた研修の実施が望まれる。

(6) 日本人側の教育、啓発

日本社会の中に外国人女性への差別が存在する事実は否定しがたい。そこで、学校教育や社会教育において、女性の出身国（特に欧米以外の国々）の文化や生活習慣、言語などを積極的に取り上げる機会を増やすことが必要であり、その際、外国人女性が授業や講座に参加することや、グループ討議など参加型の教材開発や研修実施が有効である。また、授業参観やPTA活動

などの機会に保護者向け講座を開講することも検討すべきである。

また、外国人住民と地域住民との交流の促進も必要である。地域コミュニティが外国人女性や子ども受け入れやすくするため、自治体やNGOが支援する必要がある場合には、地域における多文化交流の機会を設定する必要がある。

国際結婚を望む（又は既婚の）日本人男性やその親族等に対し、女性の出身国の言語や文化・生活習慣、女性が日本で直面する困難とその支援などについて、十分に理解してもらうための講座開設と参加促進が必要である。なお、国は、日本人と婚姻し来日を希望する女性に対し、その出身国において、日本語学習の機会を提供するとともに、日本の文化・生活習慣、基本的な社会制度・法律制度、支援機関の連絡先などの情報を提供する方法を検討すべきである。

（7）人身取引被害者等の支援

日本は特にアジア諸国や旧東欧諸国出身の人身取引被害者の受入国であるが、国内での日本人女性の被害事例も発生している。政府は2004年頃から対策を開始し、2005年の約120人をピークに、警察や入管によって発見される被害者数は減少している。しかし、加害者側の手口の巧妙化や、労働搾取目的の事案への対処の遅れなどがあり、本当に被害者が減少したのかどうかについては相当の疑問がある。

認定された被害者は、全国の婦人相談所（一部は民間シェルター）で保護されている。しかし、言語や文化・生活習慣への違い（外国人被害者は日本社会での定住生活の経験がない場合が多い）や、帰国までの間に1カ月以上の中長期滞在が必要であるがその間の適切な支援プログラムがないことなど、必ずしも十分な保護がなされていない可能性がある。これは婦人相談所の問題というより、外国人被害者保護支援の専門機関の不在の問題である。

また、人身取引だけが深刻な被害というわけではない。たとえ人身取引被害者としては認定されない場合でも、被害状況に応じた適切な保護支援の実施が必要である。

これらは主として国の施策の課題であるが、自治体としても、人身取引を

念頭に置いた研修の実施、通訳人の養成・配置、民間団体とのネットワーク構築などが必要である。

(8) 防　災

　外国人女性は、日本語の壁や、友人家族など人的ネットワークの不足などの状況にあることが多く、災害時には弱者となりやすい。

　そこで、テレビやラジオの放送、ポスターやビラなどの掲示物にはやさしい日本語を使うこと、各地域の外国人住民構成に応じて多言語放送や多言語掲示物を作成すること、平常時に必要な情報を広報しておくこと（避難場所・外国語が使える病院・国際電話が可能な公衆電話の所在地、外国語が通じるNGOや通訳・翻訳ボランティアの連絡先、大使館・領事館の所在地・連絡方法など）が必要である。また、避難場所には通訳・翻訳ボランティアの配置が必要で、日頃から民間団体・個人との連携をはかる必要がある。　　　　　　　［吉田容子］

【資料3】多文化ソーシャルワーク講座（案）

第1回	多文化ソーシャルワークのとは何か	1．外国籍住民が直面する課題、統計、在留資格
		2．ソーシャルワーク実践のイメージ
		3．人の国際的移動と「多文化」の現状
第2回	ソーシャルワークのアセスメントを学ぶ～DV、オーバーステイの事例～	1．女性のDV、人身売買など複合的な被害の事例、アセスメント、目標設定、社会背景、DV法、在留資格、NGOと行政の役割
		2．外国籍住民の福祉制度、マッピング、支援計画、関連諸法、諸制度
		3．受容、自己決定
第3回	ソーシャルワークの展開プロセス～子ども・教育の事例から～	1．母親が外国籍の子ども、連れ子の課題、暴力被害（DV目撃、性被害、いじめなど）、
		2．ソーシャルワークのプロセス、支援計画、関係機関マッピング、関連諸法、諸制度
		3．面接技法、ロールプレイ
第4回	多様な文化に配慮したソーシャルワーク～高齢者福祉	1．オールドカマー、中国からの帰還者、難民の事例

第3部　新たな女性支援を展望する

	の現場から〜	2．異文化間コミュニケーション、支援計画、諸法・諸制度、同国人コミュニティへの関与
		3．支援計画作成、グループ発表
第5回	グループワークとエンパワーメントを学ぶ〜労働と医療の現場から〜	1．ペルー人女性労働者の事例、労働問題支援機関、就労支援
		2．医療問題、通訳支援のあり方、支援計画
		3．支援計画作成、グループ発表
第6回	コミュニティワークとソーシャルアクションを学ぶ〜全体をふりかえって	地域社会へのソーシャルワーク、ストレスマネジメント、スーパービジョン、ソーシャルアクション
		講座のふりかえり
		まとめ

齋藤百合子作成

4　補論 —— 韓国の国際結婚による家族(多文化家族)支援

　日本と韓国は、少子高齢化、労働力人口の減少に伴う外国からの移住労働者管理や国際結婚による定住・永住外国人とその子どもたちの増加への対応など共通の社会的課題を抱えている。しかし、韓国は日本より人口が少なく、より深刻な少子高齢化と将来の労働者不足、そして都市と農漁村部の社会経済格差の拡大が危惧されている。本節では、日本の多文化共生施策への示唆を得るべく、韓国の定住外国人に対する施策を概観する[15]。

(1) 韓国の外国人の割合と特徴

　観光やビジネスなど短期滞在の出入国を除く、90日以上滞在する外国人の割合は、韓国で2009年にはじめて100万人を超え、外国人人口の割合は2.2%となった[16]。一方、日本の外国人登録者数は2005年以降200万人を超え、そ

---

[15]　なお本節の韓国多文化家族支援施策の内容は、2011年8月に実施した本厚生労働科学研究費調査研究で収集した資料および関係者のインタビュー調査などに基く。韓国調査での通訳、翻訳については佐々木典子さんに大変お世話になった。記して謝意を表したい。

第2章　外国人女性たちへの支援事業

図1　外国人との婚姻件数（韓国）

（件）

年	韓国男性と外国女性のカップル	韓国女性と外国男性のカップル
2000	6,945	4,660
2001	9,684	4,839
2002	10,698	4,504
2003	18,751	6,025
2004	25,105	9,535
2005	30,719	11,637
2006	29,665	9,094
2007	28,580	8,980
2008	28,163	8,041
2009	25,142	8,158

出典）自治体国際化協会　2011

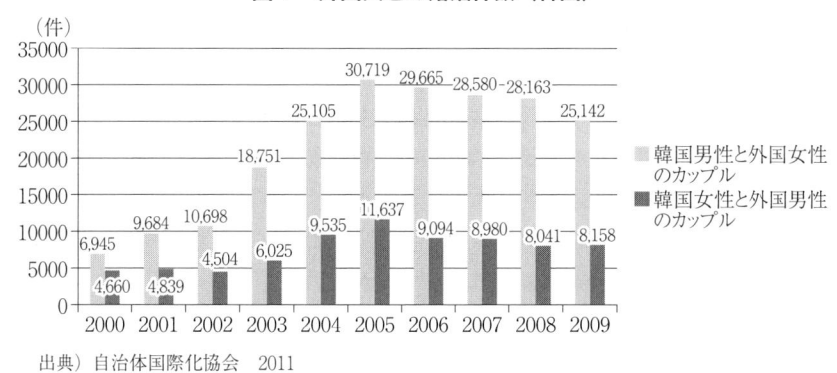

図2　外国人との婚姻件数（日本）

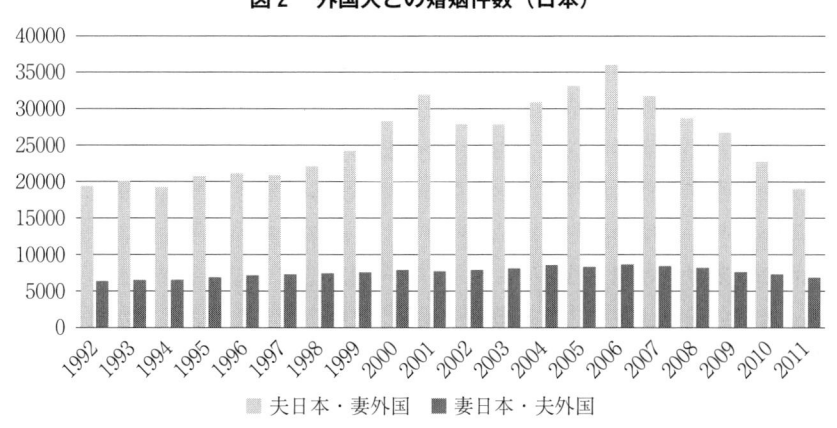

（夫日本・妻外国／妻日本・夫外国、1992〜2011年）

出典）厚生労働省　人口動態

れ以降、登録者数の微増減はあるが200万人超を維持しており、2010年は総人口の1.67％を占めている[17]。

　韓国在住外国人の近年の特徴は、2000年以降、少子高齢化に対応するように台頭した国際結婚仲介業者の仲介による、国際結婚件数が増加したことで

(16)　自治体国際化協会「韓国における多文化政策の取組み」Clair Report No.367 http://www.clair.or.jp/j/forum/pub/docs/367.pdf（2013年1月7日アクセス）
(17)　法務省入国管理局「平成23年度出入国管理」19頁

ある。2009年の全婚姻件数に占める国際結婚の割合は10.8％で、夫韓国人・妻外国人の割合が妻韓国人・夫外国人よりもかなり高い。さらに韓国統計庁の統計によると2009年の農林漁業従事男性の婚姻件数（5,640件）のうち、外国人女性を妻に迎えたカップル（1,987件）の割合は35.2％だった。農林漁業従事韓国人男性と結婚した外国人女性を国籍別に見るとベトナム（46.8％）、中国（26.2％）、カンボジア（10.2％）と上位3国籍が83.4％を占めている[18]。一方、日本の国際結婚件数は、2009年の時点で4.8％だが、韓国と同様、夫日本人・妻外国人のカップルが多い。

　2000年代に入ってからの韓国における急激な国際結婚の増加は、韓国語の習得が難しい外国人とのコミュニケーションギャップによる相互不理解、多文化家族の子どもの養育・教育環境における不適応、家庭内不和やDVの発生、経済格差下位国出身の外国人女性に対する社会的偏見や差別などの問題を露呈させた。そこで韓国では、2008年に多文化家族支援法[19]を成立させ、結婚を通して韓国に在留し、次世代を育てる外国人および国際結婚家族（韓国では多文化家族と称する。以下、多文化家族）を韓国社会が積極的に受入れ、定着を促進する社会統合政策を推進している。多文化家族支援政策基本計画（2010～2012）では、国際結婚による移住者や多文化家族の増加を、生産可能人口増や多様性と創意性の向上など国家経済力の向上に寄与するものとし、社会統合の失敗は貧困化や人種・階層間の葛藤を生じさせ、それが社会経済的費用として国家経済の負担になるという懸念が政策の基本として記されている[20]。

---

(18)　自治体国際化協会　前掲注(16)8頁「韓国統計庁統計」より
(19)　社会統合政策の一環としての多文化家族支援を具体化した内容である。3年毎の実態調査（第4条）、生活情報提供及び教育支援（第5条）、家庭内暴力被害者の保護と支援（第8条）、産前産後の健康管理支援（第9条）、児童の保育と教育（第10条）、多言語サービス提供（第11条）、多文化家族支援センターの指定（第12条）、多文化家族支援業務公務員の教育（第13条）、民間団体等の支援（第16条）など。ただし、韓国の家庭内暴力は、児童虐待なども含み、日本の配偶者からの暴力より広い範囲の暴力を指している。白井京「韓国の多文化家族支援法 ── 外国人統合政策の一環として」外国の立法238号、2008、101頁

第2章　外国人女性たちへの支援事業

(2) 韓国の多文化家族支援施策

韓国の多文化家族支援施策は、3年毎に実態調査を実施[21]しながら、主に次の4分野で展開されている。①多文化家族となる外国人の韓国入国前の施策、②来韓後の定住と自立促進施策、③多文化家族の子どもの健全な発達支援対施策、④多文化の社会的理解向上施策、である。

①　多文化家族となる外国人の韓国入国前の施策

この施策は主に国際結婚仲介業者の管理、国際結婚の外国人女性の主要出身国との連絡調整、結婚移住者に対する来韓前教育として実践されている。

とくに国際結婚仲介業者による結婚は、国際結婚を商品化し開発途上国(地域)出身の女性に対する偏見と差別を煽るような広報手段や、男性側の年齢や障がいの有無などの虚偽の情報提供、来韓後に殺人事件を発生させるほどのDVなどがみられた。人権団体や女性の出身国からは、これは国際結婚という隠れ蓑を使った人身売買・人身取引ではないかなどの批判[22]がある。韓国政府は、健全、公正な国際結婚推進のため、国際結婚仲介業者管理法を2008年に成立させ、2010年に結婚予定者双方が理解可能な言語で健康状態や婚姻歴、経済的扶養能力を証明する文書を提示することを定めた改正法を施行している。

韓国政府は、国際結婚による移住女性の主要出身国7カ国に担当官を派遣し、査証発給審査を適正化し、結婚で来韓予定の女性たちの相談および事前教育として韓国語教育や生活情報を提供している[23]。

---

(20)　本厚生労働科学研究費調査研究報告書「多文化家族支援政策基本計画（2010～2012）抄訳（翻訳佐々木典子）」2012、185頁より
(21)　多文化家族支援法第4条による。第4条では、保健福祉家族部が実態調査の主体となり、外国人政策関連事項について法務部長官と協議し、関係公共機関や関連法人、関連団体は実態調査に協力することを定めている。白井前掲注(19)158頁
(22)　ロイター、2010年3月22日配信「カンボジア政府、韓国人男性との国際結婚を禁止」http://jp.reuters.com/article/worldNews/idJPJAPAN-14442320100322 （2013年1月7日アクセス）
(23)　齋藤百合子「国際結婚による移住女性への施策 ── 日本と韓国を比較して」国際学研究42号、2012、106頁

②　来韓後の定住と自立促進施策

　多文化家族支援センター（以下、支援センター）は、多文化家族のための教育、相談などの支援事業や関連機関と連携しながら支援サービスを提供する機能をもつ。支援センターは、多文化家族支援に必要な人材と施設を備えた法人や団体として保健福祉家族部長官が指定する[24]。指定された支援センターは2011年には200カ所である[25]。

　こうした支援センターを通じて、結婚移民者の安定的定着と自立の力量強化のため、韓国語教育を、教育方法も訪問教育やオンライン教育などを開発しながら実施している。また、職業教育やインターンシップ支援、結婚移住者を採用した事業者に雇用促進支援金（一人650万ウォン）を支給し就業支援を行っているほか、多言語[26]による生活支援のための相談電話「タヌリ・コールセンター（1752-5432）」の開設、訪問相談事業のポータルサイトを開設している。そのほか、暴力被害に遭った外国人女性や子どもの保護や、支援のための「移住女性緊急支援センター」でのサービスも拡充[27]している。

③　多文化家族の子どもの健全な発達支援対施策

　韓国の多文化家族の子どもは、韓国で出生する子どもの他、親に同伴もしくは親に呼び寄せられて中途入国する子どももいる。いずれも外国につながりを持つことから、グローバル人材として韓国語と親の母国語の二重言語教育を行うほか、外国で出生して韓国に中途入国する子どもの初期適応プログラム「レインボースクール」を、支援センターや青少年関連機関で週5日、4カ月間実施している。学校不適応の子ども用に公立学校を2012年にソウル、2013年に仁川に開校予定である[28]。

---

[24]　多文化家族支援法第12条による。
[25]　2011年8月の聞き取り調査による。
[26]　韓国語、英語、中国語、ベトナム語、モンゴル語、ロシア語、カンボジア語、タイ語、タガログ語、日本語
[27]　当初は韓国語、英語、中国語、ベトナム語、モンゴル語、カンボジア語、タイ語、タガログ語の7言語で2009年にロシア語とウズベク語、2010年に日本語が加わり、2011年8月時点で10言語での相談が可能となっている。
[28]　前掲注(20)、「多文化家族支援政策基本計画（2010～2012）抄訳（翻訳佐々木典子）」192頁参照

④ 多文化の社会的理解向上施策

この施策は来韓外国人を家族に迎える韓国社会を対象とした施策である。公立図書館に多文化資料室を増設し、公務員や公的機関・団体で働く政策関係者を対象とした多文化理解教育の実践などを行っている。

（3）日本の多文化共生政策への示唆

こうした韓国の多文化政策について、韓民族中心主義的な統治で性差別や人権侵害の要素を含んでいる[29]との批判や、多文化家族支援政策には外国人カップルは支援対象から排除されていること[30]、外国に在住する韓国人は支援の対象外[31]などの課題も指摘される。また、新法を制定して政策を明確にし、施策を実施するという上からの多文化政策が、家族という親密圏での多文化・異文化の受容と統合にはどれだけ関与できるか、長期的な政策評価も必要であろう。

しかし、それでも少子高齢化に伴う労働人口の減少という国家の将来に危機感を抱き、国際結婚移民者（多くが女性）とその子どもの社会統合を国家戦略として位置づけて推進する韓国の多文化家族支援政策は、日本の外国人政策、とくに外国人女性に対する施策に対して重要な示唆を与えるものである。たとえば、在留管理を厳格化する外国人政策としてではなく、日本社会で外国人、とくに女性や子どもたちが国籍や民族、文化の違いを認め合い、それぞれが持つ潜在能力や才能や力量を発揮し、多様性が受容される多文化共生社会をめざす社会統合政策こそ、グローバル化時代の社会に対応する基礎的な力の醸成を促進するだろう。

そのために、まず、多文化家族の実態調査を定期的に実施すること、国際結婚仲介業者を行政が把握し、国際結婚仲介業の適正化を推進すること（来日前の外国人に対しての結婚相手の身上、社会保障や行政サービス、相談支援事

---

(29) 金賢美「誰のための統合なのか　韓国における結婚移民女性政策と家父長的発想」『アジア・太平洋人権レビュー2009女性の人権の視点から見る国際結婚』現代人文社、2009、87頁
(30) 前掲注(19)155頁
(31) 前掲注(23)108頁

業などの情報提供と受け入れ側の夫やその家族・親族には結婚相手の外国人（女性）の文化や習慣、言語などに関する情報提供を含む）、来日後は、生活や教育に必要な言語習得支援のほかに、ビジネスマナーやインターンシップなど雇用に結びつく就業能力を高めるキャリア支援のほか、ホットラインを含む多言語による生活相談を充実させることが必要ではないだろうか。外国人を親にもつ子どもに対しては、母国語を含む多言語習得の促進や、学校不適応の子ども支援の充実のための韓国施策が参考になると思われる。

　最後に、もっとも長期的な視点が必要な外国人を受け入れる側の多文化理解の推進については、韓国では公務員など多文化家族支援に関与する機関や団体への研修が行政主導で実施されている。日本でも多文化共生に関する研修が期待されるが、この点については韓国だけでなく、欧米諸国などの移民問題の課題を踏まえたうえで、社会統合のための受け入れ社会の役割や意義について今後も検討して取り入れていく必要があるだろう。　　［齋藤百合子］

【コラム4】 外国籍女性の世代間にわたる困難

　慈愛寮は、産前産後の時をひとりで迎えなければならなくなった女性たちと、その子どものための婦人保護施設である。全国には49カ所の婦人保護施設があるが、対象を妊産婦に限定している施設は慈愛寮のみである。

　「産前産後をひとりで」ということは、まず子どもの父親である人がその責任と役割を果たせていないこと、加えて女性の親族も支え手とはなり得ない状況を意味している。親族も、貧困・病気・障害などの事情を抱えていることもあり、親の死亡や行方不明、あるいは幼いころからの虐待により、親を頼れないのである。利用者の3人にひとりは社会的養護の中で育っている。また虐待を受けながらも保護されることなく、10代で家を出て転々とする中で妊娠した人もいる。

　利用者の約1割は外国籍の女性であり、ここ数年増加傾向で気になっているのが、アジアの女性たちを親に持つ若い母たちである。彼女たちの母親は、かつての人身取引の被害者や、生活のために来日した移住労働女性たちであり、その後、結婚・離婚・再婚・DVからの逃避など、様々な生活の変化や苦境の中を日本で生きてきた。そしてその子どもたちは日本国籍の有無も様々で、いずれも母親の人生に翻弄される形で、幼いころから不安定な生活を余儀なくされてきた。

　母親が言語・習慣の違う外国人であることによって、差別やいじめの対象となったという人は多い。また父親や継父のDVから逃れて母親と共に転々とし、学校教育も充分に受けられなかった人、幼少時には母の母国に預けられて思春期に来日し、必死に日本語や生活習慣を見につけてきた人など、それぞれ過酷な環境で育ってきている。その上、母のつれあいとなった継父からの性虐待があったと聞くことも少なくない。性被害から逃れるために家出を繰り返し、その結果、非行・触法の状態に至って妊娠した10代の女性もいた。

　彼女たちの母親を求める気持ちは人一倍強いが満たされることなく、母親に対し諦めやネガティブな感情を持っている人もいる。そして今彼女たち自身が母親になろうとするときに、周産期・産後の時期を支える人もなく、慈愛寮に入寮となったのである。彼女たちは、差別や偏見にさらされてきた生育歴の影響もあってか、日本の社会資源を活用することについては必ずしも積極的ではなく、退寮後は早い時期に福祉の支援から離れてしまうこともある。その結果幼い子どもが母と同じように過酷な環境で育つことも少なくない。

　このような外国籍女性の世代間連鎖ともいうべき貧困や養育環境の問題を明らかにし、制度施策のあり方を含めて支援を届きやすくしていくことは、日本の女性支援に携わるものの大きな課題であり責務であると思う。

（細金和子：婦人保護施設慈愛寮施設長）

まとめ
ともに危機をのりこえるために

戒能民江

1　婦人保護事業の課題検討会「論点整理」

　2013年3月、婦人保護事業等の課題に関する検討会「婦人保護事業等の課題に関する検討会のこれまでの議論の整理」が公表された[1]。同検討会は、2012年6月に設置され、計5回の議論を重ねて、上記の論点整理を行ったものである。厚生労働省が関係者を交えて婦人保護事業のあり方の検討を行ったのは、1989年8月以来23年ぶりという[2]。今回の検討会の特徴は、婦人保護事業三機関の代表や自治体関係者、学識経験者に加えて、母子生活支援施設および民間シェルターの代表者が参加したことであろう。女性支援をめぐる状況の現代的変化を反映した構成と言える。とくに、1980年代後半以降、先駆的にDV問題への取組みを行ってきた民間シェルターによる女性支援事業への問題提起は貴重である。また、DV法上の一時保護委託先となった母子生活支援施設では、利用者の56％がDV被害を経験しており、虐待経験のある子どもの割合も増えている（2011年度）。婦人保護事業とは根拠法も設置目的も異なるが、母子生活支援施設においても、暴力被害、障がい、貧困、社会的孤立など、女性の抱える生活課題が複合的なことは共通である。さらに、母子寡婦福祉団体代表も検討会にメンバーとして加わった。

（1）　2013年3月15日開催の厚生労働省雇用均等・児童家庭局家庭福祉課主管課長会議で公表された。厚生労働省HP参照
（2）　福祉新聞2013年3月11日付。同紙によれば、「婦人保護事業懇談会」などで議論が行われたが、抜本改正には至らなかったという。ただし、婦人保護事業の具体的な見直し作業は行われなかった。

このように、短期間であったが、幅広い分野の関係者が一堂に会して、婦人保護事業のありかたの検討が行われたのは、全国婦人保護施設等連絡協議会代表と全国女性シェルターネット共同代表が当時の厚生労働大臣に、「売春防止法改正に関する要望」を提出したことを契機とする。同要望書では、売春防止法の条文や用語の差別性の指摘とともに、「生活困難（差別・貧困・暴力など）を抱えている女性たちの人権確立に向けて、支援状況に見合った法律の改正」を求めている。要望を受け止めた厚生労働大臣（当時）の決断は素早く、大臣の指示を受けた厚生労働省担当課の対応も極めて迅速であった。

　5回の審議を経てまとめられた今後の検討課題は、①用語の見直し、②婦人保護事業の対象となる女性の範囲、③婦人保護事業における施設等の役割や機能、④婦人相談員のありかた、⑤婦人相談所の役割、⑥都道府県と市の役割分担の見直し、⑦根拠法の見直し、の7点である[3]。検討会は時限であり、2013年3月末で終了したが、「今後の対応」として、運用の改善で対応できることと婦人保護事業を超えて法改正が必要なことに区分した上で、いくつかの検討事項を掲げている。一つは、婦人保護事業の指針策定等の検討の開始であり、二つ目は、他制度とのすり合わせや財政上の措置など、関係省庁・自治体との調整が必要な事柄の検討、三つ目は売春防止法の婦人保護事業以外の刑事法部分との関係やDV法との調整、性暴力被害者支援との関係など、所轄省庁を超えた法改正の検討である。一つ目の指針等の策定については、早期に取組むことが可能な課題である。

2　論点の考え方

　上記「議論の整理」で示された7つの課題のうち、もっとも重要な論点は、「課題7．根拠法の見直し」である[4]。婦人保護事業の根拠法となっている売防法第4章「保護更生」の抜本的見直しの必要性については、本書第3部第1章で指摘した通りである。必要性を確認したうえで、立法の枠組みにつ

---

(3)　「議論の整理」全文は本書資料編参照
(4)　以下は、あくまでも筆者の個人的見解である。

いて議論しなければならない。売防法第4章を抜き出してその部分を廃止・再構築し、売春する女性への支援を含めた総合的な「女性支援法」（仮称）として独立の立法を行うのか、あるいは、同時に、売防法全体を改正して、性売買禁止法（仮称）の制定および風俗営業適正化法の改正を行うのか、根本的な検討を避けて通ることはできない。総合的女性支援法の立法化と同時に、売防法および風俗営業適正化法の抜本的改正を進めるのが望ましいが、実現可能性がより高いと考えられる経過的措置として、売防法第4章を抜き出して再構築することが考えられる。その場合、売春する女性への刑事処罰と補導処分を廃止することを考慮すべきである。その一方で、近い将来において、買春者の処罰を含む売防法自体の見直しは不可欠である。そのことは女性差別撤廃条約との関連でも必要と思われる[5]。

　第2に、新たな「女性支援」の枠組みを支える基本理念の確立と法目的に適合的な法構造への転換が課題となる。「課題1．用語の見直し」にもかかわるが、現行売防法の「収容」「保護更生」「指導」などの家父長的・差別的文言を不可避に生み出した、売防法の職権主義的な法構造を女性主体の権利保障のための法体系へと転換することが求められる。行政の措置制度の廃止については、行政の責務の明確化および国家予算の確保を維持しながら、どのような形で利用者主体の権利体系への転換が制度設計できるのか、慎重に検討しなければならない。その意味で、DV法の保護命令制度については再評価の余地がある。これらは上記「議論の整理」では触れられていないが、女性の人権保障という法目的を実現するためには重要な論点と考える。

　第3に、法の対象範囲の確定が課題となる。「だれにどのような支援を行うのか」を明らかにすることは、「女性支援法」（仮称）の基本的性格を規定する（本書第2部第1章参照）。ジェンダー問題の構造的把握に努めたうえで、「売春する女性」と「一般女性」という売春防止法のダブルスタンダード（二重基準）から脱却し、女性を分断・差別化しない女性支援がめざされなければならない。また、外国人女性や障がいのある女性、高齢の女性、十代の女

（5）　女性差別撤廃条約と売買春との関係については、中里見博「第16条女性の売買・売春からの搾取の禁止【人身売買・売買春】」国際女性の地位協会編『コンメンタール女性差別撤廃条約』尚学社、2010参照

性、セクシュアル・マイノリティなど、制度の狭間に置かれた女性たちに支援を届けるためにも、「他施策・他機関優先原則」を見直す必要がある。総合的支援を必要とし、「他施策・他機関」との連携が欠かせないのが女性支援の特徴なのである。「議論の整理」(注4)では、「規定の仕方についてさらに検討」するとしているが、次に述べる「支援システム」と関連させ、さらに踏み込んだ検討が求められる。

第4に、支援システムの構想とシステムを構成する各機関・施設の役割・機能および各機関・施設間の連携のあり方が問われる(「課題3．婦人保護事業における施設等に関する役割や機能について」「課題4．婦人相談員のあり方について」「課題5．婦人相談所の役割について」「課題6．都道府県と市の役割分担の見直し」)。

DV法に基づく「国の基本方針」は、都道府県・市町村の「基本計画」策定の基本的視点として、「被害者の立場に立った切れ目のない支援」を掲げた[6]。この基本的視点の下に、民間を含めた関係諸機関の有機的連携による実効性ある支援のしくみを構築し、しくみを支える根拠法を新たにつくりだすこと、それぞれの機関・施設の特性や資源を活かしながら、システムのなかでの機能と専門性、役割分担あるいは協業を明らかにしていくことが課題である。言うまでもないが、その場合、各機関間の連携には対等性が保障されなければならない。現行制度の下で、当事者の立場に立ち、実効性のある支援がなぜ難しいのか、できないのか、ネックは何なのか、十分検討を重ねながら、民間や母子生活支援施設など、婦人保護事業を超えた機関・施設を含めた形で、あるべき支援のしくみを構想しなければならない。

3　新たな女性支援事業の構築に向けて

報道によれば、東日本大震災および福島原発事故被災地では、震災から2年を経て、DVや児童虐待が深刻化の様相を呈しているという。福島、宮城県警へのDV相談が過去最高を記録し、親のDV目撃による子どもへの心理

---

(6)　内閣府等『配偶者からの暴力の防止及び被害者の保護のための施策に関する基本的な方針』(2008) 参照

的虐待件数も大幅に増加している。先が見えないまま長引く避難生活や仮設住宅暮らしの中で、夫の暴力が粗暴化し、原発事故の賠償金を使いこむなどの経済的暴力が生じているにもかかわらず、被災地での支援体制は十分ではない[7]。とりわけ、原発事故で全国各地に避難せざるを得なかった人びとの孤立感・疎外感は深まるばかりであろう。

　その一方で、被災地では、民間団体を中心とした女性支援活動が地道に続けられている。被災地での支援や自助グループ活動からは、外国人女性支援やLGBT（セクシュアル・マイノリティ）支援、若い女性への支援（ガールズ・プロジェクト）など、まさに制度の谷間に置いてきぼりにされ、情報さえ伝わらない人びとへの支援の視点が浮かび上がってきた。宮城での女性による女性支援は、「被災者自らが声をあげ、人とつながり、生きる力を回復する支援だった」という[8]。このように、大震災や原発過酷事故からの復旧や復興の過程で、「新たなステージで新たな形をとって、新たなネットワーク」を形成しながら、女性支援の新たな地平が切り拓かれようとしている[9]。

　また、女性支援のニーズの顕在化は着実に進められている。2013年3月で総呼数が1,000万件を超えた「よりそいホットライン」には、DV、心とからだの悩み、親子不和、夫等との不和、離婚問題、性暴力被害など、全国の女性たちからも相談が寄せられている。性・暴力・貧困・精神的ダメージ・社会的孤立に集約される生活問題が、重複・連鎖・固定化することで、女性たちに深刻な影響を与えているものと考えられる。あちこちの相談機関や関係機関にすでにアクセス済みの女性たちが多いと思われるが、そこでの不適切な対応や二次被害は無視できない。

　2012年末の政権交代後、男女共同参画政策の行方は不透明さを増すばかりである。政府の女性政策は「女性の活躍促進による経済活性化」へと舵を切っており[10]、「第3次男女共同参画基本計画」の「困難な状況にある人々への支援」は、生活困窮者自立相談支援事業などの「新たな生活困窮者支援制度」

（7）　時事ドットコム2013年3月10日配信
（8）　みやぎの女性支援を記録する会編著『女たちが動く ── 東日本大震災と男女共同参画視点の支援』生活思想社、2012、176頁
（9）　前掲注（8）192頁

構想にとどまる。ただし、この「新しい生活支援体系」[11]は生活保護の見直しを伴い、議論の余地が大きい。

　婦人保護事業の見直し作業には時間がかかりそうな情勢である。だが、この機会を逃してはならないというのが、女性支援の現場を担う人びとの実感ではないだろうか。売防法上の事業として出発した婦人保護事業は、男女共同参画基本法制定以後も周縁化され続けてきた。「成人女性の自己責任だ」「一部の女性の問題にすぎない」という声に押されまま、これ以上、女性支援の周縁化を許してはならない。私たちの社会に、「生き延びるチカラ」を女性自らが回復するための支援システムを具体的に構築する時である。

---

(10)　女性の活躍による経済活性化を推進する関係閣僚会議「「女性の活躍促進による経済活性化」行動計画〜働く「なでしこ」大作戦〜」2012年6月。安倍政権下の「女性活用」政策批判については、竹信三恵子「安倍政権は裏声で「女は家へ帰れ」と歌う」世界845号、2013、178頁以下参照

(11)　社会保障審議会『生活困窮者の生活支援の在り方に関する特別部会報告書』2013年1月

資　料

[資料１] 配偶者からの暴力の防止及び被害者の保護等に関する法律
〔DV法〕　（平成13年法律第31号、最終改正：平成25年7月3日法律第72号）

　我が国においては、日本国憲法に個人の尊重と法の下の平等がうたわれ、人権の擁護と男女平等の実現に向けた取組が行われている。
　ところが、配偶者からの暴力は、犯罪となる行為をも含む重大な人権侵害であるにもかかわらず、被害者の救済が必ずしも十分に行われてこなかった。また、配偶者からの暴力の被害者は、多くの場合女性であり、経済的自立が困難である女性に対して配偶者が暴力を加えることは、個人の尊厳を害し、男女平等の実現の妨げとなっている。
　このような状況を改善し、人権の擁護と男女平等の実現を図るためには、配偶者からの暴力を防止し、被害者を保護するための施策を講ずることが必要である。このことは、女性に対する暴力を根絶しようと努めている国際社会における取組にも沿うものである。
　ここに、配偶者からの暴力に係る通報、相談、保護、自立支援等の体制を整備することにより、配偶者からの暴力の防止及び被害者の保護を図るため、この法律を制定する。

第1章　総則
（定義）
第1条　① この法律において「配偶者からの暴力」とは、配偶者からの身体に対する暴力（身体に対する不法な攻撃であって生命又は身体に危害を及ぼすものをいう。以下同じ。）又はこれに準ずる心身に有害な影響を及ぼす言動（以下この項及び第28条の2において「身体に対する暴力等」と総称する。）をいい、配偶者からの身体に対する暴力等を受けた後に、その者が離婚をし、又はその婚姻が取り消された場合にあっては、当該配偶者であった者から引き続き受ける身体に対する暴力等を含むものとする。
② この法律において「被害者」とは、配偶者からの暴力を受けた者をいう。
③ この法律にいう「配偶者」には、婚姻の届出をしていないが事実上婚姻関係と同様の事情にある者を含み、「離婚」には、婚姻の届出をしていないが事実上婚姻関係と同様の事情にあった者が、事実上離婚したと同様の事情に入ることを含むものとする。

（国及び地方公共団体の責務）
第2条　国及び地方公共団体は、配偶者からの暴力を防止するとともに、被害者の自立を支援することを含め、その適切な保護を図る責務を有する。

第1章の2　基本方針及び都道府県基本計画等
（定義）
第2条の2　① 内閣総理大臣、国家公安委員会、法務大臣及び厚生労働大臣（以下この条及び次条第5項において「主務大臣」という。）は、配偶者からの暴力の防止及び被害者の保護のための施策に関する基本的な方針（以下この条並びに次条第1項及び第3項において「基本方針」という。）を定めなければならない。
② 基本方針においては、次に掲げる事項につき、次条第1項の都道府県基本計画及び同条第3項の市町村基本計画の指針となるべきものを定めるものとする。
　1　配偶者からの暴力の防止及び被害者の保護に関する基本的な事項
　2　配偶者からの暴力の防止及び被害者の保護のための施策の内容に関する事項
　3　その他配偶者からの暴力の防止及び被害者の保護のための施策の実施に関する重要事項

資料1〔DV法〕

③ 主務大臣は、基本方針を定め、又はこれを変更しようとするときは、あらかじめ、関係行政機関の長に協議しなければならない。
④ 主務大臣は、基本方針を定め、又はこれを変更したときは、遅滞なく、これを公表しなければならない。
（都道府県基本計画等）
第2条の3 ① 都道府県は、基本方針に即して、当該都道府県における配偶者からの暴力の防止及び被害者の保護のための施策の実施に関する基本的な計画（以下この条において「都道府県基本計画」という。）を定めなければならない。
② 都道府県基本計画においては、次に掲げる事項を定めるものとする。
　1　配偶者からの暴力の防止及び被害者の保護に関する基本的な方針
　2　配偶者からの暴力の防止及び被害者の保護のための施策の実施内容に関する事項
　3　その他配偶者からの暴力の防止及び被害者の保護のための施策の実施に関する重要事項
③ 市町村（特別区を含む。以下同じ。）は、基本方針に即し、かつ、都道府県基本計画を勘案して、当該市町村における配偶者からの暴力の防止及び被害者の保護のための施策の実施に関する基本的な計画（以下この条において「市町村基本計画」という。）を定めるよう努めなければならない。
④ 都道府県又は市町村は、都道府県基本計画又は市町村基本計画を定め、又は変更したときは、遅滞なく、これを公表しなければならない。
⑤ 主務大臣は、都道府県又は市町村に対し、都道府県基本計画又は市町村基本計画の作成のために必要な助言その他の援助を行うよう努めなければならない。

第2章　配偶者暴力相談支援センター等

（配偶者暴力相談支援センター）
第3条 ① 都道府県は、当該都道府県が設置する婦人相談所その他の適切な施設において、当該各施設が配偶者暴力相談支援センターとしての機能を果たすようにするものとする。
② 市町村は、当該市町村が設置する適切な施設において、当該各施設が配偶者暴力相談支援センターとしての機能を果たすようにするよう努めるものとする。
③ 配偶者暴力相談支援センターは、配偶者からの暴力の防止及び被害者の保護のため、次に掲げる業務を行うものとする。
　1　被害者に関する各般の問題について、相談に応ずること又は婦人相談員若しくは相談を行う機関を紹介すること。
　2　被害者の心身の健康を回復させるため、医学的又は心理学的な指導その他の必要な指導を行うこと。
　3　被害者（被害者がその家族を同伴する場合にあっては、被害者及びその同伴する家族。次号、第6号、第5条及び第8条の3において同じ。）の緊急時における安全の確保及び一時保護を行うこと。
　4　被害者が自立して生活することを促進するため、就業の促進、住宅の確保、援護等に関する制度の利用等について、情報の提供、助言、関係機関との連絡調整その他の援助を行うこと。
　5　第4章に定める保護命令の制度の利用について、情報の提供、助言、関係機関への連絡その他の援助を行うこと。
　6　被害者を居住させ保護する施設の利用について、情報の提供、助言、関係機関との

資料１〔DV法〕

連絡調整その他の援助を行うこと。
④ 前項第３号の一時保護は、婦人相談所が、自ら行い、又は厚生労働大臣が定める基準を満たす者に委託して行うものとする。
⑤ 配偶者暴力相談支援センターは、その業務を行うに当たっては、必要に応じ、配偶者からの暴力の防止及び被害者の保護を図るための活動を行う民間の団体との連携に努めるものとする。
（婦人相談員による相談等）
第４条　婦人相談員は、被害者の相談に応じ、必要な指導を行うことができる。
（婦人保護施設における保護）
第５条　都道府県は、婦人保護施設において被害者の保護を行うことができる。

第３章　被害者の保護
（配偶者からの暴力の発見者による通報等）
第６条　① 配偶者からの暴力（配偶者又は配偶者であった者からの身体に対する暴力に限る。以下この章において同じ。）を受けている者を発見した者は、その旨を配偶者暴力相談支援センター又は警察官に通報するよう努めなければならない。
② 医師その他の医療関係者は、その業務を行うに当たり、配偶者からの暴力によって負傷又は疾病にかかったと認められる者を発見したときは、その旨を配偶者暴力相談支援センター又は警察官に通報することができる。この場合において、その者の意思を尊重するよう努めるものとする。
③ 刑法（明治40年法律第45号）の秘密漏示罪の規定その他の守秘義務に関する法律の規定は、前２項の規定により通報することを妨げるものと解釈してはならない。
④ 医師その他の医療関係者は、その業務を行うに当たり、配偶者からの暴力によって負傷又は疾病にかかったと認められる者を発見したときは、その者に対し、配偶者暴力相談支援センター等の利用について、その有する情報を提供するよう努めなければならない。
（配偶者暴力相談支援センターによる保護についての説明等）
第７条　配偶者暴力相談支援センターは、被害者に関する通報又は相談を受けた場合には、必要に応じ、被害者に対し、第３条第３項の規定により配偶者暴力相談支援センターが行う業務の内容について説明及び助言を行うとともに、必要な保護を受けることを勧奨するものとする。
（警察官による被害の防止）
第８条　警察官は、通報等により配偶者からの暴力が行われていると認めるときは、警察法（昭和29年法律第162号）、警察官職務執行法（昭和23年法律第136号）その他の法令の定めるところにより、暴力の制止、被害者の保護その他の配偶者からの暴力による被害の発生を防止するために必要な措置を講ずるよう努めなければならない。
（警察本部長等の援助）
第８条の２　警視総監若しくは道府県警察本部長（道警察本部の所在地を包括する方面を除く方面については、方面本部長。第15条第３項において同じ。）又は警察署長は、配偶者からの暴力を受けている者から、配偶者からの暴力による被害を自ら防止するための援助を受けたい旨の申出があり、その申出を相当と認めるときは、当該配偶者からの暴力を受けている者に対し、国家公安委員会規則で定めるところにより、当該被害を自ら防止するための措置の教示その他配偶者からの暴力による被害の発生を防止するために必要な援助を行うものとする。

資料1〔DV法〕

（福祉事務所による自立支援）
第8条の3 社会福祉法（昭和26年法律第45号）に定める福祉に関する事務所（次条において「福祉事務所」という。）は、生活保護法（昭和25年法律第144号）、児童福祉法（昭和22年法律第164号）、母子及び寡婦福祉法（昭和39年法律第129号）その他の法令の定めるところにより、被害者の自立を支援するために必要な措置を講ずるよう努めなければならない。
（被害者の保護のための関係機関の連携協力）
第9条 配偶者暴力相談支援センター、都道府県警察、福祉事務所等都道府県又は市町村の関係機関その他の関係機関は、被害者の保護を行うに当たっては、その適切な保護が行われるよう、相互に連携を図りながら協力するよう努めるものとする。
（苦情の適切かつ迅速な処理）
第9条の2 前条の関係機関は、被害者の保護に係る職員の職務の執行に関して被害者から苦情の申出を受けたときは、適切かつ迅速にこれを処理するよう努めるものとする。

第4章　保護命令
（保護命令）
第10条 ① 被害者（配偶者からの身体に対する暴力又は生命等に対する脅迫（被害者の生命又は身体に対し害を加える旨を告知してする脅迫をいう。以下この章において同じ。）を受けた者に限る。以下この章において同じ。）が、配偶者からの身体に対する暴力を受けた者である場合にあっては配偶者からの更なる身体に対する暴力（配偶者からの身体に対する暴力を受けた後に、被害者が離婚をし、又はその婚姻が取り消された場合にあっては、当該配偶者であった者から引き続き受ける身体に対する暴力。第12条第1項第2号において同じ。）により、配偶者からの生命等に対する脅迫を受けた者である場合にあっては配偶者から受ける身体に対する暴力（配偶者からの生命等に対する脅迫を受けた後に、被害者が離婚をし、又はその婚姻が取り消された場合にあっては、当該配偶者であった者から引き続き受ける身体に対する暴力。同号において同じ。）により、その生命又は身体に重大な危害を受けるおそれが大きいときは、裁判所は、被害者の申立てにより、その生命又は身体に危害が加えられることを防止するため、当該配偶者（配偶者からの身体に対する暴力又は生命等に対する脅迫を受けた後に、被害者が離婚をし、又はその婚姻が取り消された場合にあっては、当該配偶者であった者。以下この条、同項第3号及び第4号並びに第18条第1項において同じ。）に対し、次の各号に掲げる事項を命ずるものとする。ただし、第2号に掲げる事項については、申立ての時において被害者及び当該配偶者が生活の本拠を共にする場合に限る。
1　命令の効力が生じた日から起算して6月間、被害者の住居（当該配偶者と共に生活の本拠としている住居を除く。以下この号において同じ。）その他の場所において被害者の身辺につきまとい、又は被害者の住居、勤務先その他その通常所在する場所の付近をはいかいしてはならないこと。
2　命令の効力が生じた日から起算して2月間、被害者と共に生活の本拠としている住居から退去すること及び当該住居の付近をはいかいしてはならないこと。
② 前項本文に規定する場合において、同項第1号の規定による命令を発する裁判所又は発した裁判所は、被害者の申立てにより、その生命又は身体に危害が加えられることを防止するため、当該配偶者に対し、命令の効力が生じた日以後、同号の規定による命令の効力が生じた日から起算して6月を経過する日までの間、被害者に対して次の各号に掲げるいずれの行為もしてはならないことを命ずるものとする。

資料1 〔DV法〕

   1 　面会を要求すること。
   2 　その行動を監視していると思わせるような事項を告げ、又はその知り得る状態に置くこと。
   3 　著しく粗野又は乱暴な言動をすること。
   4 　電話をかけて何も告げず、又は緊急やむを得ない場合を除き、連続して、電話をかけ、ファクシミリ装置を用いて送信し、若しくは電子メールを送信すること。
   5 　緊急やむを得ない場合を除き、午後10時から午前6時までの間に、電話をかけ、ファクシミリ装置を用いて送信し、又は電子メールを送信すること。
   6 　汚物、動物の死体その他の著しく不快又は嫌悪の情を催させるような物を送付し、又はその知り得る状態に置くこと。
   7 　その名誉を害する事項を告げ、又はその知り得る状態に置くこと。
   8 　その性的羞恥心を害する事項を告げ、若しくはその知り得る状態に置き、又はその性的羞恥心を害する文書、図画その他の物を送付し、若しくはその知り得る状態に置くこと。
③ 　第1項本文に規定する場合において、被害者がその成年に達しない子（以下この項及び次項並びに第12条第1項第3号において単に「子」という。）と同居しているときであって、配偶者が幼年の子を連れ戻すと疑うに足りる言動を行っていることその他の事情があることから被害者がその同居している子に関して配偶者と面会することを余儀なくされることを防止するため必要があると認めるときは、第1項第1号の規定による命令を発する裁判所又は発した裁判所は、被害者の申立てにより、その生命又は身体に危害が加えられることを防止するため、当該配偶者に対し、命令の効力が生じた日以後、同号の規定による命令の効力が生じた日から起算して6月を経過する日までの間、当該子の住居（当該配偶者と共に生活の本拠としている住居を除く。以下この項において同じ。）、就学する学校その他の場所において当該子の身辺につきまとい、又は当該子の住居、就学する学校その他その通常所在する場所の付近をはいかいしてはならないことを命ずるものとする。ただし、当該子が15歳以上であるときは、その同意がある場合に限る。
④ 　第1項本文に規定する場合において、配偶者が被害者の親族その他被害者と社会生活において密接な関係を有する者（被害者と同居している子及び配偶者と同居している者を除く。以下この項及び次項並びに第12条第1項第4号において「親族等」という。）の住居に押し掛けて著しく粗野又は乱暴な言動を行っていることその他の事情があることから被害者がその親族等に関して配偶者と面会することを余儀なくされることを防止するため必要があると認めるときは、第1項第1号の規定による命令を発する裁判所又は発した裁判所は、被害者の申立てにより、その生命又は身体に危害が加えられることを防止するため、当該配偶者に対し、命令の効力が生じた日以後、同号の規定による命令の効力が生じた日から起算して6月を経過する日までの間、当該親族等の住居（当該配偶者と共に生活の本拠としている住居を除く。以下この項において同じ。）その他の場所において当該親族等の身辺につきまとい、又は当該親族等の住居、勤務先その他その通常所在する場所の付近をはいかいしてはならないことを命ずるものとする。
⑤ 　前項の申立ては、当該親族等（被害者の15歳未満の子を除く。以下この項において同じ。）の同意（当該親族等が15歳未満の者又は成年被後見人である場合にあっては、その法定代理人の同意）がある場合に限り、することができる。
　（管轄裁判所）
第11条　① 　前条第1項の規定による命令の申立てに係る事件は、相手方の住所（日本国

資料1〔DV法〕

内に住所がないとき又は住所が知れないときは居所)の所在地を管轄する地方裁判所の管轄に属する。
② 配偶者暴力相談支援センターは、配偶者からの暴力の防止及び被害者の保護のため、次に掲げる業務を行うものとする。
　1　申立人の住所又は居所の所在地
　2　当該申立てに係る配偶者からの身体に対する暴力又は生命等に対する脅迫が行われた地
（保護命令の申立て）
第12条　①　第10条第1項から第4項までの規定による命令（以下「保護命令」という。）の申立ては、次に掲げる事項を記載した書面でしなければならない。
　1　配偶者からの身体に対する暴力又は生命等に対する脅迫を受けた状況
　2　配偶者からの更なる身体に対する暴力又は配偶者からの生命等に対する脅迫を受けた後の配偶者から受ける身体に対する暴力により、生命又は身体に重大な危害を受けるおそれが大きいと認めるに足りる申立ての時における事情
　3　第10条第3項の規定による命令の申立てをする場合にあっては、被害者が当該同居している子に関して配偶者と面会することを余儀なくされることを防止するため当該命令を発する必要があると認めるに足りる申立ての時における事情
　4　配偶者からの更なる身体に対する暴力又は配偶者からの生命等に対する脅迫を受けた後の配偶者から受ける身体に対する暴力により、生命又は身体に重大な危害を受けるおそれが大きいと認めるに足りる申立ての時における事情
　5　配偶者暴力相談支援センターの職員又は警察職員に対し、前各号に掲げる事項について相談し、又は援助若しくは保護を求めた事実の有無及びその事実があるときは、次に掲げる事項
　　イ　当該配偶者暴力相談支援センター又は当該警察職員の所属官署の名称
　　ロ　相談し、又は援助若しくは保護を求めた日時及び場所
　　ハ　相談又は求めた援助若しくは保護の内容
　　ニ　相談又は申立人の求めに対して執られた措置の内容
② 前項の書面（以下「申立書」という。）に同項第5号イからニまでに掲げる事項の記載がない場合には、申立書には、同項第1号から第4号までに掲げる事項についての申立人の供述を記載した書面で公証人法（明治41年法律第53号）第58条の2第1項の認証を受けたものを添付しなければならない。
（迅速な裁判）
第13条　裁判所は、保護命令の申立てに係る事件については、速やかに裁判をするものとする。
（保護命令事件の審理の方法）
第14条　①　保護命令は、口頭弁論又は相手方が立ち会うことができる審尋の期日を経なければ、これを発することができない。ただし、その期日を経ることにより保護命令の申立ての目的を達することができない事情があるときは、この限りでない。
② 申立書に第12条第1項第5号イからニまでに掲げる事項の記載がある場合には、裁判所は、当該配偶者暴力相談支援センター又は当該所属官署の長に対し、申立人が相談し又は援助若しくは保護を求めた際の状況及びこれに対して執られた措置の内容を記載した書面の提出を求めるものとする。この場合において、当該配偶者暴力相談支援センター又は当該所属官署の長は、これに速やかに応ずるものとする。
③ 裁判所は、必要があると認める場合には、前項の配偶者暴力相談支援センター若しく

資料1〔DV法〕

は所属官署の長又は申立人から相談を受け、若しくは援助若しくは保護を求められた職員に対し、同項の規定により書面の提出を求めた事項に関して更に説明を求めることができる。
（保護命令の申立てについての決定等）
第15条　①　保護命令の申立てについての決定には、理由を付さなければならない。ただし、口頭弁論を経ないで決定をする場合には、理由の要旨を示せば足りる。
②　保護命令は、相手方に対する決定書の送達又は相手方が出頭した口頭弁論若しくは審尋の期日における言渡しによって、その効力を生ずる。
③　保護命令を発したときは、裁判所書記官は、速やかにその旨及びその内容を申立人の住所又は居所を管轄する警視総監又は道府県警察本部長に通知するものとする。
④　保護命令を発した場合において、申立人が配偶者暴力相談支援センターの職員に対し相談し、又は援助若しくは保護を求めた事実があり、かつ、申立書に当該事実に係る第12条第1項第5号イからニまでに掲げる事項の記載があるときは、裁判所書記官は、速やかに、保護命令を発した旨及びその内容を、当該申立書に名称が記載された配偶者暴力相談支援センター（当該申立書に名称が記載された配偶者暴力相談支援センターが2以上ある場合にあっては、申立人がその職員に対し相談し、又は援助若しくは保護を求めた日時が最も遅い配偶者暴力相談支援センター）の長に通知するものとする。
⑤　保護命令は、執行力を有しない。
（即時抗告）
第16条　①　保護命令の申立てについての裁判に対しては、即時抗告をすることができる。
②　前項の即時抗告は、保護命令の効力に影響を及ぼさない。
③　即時抗告があった場合において、保護命令の取消しの原因となることが明らかな事情があることにつき疎明があったときに限り、抗告裁判所は、申立てにより、即時抗告についての裁判が効力を生ずるまでの間、保護命令の効力の停止を命ずることができる。事件の記録が原裁判所に存する間は、原裁判所も、この処分を命ずることができる。
④　前項の規定により第10条第1項第1号の規定による命令の効力の停止を命ずる場合において、同条第2項から第4項までの規定による命令が発せられているときは、裁判所は、当該命令の効力の停止をも命じなければならない。
⑤　前2項の規定による裁判に対しては、不服を申し立てることができない。
⑥　抗告裁判所が第10条第1項第1号の規定による命令を取り消す場合において、同条第2項から第4項までの規定による命令が発せられているときは、抗告裁判所は、当該命令をも取り消さなければならない。
⑦　前条第4項の規定による通知がされている保護命令について、第3項若しくは第4項の規定によりその効力の停止を命じたとき又は抗告裁判所がこれを取り消したときは、裁判所書記官は、速やかに、その旨及びその内容を当該通知をした配偶者暴力相談支援センターの長に通知するものとする。
⑧　前条第3項の規定は、第3項及び第4項の場合並びに抗告裁判所が保護命令を取り消した場合について準用する。
（保護命令の取消し）
第17条　①　保護命令を発した裁判所は、当該保護命令の申立てをした者の申立てがあった場合には、当該保護命令を取り消さなければならない。第10条第1項第1号又は第2項から第4項までの規定による命令にあっては同号の規定による命令が効力を生じた日から起算して3月を経過した後において、同条第1項第2号の規定による命令にあっては当該命令が効力を生じた日から起算して2週間を経過した後において、これらの命令

を受けた者が申し立て、当該裁判所がこれらの命令の申立てをした者に異議がないことを確認したときも、同様とする。
② 前条第6項の規定は、第10条第1項第1号の規定による命令を発した裁判所が前項の規定により当該命令を取り消す場合について準用する。
③ 第15条第3項及び前条第7項の規定は、前2項の場合について準用する。
(第10条第1項第2号の規定による命令の再度の申立て)
第18条 ① 第10条第1項第2号の規定による命令が発せられた後に当該発せられた命令の申立ての理由となった身体に対する暴力又は生命等に対する脅迫と同一の事実を理由とする同号の規定による命令の再度の申立てがあったときは、裁判所は、配偶者と共に生活の本拠としている住居から転居しようとする被害者がその責めに帰することのできない事由により当該発せられた命令の効力が生ずる日から起算して2月を経過する日までに当該住居からの転居を完了することができないことその他の同号の規定による命令を再度発する必要があると認めるべき事情があるときに限り、当該命令を発するものとする。ただし、当該命令を発することにより当該配偶者の生活に特に著しい支障を生ずると認めるときは、当該命令を発しないことができる。
② 前項の申立てをする場合における第12条の規定の適用については、同条第1項各号列記以外の部分中「次に掲げる事項」とあるのは「第1号、第2号及び第5号に掲げる事項並びに第18条第1項本文の事情」と、同項第5号中「前各号に掲げる事項」とあるのは「第1号及び第2号に掲げる事項並びに第18条第1項本文の事情」と、同条第2項中「同項第1号から第4号までに掲げる事項」とあるのは「同項第1号及び第2号に掲げる事項並びに第18条第1項本文の事情」とする。
(事件の記録の閲覧等)
第19条 保護命令に関する手続について、当事者は、裁判所書記官に対し、事件の記録の閲覧若しくは謄写、その正本、謄本若しくは抄本の交付又は事件に関する事項の証明書の交付を請求することができる。ただし、相手方にあっては、保護命令の申立てに関し口頭弁論若しくは相手方を呼び出す審尋の期日の指定があり、又は相手方に対する保護命令の送達があるまでの間は、この限りでない。
(法務事務官による宣誓認証)
第20条 法務局若しくは地方法務局又はその支局の管轄区域内に公証人がいない場合又は公証人がその職務を行うことができない場合には、法務大臣は、当該法務局若しくは地方法務局又はその支局に勤務する法務事務官に第12条第2項(第18条第2項の規定により読み替えて適用する場合を含む。)の認証を行わせることができる。
(民事訴訟法の準用)
第21条 この法律に特別の定めがある場合を除き、保護命令に関する手続に関しては、その性質に反しない限り、民事訴訟法(平成8年法律第109号)の規定を準用する。
(最高裁判所規則)
第22条 この法律に定めるもののほか、保護命令に関する手続に関し必要な事項は、最高裁判所規則で定める。

第5章 雑　則
(職務関係者による配慮等)
第23条 ① 配偶者からの暴力に係る被害者の保護、捜査、裁判等に職務上関係のある者(次項において「職務関係者」という。)は、その職務を行うに当たり、被害者の心身の状況、その置かれている環境等を踏まえ、被害者の国籍、障害の有無等を問わずその人

権を尊重するとともに、その安全の確保及び秘密の保持に十分な配慮をしなければならない。
② 国及び地方公共団体は、職務関係者に対し、被害者の人権、配偶者からの暴力の特性等に関する理解を深めるために必要な研修及び啓発を行うものとする。
(教育及び啓発)
第24条 国及び地方公共団体は、配偶者からの暴力の防止に関する国民の理解を深めるための教育及び啓発に努めるものとする。
(調査研究の推進等)
第25条 国及び地方公共団体は、配偶者からの暴力の防止及び被害者の保護に資するため、加害者の更生のための指導の方法、被害者の心身の健康を回復させるための方法等に関する調査研究の推進並びに被害者の保護に係る人材の養成及び資質の向上に努めるものとする。
(民間の団体に対する援助)
第26条 国及び地方公共団体は、配偶者からの暴力の防止及び被害者の保護を図るための活動を行う民間の団体に対し、必要な援助を行うよう努めるものとする。
(都道府県及び市の支弁)
第27条 ① 都道府県は、次の各号に掲げる費用を支弁しなければならない。
　1　第3条第3項の規定に基づき同項に掲げる業務を行う婦人相談所の運営に要する費用(次号に掲げる費用を除く。)
　2　第3条第3項第3号の規定に基づき婦人相談所が行う一時保護(同条第4項に規定する厚生労働大臣が定める基準を満たす者に委託して行う場合を含む。)に要する費用
　3　第4条の規定に基づき都道府県知事の委嘱する婦人相談員が行う業務に要する費用
　4　第5条の規定に基づき都道府県が行う保護(市町村、社会福祉法人その他適当と認める者に委託して行う場合を含む。)及びこれに伴い必要な事務に要する費用
② 市は、第4条の規定に基づきその長の委嘱する婦人相談員が行う業務に要する費用を支弁しなければならない。
(国の負担及び補助)
第28条 ① 国は、政令の定めるところにより、都道府県が前条第1項の規定により支弁した費用のうち、同項第1号及び第2号に掲げるものについては、その10分の5を負担するものとする。
② 国は、予算の範囲内において、次の各号に掲げる費用の10分の5以内を補助することができる。
　1　都道府県が前条第1項の規定により支弁した費用のうち、同項第3号及び第4号に掲げるもの
　2　市が前条第2項の規定により支弁した費用

第5章の2　補　則
(この法律の準用)
第28条の2　第2条及び第1章の2から前章までの規定は、生活の本拠を共にする交際(婚姻関係における共同生活に類する共同生活を営んでいないものを除く。)をする関係にある相手からの暴力(当該関係にある相手からの身体に対する暴力等をいい、当該関係にある相手からの身体に対する暴力等を受けた後に、その者が当該関係を解消した場合にあっては、当該関係にあった者から引き続き受ける身体に対する暴力等を含む。)及

び当該暴力を受けた者について準用する。この場合において、これらの規定中「配偶者からの暴力」とあるのは「第28条の2に規定する関係にある相手からの暴力」と読み替えるほか、次の表の上欄に掲げる規定中同表の中欄に掲げる字句は、それぞれ同表の下欄に掲げる字句に読み替えるものとする。

第2条	被害者	被害者（第28条の2に規定する関係にある相手からの暴力を受けた者をいう。以下同じ。）
第6条第1項	配偶者又は配偶者であった者	同条に規定する関係にある相手又は同条に規定する関係にある相手であった者
第10条第1項から第4項まで、第11条第2項第2号、第12条第1項第1号から第4号まで及び第18条第1項	配偶者	第28条の2に規定する関係にある相手
第10条第1項	離婚をし、又はその婚姻が取り消された場合	第28条の2に規定する関係を解消した場合

第6章 罰則

第29条 保護命令（前条において読み替えて準用する第10条第1項から第4項までの規定によるものを含む。次条において同じ。）に違反した者は、1年以下の懲役又は100万円以下の罰金に処する。

第30条 第12条第1項（第18条第2項の規定により読み替えて適用する場合を含む。）又は第28条の2において読み替えて準用する第12条第1項（第28条の2において準用する第18条第2項の規定により読み替えて適用する場合を含む。）の規定により記載すべき事項について虚偽の記載のある申立書により保護命令の申立てをした者は、10万円以下の過料に処する。

[資料2] ストーカー行為等の規制等に関する法律〔ストーカー規制法〕
(平成12年5月24日法律第81号、最終改正：平成25年7月3日法律第73号)

(目 的)
第1条 この法律は、ストーカー行為を処罰する等ストーカー行為等について必要な規制を行うとともに、その相手方に対する援助の措置等を定めることにより、個人の身体、自由及び名誉に対する危害の発生を防止し、あわせて国民の生活の安全と平穏に資することを目的とする。

(定 義)
第2条 ① この法律において「つきまとい等」とは、特定の者に対する恋愛感情その他の好意の感情又はそれが満たされなかったことに対する怨恨の感情を充足する目的で、当該特定の者又はその配偶者、直系若しくは同居の親族その他当該特定の者と社会生活において密接な関係を有する者に対し、次の各号のいずれかに掲げる行為をすることをいう。
1 つきまとい、待ち伏せし、進路に立ちふさがり、住居、勤務先、学校その他その通常所在する場所(以下「住居等」という。)の付近において見張りをし、又は住居等に押し掛けること。
2 その行動を監視していると思わせるような事項を告げ、又はその知り得る状態に置くこと。
3 面会、交際その他の義務のないことを行うことを要求すること。
4 著しく粗野又は乱暴な言動をすること。
5 電話をかけて何も告げず、又は拒まれたにもかかわらず、連続して、電話をかけ、ファクシミリ装置を用いて送信し、若しくは電子メールを送信すること。
6 汚物、動物の死体その他の著しく不快又は嫌悪の情を催させるような物を送付し、又はその知り得る状態に置くこと。
7 その名誉を害する事項を告げ、又はその知り得る状態に置くこと。
8 その性的羞恥心を害する事項を告げ若しくはその知り得る状態に置き、又はその性的羞恥心を害する文書、図画その他の物を送付し若しくはその知り得る状態に置くこと。
② この法律において「ストーカー行為」とは、同一の者に対し、つきまとい等(前項第1号から第4号までに掲げる行為については、身体の安全、住居等の平穏若しくは名誉が害され、又は行動の自由が著しく害される不安を覚えさせるような方法により行われる場合に限る。)を反復してすることをいう。

(つきまとい等をして不安を覚えさせることの禁止)
第3条 何人も、つきまとい等をして、その相手方に身体の安全、住居等の平穏若しくは名誉が害され、又は行動の自由が著しく害される不安を覚えさせてはならない。

(警 告)
第4条 ① 警視総監若しくは道府県警察本部長又は警察署長(以下「警察本部長等」という。)は、つきまとい等をされたとして当該つきまとい等に係る警告を求める旨の申出を受けた場合において、当該申出に係る前条の規定に違反する行為があり、かつ、当該行為をした者が更に反復して当該行為をするおそれがあると認めるときは、当該行為をした者に対し、国家公安委員会規則で定めるところにより、更に反復して当該行為をしてはならない旨を警告することができる。

資料２〔ストーカー規制法〕

② １の警察本部長等が前項の規定による警告（以下「警告」という。）をした場合には、他の警察本部長等は、当該警告を受けた者に対し、当該警告に係る前条の規定に違反する行為について警告又は第６条第１項の規定による命令をすることができない。
③ 警察本部長等は、警告をしたときは、速やかに、当該警告の内容及び日時を第１項の申出をした者に通知しなければならない。
④ 警察本部長等は、警告をしなかったときは、速やかに、その旨及びその理由を第１項の申出をした者に書面により通知しなければならない
⑤ 警察本部長等は、警告をしたときは、速やかに、当該警告の内容及び日時その他当該警告に関する事項で国家公安委員会規則で定めるものを都道府県公安委員会（以下「公安委員会」という。）に報告しなければならない。
⑥ 前各項に定めるもののほか、第１項の申出の受理及び警告の実施に関し必要な事項は、国家公安委員会規則で定める。
（禁止命令等）
第５条 ① 公安委員会は、警告を受けた者が当該警告に従わずに当該警告に係る第３条の規定に違反する行為をした場合において、当該行為をした者が更に反復して当該行為をするおそれがあると認めるときは、当該警告に係る前条第１項の申出をした者の申出により、又は職権で、当該行為をした者に対し、国家公安委員会規則で定めるところにより、次に掲げる事項を命ずることができる。
１ 更に反復して当該行為をしてはならないこと。
２ 更に反復して当該行為が行われることを防止するために必要な事項
② 公安委員会は、前項の規定による命令（以下「禁止命令等」という。）をしようとするときは、行政手続法（平成５年法律第88号）第13条第１項の規定による意見陳述のための手続の区分にかかわらず、聴聞を行わなければならない。
③ 一の公安委員会が禁止命令等をした場合には、他の公安委員会は、当該禁止命令等を受けた者に対し、当該禁止命令等に係る第３条の規定に違反する行為について禁止命令等をすることができない。
④ 公安委員会は、第１項の申出を受けた場合において、禁止命令等をしたときは、速やかに、当該禁止命令等の内容及び日時を当該申出をした者に通知しなければならない。
⑤ 公安委員会は、第１項の申出を受けた場合において、禁止命令等をしなかったときは、速やかに、その旨及びその理由を当該申出をした者に書面により通知しなければならない。
⑥ 前各項に定めるもののほか、禁止命令等の実施に関し必要な事項は、国家公安委員会規則で定める。
（仮の命令）
第６条 ① 警察本部長等は、第４条第１項の申出を受けた場合において、当該申出に係る第３条の規定に違反する行為（第２条第１項第１号に掲げる行為に係るものに限る。）があり、かつ、当該行為をした者が更に反復して当該行為をするおそれがあると認めるとともに、当該申出をした者の身体の安全、住居等の平穏若しくは名誉が害され、又は行動の自由が著しく害されることを防止するために緊急の必要があると認めるときは、当該行為をした者に対し、行政手続法第13条第１項の規定にかかわらず、聴聞又は弁明の機会の付与を行わないで、国家公安委員会規則で定めるところにより、更に反復して当該行為をしてはならない旨を命ずることができる。
② １の警察本部長等が前項の規定による命令（以下「仮の命令」という。）をした場合には、他の警察本部長等は、当該仮の命令を受けた者に対し、当該仮の命令に係る第３

資料2〔ストーカー規制法〕

条の規定に違反する行為について警告又は仮の命令をすることができない。
③　仮の命令の効力は、仮の命令をした日から起算して15日とする。
④　警察本部長等は、仮の命令をしたときは、直ちに、当該仮の命令の内容及び日時その他当該仮の命令に関する事項で国家公安委員会規則で定めるものを公安委員会に報告しなければならない。
⑤　公安委員会は、前項の規定による報告を受けたときは、当該報告に係る仮の命令があった日から起算して15日以内に、意見の聴取を行わなければならない。
⑥　行政手続法第3章第2節（第28条を除く。）の規定は、公安委員会が前項の規定による意見の聴取（以下「意見の聴取」という。）を行う場合について準用する。この場合において、同法第15条第1項中「聴聞を行うべき期日までに相当な期間をおいて」とあるのは、「速やかに」と読み替えるほか、必要な技術的読替えは、政令で定める。
⑦　公安委員会は、仮の命令に係る第3条の規定に違反する行為がある場合において、意見の聴取の結果、当該仮の命令が不当でないと認めるときは、行政手続法第13条第1項の規定及び前条第2項の規定にかかわらず、聴聞を行わないで禁止命令等をすることができる。
⑧　前項の規定により禁止命令等をしたときは、仮の命令は、その効力を失う。
⑨　公安委員会は、第7項に規定する場合を除き、意見の聴取を行った後直ちに、仮の命令の効力を失わせなければならない。
⑩　仮の命令を受けた者の所在が不明であるため第6項において準用する行政手続法第15条第3項の規定により意見の聴取の通知を行った場合の当該仮の命令の効力は、第3項の規定にかかわらず、当該仮の命令に係る意見の聴取の期日までとする。
⑪　前各項に定めるもののほか、仮の命令及び意見の聴取の実施に関し必要な事項は、国家公安委員会規則で定める。
（警察本部長等の援助等）
第7条　①　警察本部長等は、ストーカー行為又は第3条の規定に違反する行為（以下「ストーカー行為等」という。）の相手方から当該ストーカー行為等に係る被害を自ら防止するための援助を受けたい旨の申出があり、その申出を相当と認めるときは、当該相手方に対し、当該ストーカー行為等に係る被害を自ら防止するための措置の教示その他国家公安委員会規則で定める必要な援助を行うものとする。
②　警察本部長等は、前項の援助を行うに当たっては、関係行政機関又は関係のある公私の団体と緊密な連携を図るよう努めなければならない。
③　警察本部長等は、第1項に定めるもののほか、ストーカー行為等に係る被害を防止するための措置を講ずるよう努めなければならない。
④　第1項及び第2項に定めるもののほか、第1項の申出の受理及び援助の実施に関し必要な事項は、国家公安委員会規則で定める。
（国、地方公共団体、関係事業者等の支援等）
第8条　①　国及び地方公共団体は、ストーカー行為等の防止に関する啓発及び知識の普及、ストーカー行為等の相手方に対する婦人相談所その他適切な施設による支援並びにストーカー行為等の防止に関する活動等を行っている民間の自主的な組織活動の支援に努めなければならない。
②　国及び地方公共団体は、前項の支援等を図るため、必要な体制の整備、民間の自主的な組織活動の支援に係る施策を実施するために必要な財政上の措置その他必要な措置を講ずるよう努めなければならない。
③　ストーカー行為等に係る役務の提供を行った関係事業者は、当該ストーカー行為等の

相手方からの求めに応じて、当該ストーカー行為等が行われることを防止するための措置を講ずること等に努めるものとする。
④　ストーカー行為等が行われている場合には、当該ストーカー行為等が行われている地域の住民は、当該ストーカー行為等の相手方に対する援助に努めるものとする。
（報告徴収等）
第9条　①　警察本部長等は、警告又は仮の命令をするために必要があると認めるときは、その必要な限度において、第4条第1項の申出に係る第3条の規定に違反する行為をしたと認められる者その他の関係者に対し、報告若しくは資料の提出を求め、又は警察職員に当該行為をしたと認められる者その他の関係者に質問させることができる。
②　公安委員会は、禁止命令等をするために必要があると認めるときは、その必要な限度において、警告若しくは仮の命令を受けた者その他の関係者に対し、報告若しくは資料の提出を求め、又は警察職員に警告若しくは仮の命令を受けた者その他の関係者に質問させることができる。
（禁止命令等を行う公安委員会等）
第10条　①　この法律における公安委員会は、禁止命令等並びに第5条第2項の聴聞及び意見の聴取に関しては、当該禁止命令等並びに同項の聴聞及び意見の聴取に係る事案に関する第4条第1項の申出をした者の住所若しくは居所若しくは当該禁止命令等並びに第5条第2項の聴聞及び意見の聴取に係る第3条の規定に違反する行為をした者の住所（日本国内に住所がないとき又は住所が知れないときは居所）の所在地又は当該行為が行われた地を管轄する公安委員会とする。
②　この法律における警察本部長等は、警告及び仮の命令に関しては、当該警告又は仮の命令に係る第4条第1項の申出をした者の住所若しくは居所若しくは当該申出に係る第3条の規定に違反する行為をした者の住所（日本国内に住所がないとき又は住所が知れないときは居所）の所在地又は当該行為が行われた地を管轄する警察本部長等とする。
③　公安委員会は、警告又は仮の命令があった場合において、次に掲げる事由が生じたことを知ったときは、速やかに、当該警告又は仮の命令の内容及び日時その他当該警告又は仮の命令に関する事項で国家公安委員会規則で定めるものを当該他の公安委員会に通知しなければならない。ただし、当該警告又は仮の命令に係る事案に関する第5条第2項の聴聞又は意見の聴取を終了している場合は、この限りでない。
　1　当該警告又は仮の命令に係る第4条第1項の申出をした者がその住所又は居所を他の公安委員会の管轄区域内に移転したこと。
　2　当該申出に係る第3条の規定に違反する行為をした者がその住所（日本国内に住所がないとき又は住所が知れないときは居所）を他の公安委員会の管轄区域内に移転したこと。
④　公安委員会は、前項本文に規定する場合において、同項ただし書の聴聞又は意見の聴取を終了しているときは、当該聴聞又は意見の聴取に係る禁止命令等をすることができるものとし、同項の他の公安委員会は、第1項の規定にかかわらず、当該聴聞又は意見の聴取に係る禁止命令等をすることができないものとする。
⑤　公安委員会は、前項に規定する場合において、第3項ただし書の聴聞に係る禁止命令等をしないときは、速やかに、同項に規定する事項を同項の他の公安委員会に通知しなければならない。
（方面公安委員会への権限の委任）
第11条　この法律により道公安委員会の権限に属する事務は、政令で定めるところにより、方面公安委員会に委任することができる。

資料2〔ストーカー規制法〕

（方面本部長への権限の委任）
第12条　この法律により道警察本部長の権限に属する事務は、政令で定めるところにより、方面本部長に行わせることができる。
（罰　則）
第13条　①　ストーカー行為をした者は、6月以下の懲役又は50万円以下の罰金に処する。
②　前項の罪は、告訴がなければ公訴を提起することができない。
第14条　①　禁止命令等（第5条第1項第1号に係るものに限る。以下同じ。）に違反してストーカー行為をした者は、1年以下の懲役又は100万円以下の罰金に処する。
②　前項に規定するもののほか、禁止命令等に違反してつきまとい等をすることにより、ストーカー行為をした者も、同項と同様とする。
第15条　前条に規定するもののほか、禁止命令等に違反した者は、50万円以下の罰金に処する。
（適用上の注意）
第16条　この法律の適用に当たっては、国民の権利を不当に侵害しないように留意し、その本来の目的を逸脱して他の目的のためにこれを濫用するようなことがあってはならない。

[資料3] 売春防止法〔売防法〕
(昭和31年5月24日法律第118号、最終改正：平成19年6月15日法律第88号)

第1章　総　則
(目　的)
第1条　この法律は、売春が人としての尊厳を害し、性道徳に反し、社会の善良の風俗をみだすものであることにかんがみ、売春を助長する行為等を処罰するとともに、性行又は環境に照して売春を行うおそれのある女子に対する補導処分及び保護更生の措置を講ずることによつて、売春の防止を図ることを目的とする。
(定　義)
第2条　この法律で「売春」とは、対償を受け、又は受ける約束で、不特定の相手方と性交することをいう。
(売春の禁止)
第3条　何人も、売春をし、又はその相手方となつてはならない。
(適用上の注意)
第4条　この法律の適用にあたつては、国民の権利を不当に侵害しないように留意しなければならない。

第2章　刑事処分
(勧誘等)
第5条　① 売春をする目的で、次の各号の1に該当する行為をした者は、6月以下の懲役又は1万円以下の罰金に処する。
　1　公衆の目にふれるような方法で、人を売春の相手方となるように勧誘すること。
　2　売春の相手方となるように勧誘するため、道路その他公共の場所で、人の身辺に立ちふさがり、又はつきまとうこと。
　3　公衆の目にふれるような方法で客待ちをし、又は広告その他これに類似する方法により人を売春の相手方となるように誘引すること。
(周旋等)
第6条　① 売春の周旋をした者は、2年以下の懲役又は5万円以下の罰金に処する。
② 売春の周旋をする目的で、次の各号の1に該当する行為をした者の処罰も、前項と同様とする。
　1　人を売春の相手方となるように勧誘すること。
　2　売春の相手方となるように勧誘するため、道路その他公共の場所で、人の身辺に立ちふさがり、又はつきまとうこと。
　3　広告その他これに類似する方法により人を売春の相手方となるように誘引すること。
(困惑等による売春)
第7条　① 人を欺き、若しくは困惑させてこれに売春をさせ、又は親族関係による影響力を利用して人に売春をさせた者は、3年以下の懲役又は10万円以下の罰金に処する。
② 人を脅迫し、又は人に暴行を加えてこれに売春をさせた者は、3年以下の懲役及び10万円以下の罰金に処する。
③ 前2項の未遂罪は、罰する。
(対償の収受等)
第8条　① 前条第1項又は第2項の罪を犯した者が、その売春の対償の全部若しくは一

部を収受し、又はこれを要求し、若しくは約束したときは、5年以下の懲役及び20万円以下の罰金に処する。
② 売春をした者に対し、親族関係による影響力を利用して、売春の対償の全部又は一部の提供を要求した者は、3年以下の懲役又は10万円以下の罰金に処する。
（前貸等）
第9条 売春をさせる目的で、前貸その他の方法により人に金品その他の財産上の利益を供与した者は、3年以下の懲役又は10万円以下の罰金に処する。
（売春をさせる契約）
第10条 ① 人に売春をさせることを内容とする契約をした者は、3年以下の懲役又は10万円以下の罰金に処する。
② 前項の未遂罪は、罰する。
（場所の提供）
第11条 ① 情を知つて、売春を行う場所を提供した者は、3年以下の懲役又は10万円以下の罰金に処する。
② 売春を行う場所を提供することを業とした者は、7年以下の懲役及び30万円以下の罰金に処する。
（売春をさせる業）
第12条 人を自己の占有し、若しくは管理する場所又は自己の指定する場所に居住させ、これに売春をさせることを業とした者は、10年以下の懲役及び30万円以下の罰金に処する。
（資金等の提供）
第13条 ① 情を知つて、第11条第2項の業に要する資金、土地又は建物を提供した者は、5年以下の懲役及び20万円以下の罰金に処する。
② 情を知つて、前条の業に要する資金、土地又は建物を提供した者は、7年以下の懲役及び30万円以下の罰金に処する。
（両　罰）
第14条 法人の代表者又は法人若しくは人の代理人、使用人その他の従業者が、その法人又は人の業務に関し、第9条から前条までの罪を犯したときは、その行為者を罰するほか、その法人又は人に対しても、各本条の罰金刑を科する。
（併　科）
第15条 第6条、第7条第1項、第8条第2項、第9条、第10条又は第11条第1項の罪を犯した者に対しては、懲役及び罰金を併科することができる。第7条第1項に係る同条第3項の罪を犯した者に対しても、同様とする。
（刑の執行猶予の特例）
第16条 第5条の罪を犯した者に対し、その罪のみについて懲役の言渡をするときは、刑法（明治40年法律第45号）第25条第2項ただし書の規定を適用しない。同法第54条第1項の規定により第5条の罪の刑によつて懲役の言渡をするときも、同様とする。

　　　第3章　補導処分
（補導処分）
第17条 ① 第5条の罪を犯した満20歳以上の女子に対して、同条の罪又は同条の罪と他の罪とに係る懲役又は禁錮につきその執行を猶予するときは、その者を補導処分に付することができる。
② 補導処分に付された者は、婦人補導院に収容し、その更生のために必要な補導を行う。

資料3〔売防法〕

(補導処分の期間)
第18条　補導処分の期間は、6月とする。
(保護観察との関係)
第19条　第5条の罪のみを犯した者を補導処分に付するときは、刑法第25条の2第1項の規定を適用しない。同法第54条第1項の規定により第5条の罪の刑によつて処断された者についても、同様とする。
(補導処分の言渡)
第20条　裁判所は、補導処分に付するときは、刑の言渡と同時に、判決でその言渡をしなければならない。
(勾留状の効力)
第21条　補導処分に付する旨の判決の宣告があつたときは、刑事訴訟法(昭和23年法律第131号)第343条から第345条までの規定を適用しない。
(収容)
第22条　①　補導処分に付する旨の裁判が確定した場合において、収容のため必要があるときは、検察官は、収容状を発することができる。
②　収容状には、補導処分の言渡を受けた者の氏名、住居、年齢、収容すべき婦人補導院その他収容に必要な事項を記載し、これに裁判書又は裁判を記載した調書の謄本又は抄本を添えなければならない。
③　収容状は、検察官の指揮によって、検察事務官、警察官又は婦人補導院の長若しくはその指名する婦人補導院の職員若しくは刑事施設の長若しくはその指名する刑事施設の職員が執行する。収容状を執行したときは、これに執行の日時、場所その他必要な事項を記載しなければならない。
④　収容状については、刑事訴訟法第71条、第73条第1項及び第3項並びに第74条の規定を準用する。
⑤　収容状によって身体の拘束を受けた日数は、補導処分の期間に算入する。
⑥　検察官は、収容状を発したときは、補導処分に付する旨の裁判の執行を指揮することを要しない。
(補導処分の競合)
第23条　補導処分に付する旨の2以上の裁判が同時に又は時を異にして確定した場合において、2以上の確定裁判があることとなつた日以後に1の補導処分について執行(執行以外の身体の拘束でその日数が補導処分の期間に算入されるものを含む。)が行われたときは、その日数は、他の補導処分の期間に算入する。
(生活環境の調整)
第24条　①　保護観察所の長は、婦人補導院に収容されている者について、その社会復帰を円滑にするため必要があると認めるときは、その者の家族その他の関係人を訪問して協力を求めることその他の方法により、釈放後の住居、就業先その他の生活環境の調整を行うものとする。
②　前項の規定による措置については、更生保護法(平成19年法律第88号)第61条第1項の規定を準用する。
(仮退院を許す処分)
第25条　①　地方更生保護委員会(以下「地方委員会」という。)は、補導処分に付された者について、相当と認めるときは、決定をもつて、仮退院を許すことができる。
②　婦人補導院の長は、補導処分に付された者が収容されたときは、速やかに、その旨を地方委員会に通告しなければならない。

③　婦人補導院の長は、補導処分の執行のため収容している者について、仮退院を許すのを相当と認めるときは、地方委員会に対し、仮退院を許すべき旨の申出をしなければならない。
④　第１項の仮退院については、更生保護法第３条、第35条から第37条まで及び第39条第２項から第５項までの規定を準用する。この場合において、同法第35条第１項中「前条」とあるのは「売春防止法第25条第３項」と、同条第２項中「刑事施設（労役場に留置されている場合には、当該労役場が附置された刑事施設）の長又は少年院の長」とあるのは「婦人補導院の長」と、同法第36条第２項中「刑事施設（労役場に留置されている場合には、当該労役場が附置された刑事施設）又は少年院」とあるのは「婦人補導院」と、同法第37条第２項中「第82条」とあるのは「売春防止法第24条第１項」と、同法第39条第３項中「第51条第２項第５号」とあるのは「売春防止法第26条第２項において準用する第51条第２項第５号」と、「第82条」とあるのは「同法第24条第１項」と、同条第４項中「第１項」とあるのは「売春防止法第25条第１項」と、「刑事施設」とあるのは「婦人補導院」と読み替えるものとする。

（仮退院中の保護観察）
第26条　①　仮退院を許された者は、補導処分の残期間中、保護観察に付する。
②　前項の保護観察については、更生保護法第３条、第49条第１項、第50条、第51条、第52条第２項及び第３項、第53条第２項及び第３項、第54条第２項、第55条から第58条まで並びに第60条から第64条までの規定を準用する。この場合において、これらの規定中「保護観察対象者」とあり、及び「少年院仮退院者又は仮釈放者」とあるのは「保護観察に付されている者」と、同法第50条第３号中「第39条第３項（第42条において準用する場合を含む。次号において同じ。）」とあり、及び同条第４号中「第39条第３項」とあるのは「売春防止法第25条第４項において準用する第39条第３項」と、同法第51条第２項中「第72条第１項、刑法第26条の２及び第29条第１項並びに少年法第26条の４第１項」とあるのは「売春防止法第27条第１項」と、同法第52条第３項中「少年院からの仮退院又は仮釈放」とあるのは「仮退院」と、同法第54条第２項及び第55条第２項中「刑事施設の長又は少年院の長」とあるのは「婦人補導院の長」と、「第39条第１項又は第41条」とあるのは「売春防止法第25条第１項」と、「懲役若しくは禁錮の刑又は保護処分」とあるのは「補導処分」と、同法第63条第７項中「少年鑑別所」とあるのは「婦人補導院」と、同条第８項ただし書中「第73条第１項、第76条第１項又は第80条第１項」とあるのは「売春防止法第27条第２項において準用する第73条第１項」と、同条第９項中「第71条の規定による申請、第75条第１項の決定又は第81条第５項の規定による決定」とあるのは「売春防止法第27条第１項の決定」と読み替えるものとする。

（仮退院の取消し）
第27条　①　地方委員会は、保護観察所の長の申出により、仮退院中の者が遵守すべき事項を遵守しなかつたと認めるときは、決定をもつて、仮退院を取り消すことができる。
②　更生保護法第３条の規定は前項の規定による仮退院の取消しについて、同法第73条（第３項を除く。）の規定は仮退院中の者について前項の申出がある場合について、それぞれ準用する。この場合において、同条第１項中「第63条第２項又は第３項」とあるのは「売春防止法第26条第２項において準用する第63条第２項又は第３項」と、「同条の規定による申請」とあるのは「同法第27条第１項の決定」と、「少年鑑別所」とあるのは「婦人補導院」と、同条第４項中「第71条の規定による申請」とあるのは「売春防止法第27条第１項の決定」と読み替えるものとする。
③　仮退院中の者が前項において準用する更生保護法第73条第１項の規定により留置され

資料3〔売防法〕

たときは、その留置の日数は、補導処分の期間に算入する。
④　仮退院が取り消されたときは、検察官は、収容のため再収容状を発することができる。
⑤　再収容状には、仮退院を取り消された者の氏名、住居、年齢、収容すべき婦人補導院その他収容に必要な事項を記載しなければならない。
⑥　再収容状については、第22条第3項から第5項までの規定を準用する。ただし、再収容状の執行は、同条第3項に規定する者のほか、保護観察官もすることができる。
（行政手続法の適用除外）
第27条の2　第24条から前条までの規定及び第29条において準用する更生保護法の規定による処分及び行政指導については、行政手続法（平成5年法律第88号）第2章から第4章までの規定は、適用しない。
（審査請求）
第28条　①　この法律又はこの法律において準用する更生保護法の規定により地方委員会が決定をもつてした処分に不服がある者は、中央更生保護審査会に対し、行政不服審査法（昭和37年法律第160号）による審査請求をすることができる。
②　前項の審査請求については更生保護法第93条から第95条までの規定を、同項に規定する処分の取消しの訴えについては同法第96条の規定を準用する。この場合において、同法第93条第1項中「少年院に」とあるのは「少年院若しくは婦人補導院に」と、同条中「又は少年院の長」とあるのは「、少年院の長又は婦人補導院の長」と、同法第95条中「60日」とあるのは「30日」と読み替えるものとする。
（更生保護法の準用）
第29条　更生保護法第97条の規定はこの法律又はこの法律において準用する更生保護法の規定により地方委員会が決定をもつてすることとされている処分に係る審理及び決定に関する記録について、更生保護法第98条第1項の規定は第26条第2項において準用する同法第61条第2項の規定による委託及び第26条第2項において準用する同法第62条第2項の規定による応急の救護に要した費用について、それぞれ準用する。
（仮退院の効果）
第30条　仮退院を許された者が、仮退院を取り消されることなく、補導処分の残期間を経過したときは、その執行を受け終つたものとする。
（更生緊急保護）
第31条　婦人補導院から退院した者及び前条の規定により補導処分の執行を受け終わつたものとされた者については、更生保護法第85条第1項第1号に掲げる者とみなし、同法第85条から第87条まで及び第98条の規定を適用する。この場合において、同法第85条第1項及び第4項並びに第86条第2項中「刑事上の手続又は保護処分」とあるのは「補導処分」と、同項中「検察官、刑事施設の長又は少年院の長」とあるのは「婦人補導院の長」と、同条第3項中「の刑事上の手続に関与した検察官又はその者が収容されていた刑事施設（労役場に留置されていた場合には、当該労役場が附置された刑事施設）の長若しくは少年院の長」とあるのは「が収容されていた婦人補導院の長」と、同項ただし書中「仮釈放の期間の満了によって前条第1項第1号に該当した者又は仮退院の終了により同項第8号に該当した者」とあるのは「売春防止法第30条の規定により補導処分の執行を受け終わったものとされた者」とする。
（執行猶予期間の短縮）
第32条　①　婦人補導院から退院した者及び第30条の規定により補導処分の執行を受け終つたとされた者については、退院の時又は補導処分の執行を受け終つたとされた時において刑の執行猶予の期間を経過したものとみなす。

資料3〔売防法〕

② 第5条の罪と他の罪とにつき懲役又は禁錮に処せられ、補導処分に付された者については、刑法第54条第1項の規定により第5条の罪の刑によつて処断された場合を除き、前項の規定を適用しない。
（補導処分の失効）
第33条 刑の執行猶予の期間が経過し、その他刑の言渡がその効力を失つたとき、又は刑の執行猶予の言渡が取り消されたときは、補導処分に付する旨の言渡は、その効力を失う。

第4章　保護更生
（婦人相談所）
第34条 ①　都道府県は、婦人相談所を設置しなければならない。
② 婦人相談所は、性行又は環境に照して売春を行うおそれのある女子（以下「要保護女子」という。）の保護更生に関する事項について、主として次の各号の業務を行うものとする。
1　要保護女子に関する各般の問題につき、相談に応ずること。
2　要保護女子及びその家庭につき、必要な調査並びに医学的、心理学的及び職能的判定を行い、並びにこれらに附随して必要な指導を行うこと。
3　要保護女子の一時保護を行うこと。
③ 婦人相談所に、所長その他所要の職員を置く。
④ 婦人相談所には、要保護女子を一時保護する施設を設けなければならない。
⑤ 前各項に定めるもののほか、婦人相談所に関し必要な事項は、政令で定める。
（婦人相談員）
第35条 ①　都道府県知事は、社会的信望があり、かつ、第3項に規定する職務を行うに必要な熱意と識見を持つている者のうちから、婦人相談員を委嘱するものとする。
② 市長は、社会的信望があり、かつ、次項に規定する職務を行う必要な熱意と識見を持つている者のうちから、婦人相談員を委嘱することができる。
③ 婦人相談員は、要保護女子につき、その発見に努め、相談に応じ、必要な指導を行い、及びこれらに附随する業務を行うものとする。
④ 婦人相談員は、非常勤とする。
（婦人保護施設）
第36条 都道府県は、要保護女子を収容保護するための施設（以下「婦人保護施設」という。）を設置することができる。
（民生委員等の協力）
第37条 民生委員法（昭和23年法律第198号）に定める民生委員、児童福祉法（昭和22年法律第164号）に定める児童委員、保護司法（昭和25年法律第204号）に定める保護司、更生保護事業法（平成7年法律第86号）に定める更生保護事業を営むもの及び人権擁護委員法（昭和24年法律第139号）に定める人権擁護委員は、この法律の施行に関し、婦人相談所及び婦人相談員に協力するものとする。
（都道府県及び市の支弁）
第38条 ①　都道府県は、次の各号に掲げる費用を支弁しなければならない。
1　婦人相談所に要する費用（第5号に掲げる費用を除く。）
2　都道府県知事の委嘱する婦人相談員に要する費用
3　都道府県の設置する婦人保護施設の設備に要する費用
4　都道府県の行う収容保護（市町村、社会福祉法人その他適当と認める者に委託して

行う場合を含む。）及びこれに伴い必要な事務に要する費用
　　5　婦人相談所の行う一時保護に要する費用
② 　市は、その長が委嘱する婦人相談員に要する費用を支弁しなければならない。
（都道府県の補助）
第39条　都道府県は、社会福祉法人の設置する婦人保護施設の設備に要する費用の4分の3以内を補助することができる。
（国の負担及び補助）
第40条　①　国は、政令の定めるところにより、都道府県が第38条第1項の規定により支弁した費用のうち、同項第1号及び第5号に掲げるものについては、その10分の5を負担するものとする。
②　国は、予算の範囲内において、次の各号に掲げる費用の10分の5以内を補助することができる。
　　1　都道府県が第38条第1項の規定により支弁した費用のうち、同項第2号及び第4号に掲げるもの
　　2　市が第38条第2項の規定により支弁した費用

[資料4〕国際的な子の奪取の民事上の側面に関する条約の実施に関する法律案〔ハーグ条約国内実施法〕（抄）　（第183回、閣第29号）

第1章　総則

（目　的）
第1条　この法律は、不法な連れ去り又は不法な留置がされた場合において子をその常居所を有していた国に返還すること等を定めた国際的な子の奪取の民事上の側面に関する条約（以下「条約」という。）の的確な実施を確保するため、我が国における中央当局を指定し、その権限等を定めるとともに、子をその常居所を有していた国に迅速に返還するために必要な裁判手続等を定め、もって子の利益に資することを目的とする。

（定　義）
第2条　この法律において、次の各号に掲げる用語の意義は、当該各号に定めるところによる。
1　条約締約国　日本国及び日本国との間で条約が効力を有している条約の締約国（当該締約国が条約第39条第1項又は第40条第1項の規定による宣言をしている場合にあっては、当該宣言により条約が適用される当該締約国の領域の一部又は領域内の地域）をいう。
2　子　父母その他の者に監護される者をいう。
3　連れ去り　子をその常居所を有する国から離脱させることを目的として当該子を当該国から出国させることをいう。
4　留置　子が常居所を有する国からの当該子の出国の後において、当該子の当該国への渡航が妨げられていることをいう。
5　常居所地国　連れ去りの時又は留置の開始の直前に子が常居所を有していた国（当該国が条約の締約国であり、かつ、条約第39条第1項又は第40条第1項の規定による宣言をしている場合にあっては、当該宣言により条約が適用される当該国の領域の一部又は領域内の地域）をいう。
6　不法な連れ去り　常居所地国の法令によれば監護の権利を有する者の当該権利を侵害する連れ去りであって、当該連れ去りの時に当該権利が現実に行使されていたもの又は当該連れ去りがなければ当該権利が現実に行使されていたと認められるものをいう。
7　不法な留置　常居所地国の法令によれば監護の権利を有する者の当該権利を侵害する留置であって、当該留置の開始の時に当該権利が現実に行使されていたもの又は当該留置がなければ当該権利が現実に行使されていたと認められるものをいう。
8　子の返還　子の常居所地国である条約締約国への返還をいう。

第2章　子の返還及び子との面会その他の交流に関する援助
第1節　中央当局の指定
第3条　我が国の条約第6条第1項の中央当局は、外務大臣とする。
第2節　子の返還に関する援助
第1款　外国返還援助
（外国返還援助申請）
第4条　① 日本国への連れ去りをされ、又は日本国において留置をされている子であって、その常居所地国が条約締約国であるものについて、当該常居所地国の法令に基づき

監護の権利を有する者は、当該連れ去り又は留置によって当該監護の権利が侵害されていると思料する場合には、日本国からの子の返還を実現するための援助（以下「外国返還援助」という。）を外務大臣に申請することができる。
② 外国返還援助の申請（以下「外国返還援助申請」という。）を行おうとする者は、外務省令で定めるところにより、次に掲げる事項を記載した申請書（日本語又は英語により記載したものに限る。）を外務大臣に提出しなければならない。
 1 外国返還援助申請をする者（以下この款において「申請者」という。）の氏名又は名称及び住所若しくは居所又は事務所（外国返還援助申請において返還を求められている子（以下この款において「申請に係る子」という。）の常居所地国におけるものに限る。第7条第1項第4号において同じ。）の所在地
 2 申請に係る子の氏名、生年月日及び住所又は居所（これらの事項が明らかでないときは、その旨）その他申請に係る子を特定するために必要な事項
 3 申請に係る子の連れ去りをし、又は留置をしていると思料される者の氏名その他当該者を特定するために必要な事項
 4 申請に係る子の常居所地国が条約締約国であることを明らかにするために必要な事項
 5 申請に係る子の常居所地国の法令に基づき申請者が申請に係る子についての監護の権利を有し、かつ、申請に係る子の連れ去り又は留置により当該監護の権利が侵害されていることを明らかにするために必要な事項
 6 申請に係る子と同居していると思料される者の氏名、住所又は居所その他当該者を特定するために必要な事項（これらの事項が明らかでないときは、その旨）
③ 前項の申請書には、同項第5号に掲げる事項を証明する書類その他外務省令で定める書類を添付しなければならない。
④ 外国返還援助申請は、日本国以外の条約締約国の中央当局（条約第6条に規定する中央当局をいう。以下同じ。）を経由してすることができる。この場合において、申請者は、第2項各号に掲げる事項を記載した書面（日本語若しくは英語により記載したもの又は日本語若しくは英語による翻訳文を添付したものに限る。）及び前項に規定する書類を外務大臣に提出しなければならない。
（子の住所等に関する情報の提供の求め等）
第5条 ① 外務大臣は、外国返還援助申請があった場合において、必要と認めるときは、申請に係る子及び申請に係る子と同居している者の氏名及び住所又は居所を特定するため、政令で定めるところにより、次に掲げる機関及び法人（第15条第1項において「国の行政機関等」という。）の長、地方公共団体の長その他の執行機関並びに申請に係る子及び申請に係る子と同居している者に関する情報を有している者として政令で定める者に対し、その有する当該氏名又は当該住所若しくは居所に関する情報の提供を求めることができる。
 1 法律の規定に基づき内閣に置かれる機関（内閣府を除く。）
 2 内閣府並びに内閣府設置法（平成11年法律第89号）第49条第1項及び第2項に規定する機関
 3 国家行政組織法（昭和23年法律第120号）第3条第2項に規定する機関
 4 内閣府設置法第40条第2項及び第56条の特別の機関
 5 国家行政組織法第8条の2の施設等機関及び同法第8条の3の特別の機関
 6 独立行政法人通則法（平成11年法律第103号）第2条第1項に規定する独立行政法人

7　国立大学法人法（平成15年法律第112号）第2条第1項に規定する国立大学法人
② 　前項の場合において、同項に規定する情報の提供を求められた者は、遅滞なく、当該情報を外務大臣に提供するものとする。
③ 　外務大臣は、前項の規定により提供された情報が、申請に係る子が日本国内に所在していることを示すものであるが、申請に係る子及び申請に係る子と同居している者の所在を特定するために十分でない場合には、外務省令で定めるところにより、都道府県警察に対し、当該情報を提供して、これらの者の所在を特定するために必要な措置をとることを求めることができる。
④ 　前項に規定するもののほか、外務大臣からの第2項の規定により提供された情報及び前項の規定による都道府県警察の措置によって得られた情報の提供は、次に掲げる場合に限り、行うことができる。
　1　第26条の規定による子の返還の申立て又は子との面会その他の交流の定めをすること若しくはその変更を求める家事審判若しくは家事調停の申立てをするために申請に係る子と同居している者の氏名を必要とする申請者から当該氏名の開示を求められた場合において、当該氏名を当該申請者に開示するとき。
　2　申請に係る子についての第29条に規定する子の返還に関する事件若しくは子の返還の強制執行に係る事件が係属している裁判所又は申請に係る子についての子との面会その他の交流に関する事件若しくは子との面会その他の交流の強制執行に係る事件が係属している裁判所から、その手続を行うために申請に係る子及び申請に係る子と同居している者の住所又は居所の確認を求められた場合において、当該住所又は居所をこれらの裁判所に開示するとき。
　3　第10条第1項の規定により、市町村、都道府県の設置する福祉事務所（社会福祉法（昭和26年法律第45号）に規定する福祉に関する事務所をいう。以下この号及び同項において同じ。）又は児童相談所（児童福祉法（昭和22年法律第164号）に規定する児童相談所をいう。同号及び同項において同じ。）に対し、申請に係る子が虐待を受けているおそれがあると信ずるに足りる相当な理由がある旨を通告する場合において、申請に係る子及び申請に係る子と同居していると思料される者の氏名及び住所又は居所を当該市町村、都道府県の設置する福祉事務所又は児童相談所に通知するとき。
　　　第2款　日本国返還援助
（日本国返還援助申請）
第11条　①　日本国以外の条約締約国への連れ去りをされ、又は日本国以外の条約締約国において留置をされている子であって、その常居所地国が日本国であるものについて、日本国の法令に基づき監護の権利を有する者は、当該連れ去り又は留置によって当該監護の権利が侵害されていると思料する場合には、日本国への子の返還を実現するための援助（以下「日本国返還援助」という。）を外務大臣に申請することができる。
② 　第4条第2項及び第3項の規定は、日本国返還援助の申請（以下「日本国返還援助申請」という。）について準用する。この場合において、同条第2項第1号中「第7条第1項第4号」とあるのは「第13条第1項第4号」と、同項第4号中「条約締約国」とあり、及び同項第5号中「申請に係る子の常居所地国」とあるのは「日本国」と読み替えるものとする。

第3章　子の返還に関する事件の手続等
第1節　返還事由等

(条約に基づく子の返還)
第26条　日本国への連れ去り又は日本国における留置により子についての監護の権利を侵害された者は、子を監護している者に対し、この法律の定めるところにより、常居所地国に子を返還することを命ずるよう家庭裁判所に申し立てることができる。

(子の返還事由)
第27条　裁判所は、子の返還の申立てが次の各号に掲げる事由のいずれにも該当すると認めるときは、子の返還を命じなければならない。
1. 子が16歳に達していないこと。
2. 子が日本国内に所在していること。
3. 常居所地国の法令によれば、当該連れ去り又は留置が申立人の有する子についての監護の権利を侵害するものであること。
4. 当該連れ去りの時又は当該留置の開始の時に、常居所地国が条約締約国であったこと。

(子の返還拒否事由等)
第28条　① 裁判所は、前条の規定にかかわらず、次の各号に掲げる事由のいずれかがあると認めるときは、子の返還を命じてはならない。ただし、第1号から第3号まで又は第5号に掲げる事由がある場合であっても、一切の事情を考慮して常居所地国に子を返還することが子の利益に資すると認めるときは、子の返還を命ずることができる。
1. 子の返還の申立てが当該連れ去りの時又は当該留置の開始の時から1年を経過した後にされたものであり、かつ、子が新たな環境に適応していること。
2. 申立人が当該連れ去りの時又は当該留置の開始の時に子に対して現実に監護の権利を行使していなかったこと（当該連れ去り又は留置がなければ申立人が子に対して現実に監護の権利を行使していたと認められる場合を除く。）。
3. 申立人が当該連れ去りの前若しくは当該留置の開始の前にこれに同意し、又は当該連れ去りの後若しくは当該留置の開始の後にこれを承諾したこと。
4. 常居所地国に子を返還することによって、子の心身に害悪を及ぼすことその他子を耐え難い状況に置くこととなる重大な危険があること。
5. 子の年齢及び発達の程度に照らして子の意見を考慮することが適当である場合において、子が常居所地国に返還されることを拒んでいること。
6. 常居所地国に子を返還することが日本国における人権及び基本的自由の保護に関する基本原則により認められないものであること。

② 裁判所は、前項第4号に掲げる事由の有無を判断するに当たっては、次に掲げる事情その他の一切の事情を考慮するものとする。
1. 常居所地国において子が申立人から身体に対する暴力その他の心身に有害な影響を及ぼす言動（次号において「暴力等」という。）を受けるおそれの有無
2. 相手方及び子が常居所地国に入国した場合に相手方が申立人から子に心理的外傷を与えることとなる暴力等を受けるおそれの有無
3. 申立人又は相手方が常居所地国において子を監護することが困難な事情の有無

③ 裁判所は、日本国において子の監護に関する裁判があったこと又は外国においてされた子の監護に関する裁判が日本国で効力を有する可能性があることのみを理由として、子の返還の申立てを却下する裁判をしてはならない。ただし、これらの子の監護に関する裁判の理由を子の返還の申立てについての裁判において考慮することを妨げない。

資料4〔ハーグ条約国内実施法〕

第3節 子の返還申立事件の手続
第1款 総則
第1目 管轄
（管轄）
第32条 ① 子の返還申立事件（第26条の規定による子の返還の申立てに係る事件をいう。以下同じ。）は、次の各号に掲げる場合には、当該各号に定める家庭裁判所の管轄に属する。
1 子の住所地（日本国内に子の住所がないとき、又は住所が知れないときは、その居所地。次号において同じ。）が東京高等裁判所、名古屋高等裁判所、仙台高等裁判所又は札幌高等裁判所の管轄区域内にある場合　東京家庭裁判所
2 子の住所地が大阪高等裁判所、広島高等裁判所、福岡高等裁判所又は高松高等裁判所の管轄区域内にある場合　大阪家庭裁判所

② 子の返還申立事件は、日本国内に子の住所がない場合又は住所が知れない場合であって、日本国内に子の居所がないとき又は居所が知れないときは、東京家庭裁判所の管轄に属する。

第4目 参加
（子の参加）
第48条 ① 子の返還申立事件において返還を求められている子は、子の返還申立事件の手続に参加することができる。
② 裁判所は、相当と認めるときは、職権で、返還を求められている子を、子の返還申立事件の手続に参加させることができる。
③ 第1項の規定による参加の申出は、書面でしなければならない。
④ 裁判所は、子の返還申立事件の手続に参加しようとする子の年齢及び発達の程度その他一切の事情を考慮して当該子が当該手続に参加することが当該子の利益を害すると認めるときは、第1項の規定による参加の申出を却下しなければならない。
⑤ 第1項の規定による参加の申出を却下する裁判に対しては、即時抗告をすることができる。
⑥ 第1項又は第2項の規定により子の返還申立事件の手続に参加した子（以下単に「手続に参加した子」という。）は、当事者がすることができる手続行為（子の返還の申立ての取下げ及び変更並びに裁判に対する不服申立て及び裁判所書記官の処分に対する異議の取下げを除く。）をすることができる。ただし、裁判に対する不服申立て及び裁判所書記官の処分に対する異議の申立てについては、手続に参加した子が不服申立て又は異議の申立てに関するこの法律の他の規定によりすることができる場合に限る。

第7目 子の返還申立事件の審理等
（手続の非公開）
第60条 子の返還申立事件の手続は、公開しない。ただし、裁判所は、相当と認める者の傍聴を許すことができる。

（記録の閲覧等）
第62条 ① 当事者又は利害関係を疎明した第三者は、裁判所の許可を得て、裁判所書記官に対し、子の返還申立事件の記録の閲覧若しくは謄写、その正本、謄本若しくは抄本の交付（第4項第1号及び第69条第2項において「閲覧等」という。）又は子の返還申立事件に関する事項の証明書の交付を請求することができる。
② 前項の規定は、子の返還申立事件の記録中の録音テープ又はビデオテープ（これらに準ずる方法により一定の事項を記録した物を含む。）に関しては、適用しない。この場

合において、当事者又は利害関係を疎明した第三者は、裁判所の許可を得て、裁判所書記官に対し、これらの物の複製を請求することができる。
③ 裁判所は、当事者から前2項の規定による許可の申立てがあったときは、当該申立てに係る許可をしなければならない。
④ 裁判所は、子の返還申立事件の記録中、第5条第4項（第2号に係る部分に限る。）の規定により外務大臣から提供を受けた相手方又は子の住所又は居所が記載され、又は記録された部分（第1号及び第149条第1項において「住所等表示部分」という。）については、前項の規定にかかわらず、同項の申立てに係る許可をしないものとする。ただし、次の各号のいずれかに該当するときは、この限りでない。
　1　住所等表示部分の閲覧等又はその複製についての相手方の同意があるとき。
　2　子の返還を命ずる終局決定が確定した後において、子の返還を命ずる終局決定に関する強制執行をするために必要があるとき。
⑤ 裁判所は、子の返還申立事件において返還を求められている子の利益を害するおそれ、当事者若しくは第三者の私生活若しくは業務の平穏を害するおそれ又は当事者若しくは第三者の私生活についての重大な秘密が明らかにされることにより、その者が社会生活を営むのに著しい支障を生じ、若しくはその者の名誉を著しく害するおそれがあると認められるときは、第3項及び前項ただし書の規定にかかわらず、第3項の申立てに係る許可をしないことができる。事件の性質、審理の状況、記録の内容等に照らして当該当事者に同項の申立てに係る許可をすることを不適当とする特別の事情があると認められるときも、同様とする。
⑥ 裁判所は、利害関係を疎明した第三者から第1項又は第2項の規定による許可の申立てがあった場合において、相当と認めるときは、当該申立てに係る許可をすることができる。
⑦ 裁判書の正本、謄本若しくは抄本又は子の返還申立事件に関する事項の証明書については、当事者は、第1項の規定にかかわらず、裁判所の許可を得ないで、裁判所書記官に対し、その交付を請求することができる。
⑧ 子の返還申立事件の記録の閲覧、謄写及び複製の請求は、子の返還申立事件の記録の保存又は裁判所の執務に支障があるときは、することができない。
⑨ 第3項の申立てを却下した裁判に対しては、即時抗告をすることができる。
⑩ 前項の規定による即時抗告が子の返還申立事件の手続を不当に遅滞させることを目的としてされたものであると認められるときは、原裁判所は、その即時抗告を却下しなければならない。
⑪ 前項の規定による裁判に対しては、即時抗告をすることができる。

第2款　第1審裁判所における子の返還申立事件の手続
第4目　子の返還申立事件の手続における子の意思の把握等

第88条　家庭裁判所は、子の返還申立事件の手続においては、子の陳述の聴取、家庭裁判所調査官による調査その他の適切な方法により、子の意思を把握するように努め、終局決定をするに当たり、子の年齢及び発達の程度に応じて、その意思を考慮しなければならない。

第3款　不服申立て
第1目　終局決定に対する即時抗告

（即時抗告をすることができる裁判）
第101条　① 当事者は、終局決定に対し、即時抗告をすることができる。
② 子は、子の返還を命ずる終局決定に対し、即時抗告をすることができる。

③ 手続費用の負担の裁判に対しては、独立して即時抗告をすることができない。
第4節 義務の履行状況の調査及び履行の勧告
第121条 ① 子の返還を命ずる終局決定をした家庭裁判所（抗告裁判所が子の返還を命ずる終局決定をした場合にあっては、第1審裁判所である家庭裁判所。以下同じ。）は、権利者の申出があるときは、子の返還の義務の履行状況を調査し、義務者に対し、その義務の履行を勧告することができる。
② 子の返還を命ずる終局決定をした家庭裁判所は、前項の規定による調査及び勧告を他の家庭裁判所に嘱託することができる。
③ 子の返還を命ずる終局決定をした家庭裁判所並びに前項の規定により調査及び勧告の嘱託を受けた家庭裁判所（次項及び第5項においてこれらの家庭裁判所を「調査及び勧告をする家庭裁判所」という。）は、家庭裁判所調査官に第1項の規定による調査及び勧告をさせることができる。
④ 調査及び勧告をする家庭裁判所は、第1項の規定による調査及び勧告に必要な調査を外務大臣に嘱託するほか、官庁、公署その他適当と認める者に嘱託し、又は学校、保育所その他適当と認める者に対し子の生活の状況その他の事項に関して必要な報告を求めることができる。
⑤ 調査及び勧告をする家庭裁判所は、第1項の規定による調査及び勧告の事件の関係人から当該事件の記録の閲覧、謄写若しくは複製、その正本、謄本若しくは抄本の交付又は当該事件に関する事項の証明書の交付の請求があった場合において、相当と認めるときは、これを許可することができる。
⑥ 第1項の規定による調査及び勧告の手続には、その性質に反しない限り、前節第1款の規定を準用する。
⑦ 前各項の規定は、和解によって定められた義務の履行について準用する。
第5節 出国禁止命令
（出国禁止命令）
第122条 ① 子の返還申立事件が係属する家庭裁判所は、子の返還申立事件の当事者が子を日本国外に出国させるおそれがあるときは、子の返還申立事件の一方の当事者の申立てにより、他方の当事者に対し、子を出国させてはならないことを命ずることができる。
② 家庭裁判所は、前項の規定による申立てに係る事件の相手方が子が名義人となっている旅券を所持すると認めるときは、申立てにより、同項の規定による裁判において、当該旅券の外務大臣への提出を命じなければならない。
③ 子の返還申立事件が高等裁判所に係属する場合には、その高等裁判所が、前2項の規定による裁判（以下「出国禁止命令」という。）をする。
④ 出国禁止命令は、子の返還の申立てについての終局決定の確定により、その効力を失う。

第4章 子の返還の執行手続に関する民事執行法の特則
（間接強制の前置）
第136条 子の返還の代替執行の申立ては、民事執行法第172条第1項の規定による決定が確定した日から2週間を経過した後（当該決定において定められた債務を履行すべき一定の期間の経過がこれより後である場合は、その期間を経過した後）でなければすることができない。
（子の返還の代替執行の申立て）

第137条　子の返還の代替執行の申立ては、債務者に代わって常居所地国に子を返還する者（以下「返還実施者」という。）となるべき者を特定してしなければならない。
（子の返還を実施させる決定）
第138条　第134条第1項の決定は、債務者による子の監護を解くために必要な行為をする者として執行官を指定し、かつ、返還実施者を指定してしなければならない。
（子の返還の代替執行の申立ての却下）
第139条　執行裁判所は、第137条の返還実施者となるべき者を前条の規定により返還実施者として指定することが子の利益に照らして相当でないと認めるときは、第137条の申立てを却下しなければならない。
（執行官の権限）
第140条　① 執行官は、債務者による子の監護を解くために必要な行為として、債務者に対し説得を行うほか、債務者の住居その他債務者の占有する場所において、次に掲げる行為をすることができる。
　1　債務者の住居その他債務者の占有する場所に立ち入り、その場所において子を捜索すること。この場合において、必要があるときは、閉鎖した戸を開くため必要な処分をすること。
　2　返還実施者と子を面会させ、又は返還実施者と債務者を面会させること。
　3　債務者の住居その他債務者の占有する場所に返還実施者を立ち入らせること。
② 執行官は、前項に規定する場所以外の場所においても、子の心身に及ぼす影響、当該場所及びその周囲の状況その他の事情を考慮して相当と認めるときは、子の監護を解くために必要な行為として、債務者に対し説得を行うほか、当該場所を占有する者の同意を得て、同項各号に掲げる行為をすることができる。
③ 前2項の規定による子の監護を解くために必要な行為は、子が債務者と共にいる場合に限り、することができる。
④ 執行官は、第1項又は第2項の規定による子の監護を解くために必要な行為をするに際し抵抗を受けるときは、その抵抗を排除するために、威力を用い、又は警察上の援助を求めることができる。
⑤ 執行官は、前項の規定にかかわらず、子に対して威力を用いることはできない。子以外の者に対して威力を用いることが子の心身に有害な影響を及ぼすおそれがある場合においては、当該子以外の者についても、同様とする。
⑥ 執行官は、第1項又は第2項の規定による子の監護を解くために必要な行為をするに際し、返還実施者に対し、必要な指示をすることができる。
（返還実施者の権限）
第141条　① 返還実施者は、常居所地国に子を返還するために、子の監護その他の必要な行為をすることができる。
② 子の返還の代替執行の手続については、民事執行法第171条第6項の規定は、適用しない。
（外務大臣の協力）
第142条　外務大臣は、子の返還の代替執行に関し、立会いその他の必要な協力をすることができる。

[資料5] 婦人保護事業等の課題に関する検討会
(平成25年3月)

検討の趣旨
　婦人保護事業は、昭和31年に制定された売春防止法に基づく事業であるが、その後の時代の変化に合わせて、家庭関係の破綻、生活の困窮等生活を営む上で困難な問題を有する女性などに事業対象を拡大し、また、平成13年からは、配偶者からの暴力の防止及び被害者の保護に関する法律(以下「DV防止法」という。)に基づく被害者保護の役割が定められるなど、現に支援や保護を必要とする女性の支援に大きな役割を果たしてきた。
　しかしながら、根拠法である売春防止法の規定については、制定以来、基本的な見直しは行われておらず、法律が実態にそぐわなくなっているのではないか、また、「婦人」、「保護更生」、「収容保護」といった用語を見直すべきではないかとの問題提起がなされている。
　これを踏まえ、厚生労働省の研究事業の一環として、「婦人保護事業等の課題に関する検討会」を設け、婦人保護事業等の課題について検討を行ったものである。

本稿の位置づけについて
　上記のように婦人保護事業は、現に支援や保護を必要としている多くの女性への支援・保護に関し、売春防止法の枠組みを超えて、大きな役割を果たしており、支援を行っている現場からは、実態に即した新たな枠組みに見直すことが望まれている。
　本稿は、現在の売春防止法を根拠とする婦人保護事業を見直すことを想定して行ったこれまでの議論の整理を行ったものである。具体的には、本検討会において課題とされた事項についてどのように対応すべきかを[検討案]として示し、実現に向けて更に検討が必要な点を[検討案の論点]として示している。
　今後、婦人保護事業の改善や見直しの検討に当たっては、本検討会におけるこれまでの議論が十分に踏まえられることが期待されるものである。

課題1．用語の見直しについて
[テーマ]
　婦人保護事業で使用されている用語の多くは売春防止法を根拠としているが、その用語を見直す必要があるとの指摘を踏まえ、見直しを行うべきではないか。

[現状と課題]
　婦人保護事業の根拠法である売春防止法は、昭和31年5月の制定以来、基本的な見直しはこれまで行われてこなかった。そのため、使用されている用語も当時のままであり、この間の社会の変化等に対応できていない。その結果、現在行われている事業の実態と、それを表現する用語がかけ離れてしまっており、また、用語によっては、現在においては差別的ともとれる表現が使われているとの指摘がある。このため、少なくとも、売春防止法第4章において使用されている用語については、実態に即した適切な用語に改めることを検討する必要がある。
・「婦人」、「収容」、「婦人相談所」、「婦人相談員」、「婦人保護施設」、「保護更生」、「収容保護」、「指導」など(「要保護女子」については別項)

[検討案]
　例えば、以下のように改めることを検討してはどうか。
「婦人」　　　　→　「女性」
「収容」　　　　→　「入所」

「婦人相談所」	→	「女性相談所」
「婦人相談員」	→	「女性相談員」あるいは「女性支援員」あるいは「女性支援専門員」
「婦人保護施設」	→	「女性保護施設」あるいは「女性支援施設」
「保護更生」	→	「保護及び自立支援」
「収容保護」	→	「保護する」
「指導」	→	「支援」「援助」「指導」など

[検討案の論点]
　法律改正を行う場合には、売春防止法の他章の部分との関係、他法令での用語法との整合性等の法制面の課題について検討する必要がある。
　また、婦人相談所等の名称変更は、象徴的な意義は大きいものの、本来の法的な効果（権利義務の形成等）の違いは基本的にはないことに留意する必要がある。

課題２．婦人保護事業の対象となる女性の範囲について

[テーマ]
　婦人保護事業の対象となる女性の規定に関し、表現や対象範囲について検討するべきではないか。

[現状と課題]
　婦人保護事業の対象となる女性の範囲については、売春防止法第34条第２項において、「性行又は環境に照らして売春を行うおそれのある女子（以下「要保護女子」という。）」と定められている。
　また、DV防止法において婦人保護事業の対象とされる「被害者」については、同法第２条第２項において「配偶者からの暴力を受けた者」と定められている。
　詳細については、「「配偶者からの暴力の防止及び被害者の保護に関する法律」の施行に対応した婦人保護事業の実施について」（平成14年３月29日厚生労働省雇用均等・児童家庭局長通知）において、次のように規定されている。

ア　売春経歴を有する者で、現に保護、援助を必要とする状態にあると認められる者
イ　売春経歴は有しないが、その者の生活歴、性向又は生活環境等から判断して現に売春を行うおそれがあると認められる者
ウ　配偶者（事実婚を含む。）からの暴力を受けた者（配偶者からの暴力を受けた後婚姻を解消した者であって、当該配偶者であった者から引き続き生命又は身体に危害を受けるおそれがあるものを含み、身体的暴力を受けた者に限らず、心身に有害な影響を及ぼす言動を受けた者を含む。）
エ　家庭関係の破綻、生活の困窮等正常な生活を営む上で困難な問題を有しており、かつ、その問題を解決すべき機関が他にないために、現に保護、援助を必要とする状態にあると認められる者
＊　恋人からの暴力被害女性等ウに該当しない者についても、エの運用において対応

　加えて、人身取引行動計画2009（平成21年12月犯罪対策閣僚会議）において婦人相談所による被害者女性の保護が規定されていることから、人身取引被害者も対象となっている。
　上記のように、婦人保護事業の対象者は、売春防止法に規定された要保護女子であったが、DV防止法では、同法に規定された被害者も婦人保護事業による保護等を受けることができることとされているほか、通知により、運用上、対象者を拡大してきている。
　このような状況を踏まえて、婦人保護事業の対象者に係る規定を見直すべきではない

資料5 婦人保護事業等の課題に関する検討会

かとの指摘がある。

[検討案]
　婦人保護事業の対象者の規定を実態を踏まえて見直し、包括的な定義及び具体的な定義を設けることとし、包括的な定義として以下のような趣旨の定義を置くことを検討してはどうか。
　「家族関係の破綻、生活困窮、売春等性暴力被害その他生活を営む上で困難な問題を有しており、現に保護及び支援を必要とする女性」
　具体的な定義として以下のような趣旨の定義を置くことを検討してはどうか。
① 配偶者（事実婚を含む。）からの暴力を受けた者
　　（配偶者からの暴力を受けた後婚姻を解消した者であって、当該配偶者であった者から引き続き生命又は身体に危害を受けるおそれがあるものを含む。また、身体的暴力を受けた者に限らず心身に有害な影響を及ぼす言動を受けた者を含む。）
② 配偶者以外の親族、交際相手からの暴力を受けた者
③ 売春の経験（又は売春を強要された経験）を有する者で、現に保護、支援を必要とする状態にあると認められる者
④ 人身取引被害者
⑤ 家族関係の破綻、生活困窮、性暴力被害その他生活を営む上で困難な問題を有しており、かつ、その問題を解決すべき機関が他にないために、現に保護、支援を必要とする状態にあると認められる者
　（注1）「売春」については、今日では売春そのものを主訴として保護される女性は確かに減少しているが、保護された女性に売春の経験の有無を尋ねると有りとの回答も一定程度あり、主訴ではないものの売春が保護に至る大きな要因となっているとの指摘もある。また、売買春が昔とは形を変えて存在しているとの指摘も踏まえ、「売春」という語を残すことが適当ではないか。ただし、「売春」という言葉自体を見直す必要があるとの意見もある。
　（注2）売春の経験のある女性と、その他の対象とする女性との並び順については、婦人相談所の来所相談の主訴として最も割合が高い配偶者からの暴力被害を受けた女性を最初に規定し、関連して親族や交際相手からの暴力を受けた女性を二番目に規定し、三番目に売春の経験を有する者、四番目に人身取引被害者とするのが適当ではないか。
　　現行の通知のエに該当するような、具体的な要因には触れず、状況として保護や支援を必要としている女性を最初に規定した場合には、二番目以降に規定するDV被害者等の女性をすべて含むこととなるので、この事項は最後に規定することが適当ではないか。
　（注3）性暴力被害者については、単独で項目立てすべきとの意見もある。ただし、特に急性期における医療的ケアなど婦人保護事業の領域だけで完結できない部分も多いことから、性暴力被害者について単独で項目立てせず⑤のとおり併記した。
　（注4）「その問題を解決すべき機関が他にない」とすると、他の機関につなぐことが最優先とされてしまうおそれもあり、婦人保護事業内での対応も含めて、女性の視点に立ったその者にとって最も適切な支援に努めるべきとの指摘も踏まえ、規定の仕方について更に検討してはどうか。

[検討案の論点]
　法律上の事業の対象者の規定を改正し、拡大する場合には、定義の文言や、示す範囲等の法制上の課題、他施策（生活困窮者支援、性暴力被害者支援等）との関係をどう整理するか、国と地方との役割分担や財政負担等をどう考えるかなど、多岐にわたる課題

について更に検討する必要がある。

課題3．婦人保護事業における施設等に関する役割や機能について
[テーマ]
　婦人保護施設、母子生活支援施設及び民間シェルターについて、婦人保護事業におけるそれぞれの役割や機能について見直すべきではないか。
[現状と課題]
（1）婦人保護施設
　平成22年度における婦人保護施設の定員に占める年間平均入所者の割合（利用率）は、全国平均で33.4％であり、10年前より10％以上減少している。月によっては誰も入所していないという施設もある。
　一方、婦人相談所の一時保護件数はDV防止法の施行（平成13年）後に増加後、近年は横ばいの状態にある。このことから婦人保護事業による支援を必要としている者自体の数は減ってはいないと考えられる。
　他方で、婦人保護施設の入所者が減少している要因としては、相部屋であること、老朽化していることなどが入所者のニーズに対応していないことなどが考えられる。中には、婦人相談所が必要以上に入所者を限定しているところもあるのではとの指摘がある一方、入所者本人の意向や集団生活への適応力等を考慮して婦人相談所の判断により入所に至らないケースもあるとの指摘もある。
　また、現在、婦人保護施設は全国に49カ所設置されているが、8県では設置されていない（休止中を含む）。さらに、設置されている県でも、婦人相談所又は婦人相談所の一時保護所と併設している施設が28施設あり、そうした婦人保護施設では、緊急避難的に一時保護を行うという一時保護所としての機能を優先せざるを得ないために、生活支援を受けながら長期入所が可能であるという本来の機能が十分発揮しづらい状況にあるとの指摘もある。
　したがって、婦人保護施設の役割を明確にし、支援を必要とする女性のニーズに応えられるようにする必要がある。
　また、業務内容については、売春防止法において「（要保護女子）を収容保護するための施設」とのみ規定されており、女性に同伴する児童については DV 防止法と異なり、規定がない。
（2）母子生活支援施設
　現行の売春防止法では、施設に関しては、婦人保護施設についてのみ規定されているが、母子生活支援施設においては、施設や自治体によって支援の内容に差はあるものの、DV被害を受けた母子世帯の受け入れを行っており、入所者全体に占める DV 被害者の割合は約6割となっている。また、婦人相談所の一時保護の委託先として106カ所の母子生活支援施設が活用されており、DV 被害者のシェルターとしても大きな役割を担っている。
（3）民間シェルター
　現行法の下では、主に DV 被害者等の一時保護の委託先として、あらかじめ婦人相談所と民間シェルターが委託契約を結び、利用が必要な時に婦人相談所からの一時保護委託を受けている。他方で、民間シェルター自体の機能として、婦人相談所からの一時保護委託によらない利用や自立支援、退所後の支援、電話相談等の機能を有している。
[検討案]
　婦人保護事業の各施設等の役割や機能については、婦人相談所等も含めて、総体的・

全体的に見ていくことが重要であり、相談から自立までの流れに即してそれぞれの施設等が果たすべき役割、対象となる女性の範囲や、保護や支援の具体的内容について、広域的な利用が必要な場合も含めて整理する必要がある。

その中で、婦人保護施設の業務内容については、入所した女性（女性がその家族を同伴する場合にあっては、女性及びその同伴する家族）を保護するとともに、その生活等を支援することにより自立を促進し、併せて退所した者について相談その他の援助を行うことを目的とする施設として新たに機能を明確化することを検討してはどうか。

次に、母子生活支援施設については、婦人保護施設が果たすべき役割を全国的に確保するため、DV被害者を受け入れている母子生活支援施設のうち、単身女性の受け入れ等が可能な施設について、婦人保護施設としても位置づけるなど、母と子どもそれぞれを支援する児童福祉施設の機能に加えて、婦人保護施設としての機能を担うことを検討してはどうか。

母子生活支援施設の施設間、自治体間の差については、別途「社会的養護の課題と将来像」に沿って全ての母子生活支援施設の支援機能を高めていくとともに、広域利用を促進することが必要ではないか。

また、民間シェルターについては、婦人保護事業の新たな担い手として位置づけることを検討してはどうか。例えば、一定程度の要件を満たす者が行う保護及び支援について、第二種社会福祉事業に位置づけて都道府県や市が援助の委託を行う仕組みとすることを検討してはどうか。

[検討案の論点]
婦人保護施設の目指すべき施設運営の在り方について、通知により指針を示す場合には、施設運営の実態について把握し、着実に検討を進める必要がある。

法律の規定上、婦人保護施設の役割を明確にする場合には、変更する点を明らかにした上で、他施策との関係、財政上の措置のあり方などについて調整・検討する必要がある。

また、母子生活支援施設に法律上婦人保護施設の役割を担わせるには、現在それぞれの施設の目的・役割、設置主体、措置・入所の決定主体、措置費の支弁単価（特に事業費）等が異なっているが、これをどう考えるか検討する必要がある。

民間シェルターを予算事業として実施する場合には、事業の委託主体、実施主体（社会福祉法人、NPO法人等）、実施基準（施設、設備、職員配置等の基準）等の事業の詳細について検討する必要がある。

民間シェルターを法律に位置づける場合には、上記に加え、婦人相談所（一時保護を含む）、婦人保護施設との役割分担、自治体の役割分担等について検討する必要がある。

課題4．婦人相談員の在り方について
[テーマ]
婦人相談員の在り方全般について、現行制度の問題点等を踏まえ見直すべきではないか。

[現状と課題]
売春防止法では、「婦人相談員は、非常勤とする。」とされている。このため、自治体によっては、継続して任用されてきた非常勤職員が、任期満了後に任期の更新がされないという取扱い（いわゆる「雇止め」）がなされていることから、経験が蓄積されず、専門性が確保できないのではないかとの指摘がある。

他方、常勤の場合には、他部門への人事異動があり、必ずしも専門性の確保にはつな

がらないのではないかとの指摘もある。
　また、売春防止法上、婦人相談員の業務内容は、「(要保護女子)につき、その発見に努め、相談に応じ、必要な指導を行い、及びこれらに附随する業務を行うものとする。」とされているが、委嘱の要件は、「社会的信望があり、かつ、職務を行うに必要な熱意と見識を持っている者」とのみ規定されており、具体的な専門的な能力については要件としていない。このため、業務内容を踏まえ、婦人相談員の専門性を確保するための方策を検討する必要があるのではないか。
[検討案]
　専門性の向上に関しては、経験年数の少ない相談員でも一定の専門性を発揮できるよう相談業務に関する指針の策定や研修の充実などの対応を検討してはどうか。
　非常勤職員のいわゆる「雇止め」については、制度的には今でも再度同一の職務に任用することが排除されているわけではないので、専門性確保の観点から現場での運用改善について働きかけ等ができないか検討してはどうか。
　また、すでに実態として常勤職員が2割程度存在していることや、常勤職員に相当する業務量を担っている場合もあることから、相当の知識経験を有する者については常勤とすることもできる旨の規定を加えることを検討してはどうか。その際、常勤職員が専門職として常に相談業務に従事できるようにするための方策について検討してはどうか。
　任用要件として一定の資格、能力、経験等を求めることや、女性相談業務に関わる専門職を設けることについては、上記の見直しの影響や、他の制度等を踏まえて検討してはどうか。
　人口規模に応じた配置基準の設定についても、同様に検討してはどうか。
[検討案の論点]
　婦人相談員について、相談業務の指針の策定、研修内容の充実などの運用面での見直しについては、着実に検討を進める必要がある。
　非常勤職員を継続して任用できるよう、運用上の改善を求めることについては、自治体関係者の理解を得る必要がある。
　法律を改正し、婦人相談員の業務内容、役割を見直す場合や、常勤を認めることとする場合には、地方公務員法等との関係など法制面や、財政上の措置の在り方など財政面等について検討する必要がある。
　任用要件については、現在兼務している他職種（母子自立支援員等）との関係について、資格制度については、資格制度の内容（求める資質・能力、養成システム、試験、実施・管理体制など）について、検討する必要がある。
　また、人口規模に応じた配置基準については、実態を把握した上で、業務の内容、業務の必要量について、検討する必要がある。
　これら任用要件、資格制度、配置基準を法令などで新たに規定する場合には、上記に加え、規制改革や地域主権改革などとの整合性や財政面等について更に検討する必要がある。

課題5．婦人相談所の役割について
[テーマ]
　婦人相談所の役割について見直すべきではないか。
[現状と課題]
　婦人保護事業の中核をなす婦人相談所の果たす役割は非常に大きなものであること、また、新たな枠組を考える場合においてもその重要性は増すことになることから、相談

業務や一時保護業務の質の向上を図っていくことが必要である。他方で、婦人相談所の相談業務や一時保護業務の内容について具体的な指針等が存在していない。
[検討案]
　婦人相談所の相談業務や一時保護業務の質を向上させるためには、婦人相談所の役割や業務内容を明確化することが必要であり、業務標準化及び専門性の確保のためのガイドライン等の策定や職員研修の充実について検討してはどうか。
[検討案の論点]
　婦人相談所の役割について、通知により運用上明確にする場合には、現場での実行可能性を考慮しつつ、着実に検討を進める必要がある。

課題6．都道府県と市の役割分担の見直し
[テーマ]
　婦人保護事業における市の役割を見直すべきではないか。
[現状と課題]
　都道府県については、売春防止法上、婦人相談所を設置し、行うべき業務が明記されている。しかしながら、市については、①DV防止法に基づく配偶者暴力相談支援センターの設置についても努力規定であり、②婦人相談員を委嘱することは任意であり、市の役割については法律上の位置づけが明確ではない。
　一方、大都市を抱える都道府県などの一部の都道府県では、夜間や緊急時を除いて基本的に管内の市が一次的な窓口対応をすべて担っており、一時保護等婦人相談所の機能が必要な場合のみ、都道府県が直接対応しているところもある。
[検討案]
　婦人保護事業における都道府県と市の役割については、現在婦人相談所が担っている役割を踏まえ、関係者の意見を聴取して検討してはどうか。
[検討案の論点]
　都道府県と市との役割を変更する場合には、法律改正を必要とする。都道府県又は市の行う業務の範囲、財政上の措置のあり方、地域主権改革との関係等について検討する必要がある。

課題7．根拠法の見直し
[テーマ]
　婦人保護事業の根拠法である売春防止法を改正し、新たな法制度を創設すべきではないか。
[現状と課題]
　婦人保護事業の根拠法は、売春防止法の第4章（第34条から第40条まで）であるが、制定以来基本的な見直しは行われておらず、法律が実態にそぐわなくなっているとの指摘があり、検討する必要がある。
[検討案]
　現在の売春防止法から第4章（第30条から第40条まで）を根拠とする婦人保護事業について、新たな法制の検討をしてはどうか。
　なお、女性に特化した新たな法制の検討に当たっては、広く国民の理解を得ることが必要であり、様々な意見が想定されるが、女性であるがために支援を必要としている女性が現に数多く存在しているという現実を踏まえ、これに対応する必要があるのではないか。

資料5 婦人保護事業等の課題に関する検討会

[検討案の論点]
　法律改正により新たな根拠法を設けるとすれば、これまでの事業を一旦廃止し、新たな事業として位置づけ直すことが必要であり、その場合には、事業の目的、内容、財政措置等について抜本的に見直すこととなる。このため、法改正を行う場合の影響について法制面、財政面、国と地方の役割の面などから十分に検討する必要がある。
　また、事業を維持したまま単に根拠法のみを移すという考え方もありうるが、その場合、象徴的な意義はともかく法制的には、権利義務の形成等の効果が乏しいことから立法の必要性等が十分に説明できるかどうか更に検討が必要である。
　さらに、現行の売春防止法の第4章を削除した場合、同法の目的規定等その他の章にも影響は及ぶため、同法の体系やあり方について検討が必要となる。

今後の対応について
　本検討会におけるこれまでの検討の結果は、以上に示したとおりである。課題ごとの部分でも示したとおり、課題によっては、運用上の改善に比較的早期にとりかかれるものから、婦人保護事業を超えた検討の上で法律改正が必要となるものまで、様々である。
　具体的には、①婦人保護事業に関する指針の策定等の運用上の改善で対応の可能性があるものについては、実態把握を進めつつ、婦人保護事業の関係者の間での合意を形成しながら、実施に向け可能なものから着実に検討を進める必要がある。
　また、②婦人保護事業の改善のために法律上の対応が必要なものについては、その実現に向けて、他制度との整合性等の法制面、財政上の措置のあり方等の課題について、厚生労働省を始め関係府省、自治体（地方六団体）等が調整しながら、検討を進める必要がある。
　さらに、③婦人保護事業の枠を超えて法律上の対応が必要なもの（売春防止法の法体系や、女性に対する暴力の被害者支援のあり方に関するものなど。主に課題1、2、7）については、広く国民の理解を得る必要がある。また、政府において議論する場合には、厚生労働省の所管を超えた検討を要することから、男女共同参画会議などでの議論の必要性にも留意する必要がある。特に、売春防止法の他の部分との関係や、暴力被害者支援との関係について調整が重要となる。
　これらの実現は、いずれも容易なものではないが、婦人保護事業が時代の要請に適った役割を果たすために重要な論点であり、本検討会としては、今後、政府において積極的な検討を進め、実現に向けた取組が着実に前進することを期待するものである。

婦人保護事業等の課題に関する検討会委員名簿

（○は座長）

新井　篤	群馬県女性相談所所長
大塩　孝江	全国母子生活支援施設協議会会長
○戒能　民江	お茶の水女子大学名誉教授
栗原　博	東京都福祉保健局少子社会対策部育成支援課長
近藤　恵子	NPO法人全国女性シェルターネット共同代表
竹内　景子	婦人相談所長全国連絡会議会長
竹下　和子	全国婦人相談員連絡協議会会長
（黒田　佳子）	（前　〃　　　　　　　）
堀　千鶴子	城西国際大学福祉総合学部准教授

資料5　婦人保護事業等の課題に関する検討会

　　湯澤　直美　　立教大学コミュニティ福祉学部教授
　　横田千代子　　全国婦人保護施設等連絡協議会会長
　　吉村マサ子　　全国母子寡婦福祉団体協議会会長
　　　　　　　　　　　　　　　　　　（五十音順・敬称略）

婦人保護事業等の課題に関する検討会検討経過

第1回　平成24年6月26日
　〇議　題
　　・厚生労働科学研究報告（戒能委員・湯澤委員・堀委員）
　　・全国婦人保護施設等連絡協議会（横田委員）よりプレゼンテーション
　　・婦人保護事業の対象者の定義・範囲　など

第2回　平成24年7月19日
　〇議　題
　　・NPO法人全国シェルターネット（近藤委員）よりプレゼンテーション
　　・全国母子生活支援施設協議会（大塩委員）よりプレゼンテーション
　　・婦人保護事業における施設等の役割　など　（及び前回の続き）

第3回　平成24年8月23日
　〇議　題
　　・婦人相談所長全国連絡会議（竹内委員）よりプレゼンテーション
　　・全国婦人相談員連絡協議会（黒田委員）よりプレゼンテーション
　　・婦人相談員の役割
　　・都道府県（婦人相談所）・市町村の役割　など　（及び前回までの続き）

第4回　平成24年10月9日
　〇議　題
　　・これまでの議論の整理

第5回　平成24年12月11日
　〇議　題
　　・これまでの議論の整理

引用・参考文献リスト

秋元美世『社会福祉の利用者と人権 —— 利用関係の多様化と権利保障』有斐閣、2010

アジア・太平洋人権情報センター（ヒューライツ大阪）編『アジア・太平洋人権レビュー2009　女性の人権の視点から見る国際結婚』現代人文社、2009

アジア・太平洋人権情報センター（ヒューライツ大阪）編『アジア・太平洋人権レビュー2011　外国にルーツをもつ子どもたち　思い・制度・展望』現代人文社、2011

移住労働者と連帯する全国ネットワーク編『日英対訳　外国人をサポートするための生活マニュアル —— 役立つ情報とトラブル解決法』スリーエーネットワーク、2007

移住労働者と連帯する全国ネットワーク貧困プロジェクト編『日本で暮らす移住者の貧困』（移住連ブックレット4）現代人文社、2011

移住労働者と連帯する全国ネットワーク編『移住者が暮らしやすい社会に変えていく30の方法』合同出版、2012

五十嵐富夫『駈込寺 —— 女人救済の尼寺』塙書房、1989

石河久美子『多文化ソーシャルワークの理論と実践 —— 外国人支援者に求められるスキルと役割』明石書店、2012

市川房枝編・解説『日本婦人問題資料集成第1巻人権』ドメス出版、1978

伊藤智佳子『女性障害者とジェンダー』一橋出版、2004

岩田正美『社会的排除 —— 参加の欠如・不確かな帰属』有斐閣、2008

埋橋孝文編著『ワークフェア —— 排除から包摂へ？』法律文化社、2007

大沢真理編集代表『21世紀の女性政策と男女共同参画社会基本法』ぎょうせい、2000

大沢真理『いまこそ考えたい生活保障のしくみ』岩波ブックレット、2010

荻上チキ『彼女たちの売春（ワリキリ）—— 社会からの斥力、出会い系の引力』扶桑社、2012

外国人研修生問題ネットワーク『外国人研修生　時給300円の労働者2』明石書店、2009

戒能民江編著『ドメスティック・バイオレンス防止法』尚学社、2001

戒能民江編著『DV防止とこれからの被害当事者支援』ミネルヴァ書房、2006

かながわ・女のスペース"みずら"編『シェルター・女たちの危機 —— 人身売買からドメスティック・バイオレンスまで"みずら"の10年』明石書店、2002

嘉本伊都子『国際結婚論!?　現代編』法律文化社、2008

河原俊昭他『日本語が話せないお友だちを迎えて —— 国際化する教育現場からのQ&A』くろしお出版、2010

カリヨン子どもセンター・子どもセンターてんぽ・子どもセンターパオ・子ども
　　シェルターモモ編『居場所を失った子どもを守る　子どもシェルターの挑
　　戦』明石書店、2009
黒木忠正『改訂　はじめての入管法 ── 新しい外国人住民制度』日本加除出版、
　　2012
国際家族法実務研究会編『問答式　国際家族法の実務』新日本法規出版、加除式
小林美佳『性犯罪被害にあうということ』朝日新聞出版、2008
佐久間孝正『外国人の子どもの教育問題』勁草書房、2011
佐藤孝之『駆込寺と村社会』吉川弘文館、2006
ジェンダー法学会編『講座ジェンダーと法第3巻　暴力からの解放』日本加除出
　　版、2012
出入国管理法令研究会編『注解・判例　出入国管理実務六法』日本加除出版、毎
　　年発行
出入国管理研究会編『ひと目でわかる外国人の入国・在留案内　14訂版 ── 外国
　　人の在留資格一覧』日本加除出版、2012
新藤宗幸『福祉行政と官僚制』岩波書店、1996
杉本貴代栄編『フェミニスト福祉政策原論 ── 社会福祉の新しい研究視角を求め
　　て』ミネルヴァ書房、2004
竹沢尚一郎他訳『移住・移民の世界地図』丸善出版、2011
竹信三恵子『女性を活用する国、しない国』岩波ブックレット、2010
橘ジュン『漂流少女 ── 夜の街に居場所を求めて』太郎次郎社エディタス、2010
田中宏『在日外国人　第三版 ── 法の壁、心の溝』岩波新書、2013
武田里子『ムラの国際結婚再考 ── 結婚移住女性と農村の社会変容』めこん、2011
陳天璽編『忘れられた人々　日本の「無国籍」者』明石書店、2010
東京都自治研究センター・DV研究会編『笑顔を取り戻した女たち ── マイノリ
　　ティー女性たちのDV被害　在日外国人・部落・障害』パド・ウィメン
　　ズ・オフィス、2007
東京都社会福祉協議会婦人保護部会編『女性福祉の砦から ── 生きる力を再び得
　　るために』社会福祉法人東京都社会福祉協議会、2008
仲村優一他監修・古川孝順他編著『エンサイクロペディア社会福祉学』中央法規
　　出版、2007
日本社会福祉士会編『滞日外国人支援の実践事例から学ぶ多文化ソーシャルワー
　　ク』中央法規出版、2012
日本女性法律家協会家族法実務研究会編『問答式　夫婦親子の法律実務』加除式、
　　新日本法規出版
南野知恵子他監修『詳解DV防止法』ぎょうせい、2001
波田あい子・平川和子編『シェルター ── 女が暴力から逃れるために』青木書店、

1998
林千代編・婦人福祉研究会著『現代の売買春と女性 ── 人権としての婦人保護事業をもとめて』ドメス出版、1995
林千代編著『女性福祉とは何か ── その必要性と提言』ミネルヴァ書房、2004
林千代編著『「婦人保護事業」五〇年』ドメス出版、2008
藤目ゆき『性の歴史学 ── 公娼制度・堕胎罪体制から売春防止法・優生保護法体制へ』不二出版、1997
マッキノン、キャサリン(森田成也他訳)『女の生、男の法 上下』岩波書店、2011
松井彰彦他編著『障害を問い直す』東京経済新報社、2011
みやぎの女性支援を記録する会編著『女たちが動く ── 東日本大震災と男女共同参画視点の支援』生活思想社、2012
若尾典子『女性の身体と人権 ── 性的自己決定権への歩み』学陽書房、2005
吉田容子監修、JNATIP編『人身売買をなくすために ── 受入大国日本の課題』明石書店、2004
読売新聞大阪本社社会部編『性犯罪報道 いま見つめるべき現実』中央公論新社、2013

国の DV 関連調査一覧

＜内閣府＞

男女間における暴力に関する調査（1999以降3年ごとに調査）

配偶者等からの暴力に関する事例調査（2001）

配偶者等からの暴力に関する調査（2002）（DV法施行後の国民の意識、実態等）

配偶者等からの暴力の加害者更生に関する調査研究（2003）

配偶者等からの暴力に関する取組状況調査（2004）

配偶者等からの暴力に関する加害者向けプログラムの満たすべき基準・実施に関しての留意事項（2004）

配偶者等からの暴力に係る相談員等の支援者に関する実態調査（2004）

配偶者等からの暴力の加害者更生に関する検討委員会報告書（2006）

配偶者等からの暴力の被害者の自立支援等に関する調査結果（2007）

東アジアにおける配偶者等からの暴力の加害者更生に関する調査研究報告書（2008）

地域における配偶者間暴力対策の現状と課題に関するアンケート調査結果（2011）

配偶者暴力相談支援センターにおける保護命令への関与等に関する実態調査（2013）

＜法務省法務総合研究所＞
　ドメスティック・バイオレンス（DV）の加害者に関する研究（2003）
＜総務省＞
　配偶者からの暴力の防止等に関する政策評価書（2009）

あとがき

　本書の編集作業に追われていた2013年5月、政治家のとんでもない発言のニュースが飛び込んできた。「従軍慰安婦制度は必要であった」「(沖縄の米軍では)風俗業をもっと活用したらどうか」など、公人として許されない発言であるはずなのに、主張を変えようとはしない。

　「またか」と受け止める向きがあるように、この種の発言は意図的に何度も繰り返されてきた。「女性は産む機械」「男は黒豹」「強姦するほど元気が良い」などなど、そのたびに問題になるのだが、せいぜい釈明するくらいで、厳しく断罪しないまま容認されてきた。女性蔑視、女性の人権軽視の日本社会のありかたを映し出した暴力的発言である。

　今回の発言で無視できないのは、「従軍慰安婦」には強制の証拠がないという歴史認識とともに、「女は、コントロールできない男の性欲のはけ口だ」という言説である。

　「男の性本能論」は「強姦神話」そのものと言ってよい。

　また、「風俗」活用について、件の政治家は、米軍と米国民に対してだけ謝罪と撤回を行ったものの、風俗営業適正化法という法律に則った合法的な行為であり、風俗は買春ではない、何が問題かと開き直っている。だが、風営法が買春行為を許容するザル法であることぐらい、法律家でもある彼が知らないわけはない。ちなみに、彼は、井上理津子著『さいごの色街　飛田』(2011年)で、以前、飛田新地料理組合の顧問弁護士であったことが明かされている。

　今回の発言でどれほど多くの女性たちが傷つき、怒りに震えたことであろう。これほど明確に、日本における女性の人権をめぐるポリティックスを露わにした発言はない。

　もちろん、このような「強姦神話」は「発言」レベルにとどまらない。職場のセクハラ、正確にいうと上司による部下の強姦事件は、その「実践例」と言ってよい。

　質屋銀蔵事件(東京地裁2012年1月31日判決)はその典型である。バイヤー

になりたいという夢を胸に内定を決めた女子学生を大学卒業前からアルバイトとして雇い、会社の代表取締役と店長とが同時にその女性に継続的な性行為の強要を行った。被害を受けた女性が2名の上司と会社を相手にセクハラに基づく損害賠償を請求した事件である。

一審判決では、「断ることが十分可能だったのに断らなかった」、「拒絶するそぶりも見せなかった」として、合意ではないという女性の主張を退け、2名の上司のセクハラも会社の使用者責任も認めなかった。控訴審では原告の主張が一部認められ、代表取締役のセクハラと会社の使用者責任が認められた（東京高裁2012年8月29日判決）。

フェミニストカウンセラーの意見書など裁判資料で印象的だったのは、「上司2名が性的攻撃を仕掛けてきたのではないかと怖くなった」という原告の証言である。

この会社では、あたかも「男の本能論」でエクスキューズできるかのように、上司の立場を濫用したセクハラ、つまり「性的攻撃」が「攻撃」とは意識されないまま、日常化していたのではないだろうか。そして、裁判所は、女性労働者の職場での状況を直視しないまま、「いやならノーというはずだ」「逃げるはずだ」という「強姦神話」を無批判に受容した判断を下している。

成長戦略に基づく経済活性化のための「女性活用」政策が推進される一方で、拡大の一途をたどる女性の非正規労働者の生活実態や、貧困や差別、暴力にさらされる女性たちに対する政治的関心はあまりにも低い。

また、戦時性暴力被害者である「従軍慰安婦」とされた方がたへの補償問題や刑法強姦罪改正など、女性に対する暴力問題への国の取り組みも消極的である。

女性の人権をめぐる厳しい状況を打開するための一歩として、2012年6月に開始され、2013年3月末の「論点整理」公表とともに中断された「婦人保護事業」の見直し作業を再開する必要がある。

婦人保護事業の3機関中、婦人相談所業務の標準化や専門性確保のためのガイドライン策定および婦人相談員の相談業務の指針の策定や研修体系の整備など、運用上の改善については、それぞれ検討が予定されている。

婦人相談員については、従来、国による調査が一度も行われておらず、驚

きを禁じ得ない。待遇や専門性の保障など、エビデンスに基づいた施策の検討が進められるべきであろう。

　また、国は婦人保護施設の全国調査にも取りかかり、近年の入所者定員減少や利用率低下の要因を現場とともに解明し、婦人保護施設の現代的役割を再確認しなければならない。

　さらには、DV法支援体制の枠外に置かれてきた民間シェルターを、女性支援システムに正当に位置づけることも緊急の課題である。民間シェルターは地域ネットワークの不可欠な社会資源なのであり、安定した財政基盤の下での自律的活動が保障されるべきである。

　筆者が座長を務めた「婦人保護事業等の課題に関する検討会」では、極めて活発な議論が行われ、しばしば時間を超過するほどであった。立場や見解の相違を超えて、何とか女性たちのための支援体制を整備したいという思いが白熱した議論を呼んだのであろう。

　福島、宮城、岩手をはじめとする、東日本大震災および原発事故の被災地では、DVや子ども虐待、性暴力被害の深刻化が懸念されているが、相談件数にはばらつきがある。復興の見通しが立たず、生きていくこと自体の苦難を抱えているときに、「自分さえ我慢すれば」と思ったとしても責めることはできない。

　セクハラ被害の相談も減少しているという。職を守らなければ生きていけないからである。

　しかし、だからこそ、どんな状況であれ、あらゆる女性に対して、人間の尊厳を守り、セクシュアリティの危機や暴力にさらされない自由が保障されなければならない。

　そのための婦人保護事業の見直しであり、女性支援システムの構築なのだ。

　将来的には、売春防止法の抜本的改正をめざしつつ、当面は、婦人保護事業の見直しによる女性支援法の制定と包括的な女性に対する暴力禁止法制定を車の両輪として追及すること、これが課題だと考えている。

　本書は厚生労働科学研究費補助金政策科学総合研究事業の研究成果に基づく。3年間の調査研究において、多くの国および自治体関係者の方がたや婦人保護事業の諸機関のみなさまにご協力・ご支援をいただいた。記して謝意

を表したい。

　また、調査にご協力くださった女性民間シェルターのみなさまにもお礼を申し上げたい。

　さらに、被害当事者の方がたの声がなければ、事実を見定めることはできなかったであろう。インタビューに答えてくださり、施設などでお会いしたみなさま、ありがとうございました。

　公的機関、民間団体を問わず、財政難や人手不足の困難な状況に直面しながら、被害を受けた当事者の立場を守り、地道に好事例を積み重ねている姿に、希望と勇気を与えられた思いである。

　さいごに、共同研究を支えてくださった研究協力者および事務局のみなさまに謝意を表したい。

　本書の刊行は、信山社編集部の稲葉文子さんと本堂あかねさんのご尽力なしには実現しなかった。執筆がなかなか進まない私たちを粘り強く叱咤激励して下さったお２人に、心から感謝申し上げます。

　2013年6月

　　　　　　　　　　　　　　　　　　　　　　編著者　戒能民江

執筆者紹介【執筆分担】

戒能民江 (お茶の水女子大学名誉教授、性暴力禁止法ネットワーク共同代表)
〈主著〉
『講座ジェンダーと法第3巻暴力からの解放』(2012、日本加除出版、共編著)、『ジェンダー六法』(2010、信山社、共編著)、『コンメンタール女性差別撤廃条約』(2010、尚学社、共編著)、『DV防止とこれからの被害当事者支援』(2006、ミネルヴァ書房、編著)、『フェミニズム法学』(2004、明石書店、共著)、『ドメスティック・バイオレンス』(2002、不磨書房)、『法女性学への招待』(1996、有斐閣、共著)
【序論、第1部第1章、第1部第4章2・4節、第2部第2章、第3部第1章、まとめ】

齋藤百合子 (明治学院大学国際学部准教授)
〈主著〉
『講座 人身売買 さまざまな実態と解決への道筋(IMADR-JC Booklet12)』(反差別国際運動日本委員会編、2007、現代人文社、共著)、『グローバル化の中の人身売買―その撤廃に向けて』(反差別国際運動日本委員会編、2005、解放出版社、共著)、『シェルター・女たちの危機―人身売買からドメスティック・バイオレンスまで"みずら"の10年』(かながわ・女のスペース"みずら"編、2002、明石書店、共著)
【第1部第3章、第2部第3章、第3部第2章1・4節】

堀 千鶴子 (城西国際大学福祉総合学部准教授)
〈主著〉
『「婦人保護事業」五〇年』(林千代編著、2008、ドメス出版、共著)、『女性福祉とは何か』(林千代編著、2004、ミネルヴァ書房、共著)
【第1部第4章3節、第2部第1章】

湯澤直美 (立教大学コミュニティ福祉学部教授)
〈主著〉
『対論 社会福祉学2 社会福祉政策』(日本社会福祉学会編、2012、中央法規出版、共著)、『子どもの貧困―子ども時代の幸せ平等のために』(2008、明石書店、編著)、『相談の理論化と実践―相談の女性学から女性支援へ』(2005、新水社、共著)
【第1部第2章、第1部第4章1節】

吉田容子 (弁護士(市民共同法律事務所)、立命館大学法科大学院教授)
〈主著〉
『講座ジェンダーと法第3巻暴力からの解放』(2012、日本加除出版、共著)、『人身売買をなくすために―受入大国日本の課題』(吉田容子監修、2004、明石書店)
【第2部第4章、第3部第2章2・3節】

危機をのりこえる女たち
——DV法10年、支援の新地平へ——

2013(平成25)年7月19日　第1版第1刷発行
9304-3：P324¥3200　012-010-002

編著者　戒　能　民　江
発行者　今井　貴　稲葉文子
発行所　株式会社　信山社

〒113-0033　東京都文京区本郷6-2-9-102
Tel 03-3818-1019　Fax 03-3818-0344
info@shinzansha.co.jp
笠間才木支店　〒309-1611　茨城県笠間市笠間515-3
笠間来栖支店　〒309-1625　茨城県笠間市来栖2345-1
Tel 0296-71-0215　Fax 0296-72-5410
出版契約 2013-9304-3-01011　Printed in Japan

Ⓒ編者・著者, 2013　印刷・製本／亜細亜印刷・渋谷文泉閣
ISBN978-4-7972-9304-3 C3332　分類326.312　ドメスティック・ヴァイオレンス(DV)

JCOPY〈(社)出版者著作権管理機構委託出版物〉
本書の無断複写は著作権法上での例外を除き禁じられています。複写される場合は、そのつど事前に、(社)出版者著作権管理機構(電話 03-3513-6969、FAX03-3513-6979、e-mail:info@jcopy.or.jp)の許諾を得て下さい。

山下泰子・辻村みよ子・浅倉むつ子
二宮周平・戒能民江 編

ジェンダー六法

本体価格：3,200円（税別）

判例解説シリーズ
性的マイノリティ判例解説

谷口洋幸・齊藤笑美子・大島梨沙 編

本体価格：3,800円（税別）

「性的マイノリティ」に関する法律的検討。国内外の裁判例や国際機関の見解を法的視点から紹介・解説。解説以外のトピックを「コラム」に、巻末に「裁判制度解説」「用語解説」を掲載し、基礎的・発展的視点をも提供する、待望の書。

信山社

DV法関連年表

2001. 4	**DV法制定**（参院共生社会調査会による議員立法）
2001. 4	「被害者のためのDV法を求める全国ネットワーク」国会議員・関係省庁と意見交換会開催（関連諸法の運用改善）
2001. 10	保護命令施行
2002. 4	DV法全面施行（各都道府県にDVセンター設置） ＊内閣府「配偶者からの暴力　相談の手引き」作成（以後、改訂）
2003. 2	参院共生社会調査会DV法見直しプロジェクトチーム、法改正検討開始
2003. 5	「DV法を改正しよう全国ネットワーク」国会議員・関係省庁との第1回意見交換会開催（計8回）
2003. 5	内閣府男女共同参画会議「女性に対する暴力専門調査会」「配偶者暴力防止法の施行状況等について」で法改正の論点を提示
2004. 6	**DV法（第一次）改正法制定**（同年12月施行） ＜主要な改正点＞ ①暴力の定義の拡大（心身に有害な影響を与える言動） ②保護命令の改善（離婚後の申立、子どもへの接近禁止令効果拡大、退去命令の有効期間を2カ月へ、退去命令の再度申立可能に ③自立支援を行政の責務へ ④国に「基本方針」、都道府県に「基本計画」の義務付け、市町村は、DVセンター「できる」規定
2004. 12	改正DV法施行と同時に、同法2条の2に基づく国の「基本方針」を策定
2004. 12	**児童虐待防止法改正**により（2条4項）、「児童が同居する家庭における配偶者からの暴力」は「心理的虐待」と明記
2004. 12	「人身取引対策行動計画」閣議決定
2005. 11	**高齢者虐待防止法制定**
2007. 3	内閣府男女共同参画会議「女性に対する暴力専門調査会」「配偶者暴力防止法の施行状況等について」で法改正の課題を指摘
2007. 7	**DV法（第二次）改正法制定**（2008年1月施行） ＜主要な改正点＞ ①市町村「基本計画」策定およびDVセンター設置を努力義務化 ②保護命令の改善（電話等禁止命令、親族等への接近禁止命令の効力拡大） ③裁判所からDVセンターへの保護命令発令通知
2008. 1	改正DV法に基づき、国の「基本方針」改訂 被害者の立場に立った切れ目のない支援、関係機関の連携
2008. 5	「性暴力禁止法をつくろうネットワーク」発足
2009. 5	裁判員裁判制度開始